왜, 그리도 사랑하시는지요?

(아가서 강해)

왜, 그리도 사랑하시는지요?

초판 1쇄 인쇄일 _ 2008년 11월 20일
초판 1쇄 발행일 _ 2008년 11월 27일

지은이 _ 이재실
펴낸이 _ 최길주

펴낸곳 _ 도서출판 BG북갤러리
등록일자 _ 2003년 11월 5일(제318-2003-00130호)
주소 _ 서울시 영등포구 여의도동 14-5 아크로폴리스 406호
전화 _ 02)761-7005(代) | 팩스 _ 02)761-7995
홈페이지 _ http://www.bookgallery.co.kr
E-mail _ cgjpower@yahoo.co.kr

ⓒ 이재실, 2008

값 15,000원

* 저자와 협의에 의해 인지는 생략합니다.
* 잘못된 책은 바꾸어 드립니다.

ISBN 89-91177-68-0 03230

왜, 그리도 사랑하시는지요?

이재실 저

북갤러리

'주의 깊은 사랑'을 마음에 담을 수 있기를…

필자는 평소 시를 좋아하여 시편에 대한 자료를 모으던 중 아가서를 접하게 되었고, 그 아름다운 사랑노래의 시적 표현에 매료되었습니다.

사실 이 아가서는 여러 노래들로 이루어진 하나의 통일된 서정시입니다.

아가서는 맑은 노래이며, 청아한 노래로 노래 중의 노래입니다. 두 남녀의 사랑을 시적으로 아름답게 승화시켰으며, 또 영적 깊은 의미를 담고 있어서 쉽게 해석할 수 없는 어구(語句)들로 가득합니다. 그러므로 해석하고 적용하는 것에 심사숙고를 거듭해야만 하는 그런 내용입니다.

고대 랍비 아키바(Agiba)는 "모든 경전이 거룩하나, 아가서는 가장 거룩하다"라고 하였습니다.

유대인들은 이 아가서를 성전의 지성소에 비유하고 있습니다.

그뿐 아니라 유월절에 낭송되는 글이기도 합니다.

그만큼 아가서는 영적 진리의 비밀성을 간직하고 있는 것입니다.

아가서는 구약에서 하나님과 이스라엘 백성 관계를 남편과 아내로(사 54:5), 신약에서는 남녀의 관계를 비밀로(엡 5:31-32), 계시록에서는 남편을 위하여 단장한 신부로(계 21:2) 그 연결고리를 갖고 있습니다.

아가서는 끝으로 이렇게 기록되어 있습니다.

"나의 사랑하는 자야, 너는 빨리 달리라. 향기로운 산들에서 노루와도 같고 어린 사슴과도 같아여라."

강해서를 출간함에 있어 오랜 망설임도 있었지만, 발간케 하신 하나님께 감사와 영광을 돌려드립니다. 이 책을 보는 이로 하여금 '주의 깊은 사랑'을 마음에 담을 수 있기를 소원해 봅니다.

끝으로 이 책이 나오기까지 많은 수고를 해주신 북갤러리 최길주 사장님과 직원 여러분에게 심심한 사의를 표하면서 끝을 맺습니다.

한민선교회 서재에서
이재실

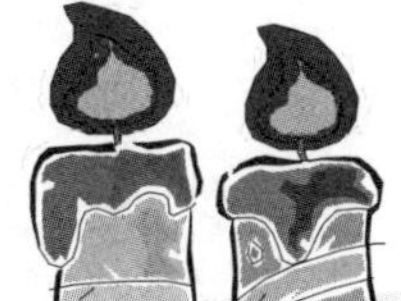

아가서 서론

1. 제목(명칭)

이 책의 제목은 히브리어 '쉬르 하쉬림(שיר השירים)'으로 문자적으로 '노래들 중의 노래'란 뜻입니다. 히브리어에서 명사를 명사 소유격과 함께 반복하면 최상급 혹은 강조를 나타냅니다(창 9:25 ; 왕상 8:27). 따라서 '쉬르 하쉬림'은 '가장 아름다운 노래'라는 뜻을 나타내는 것입니다. 70인역(LXX)에서는 '아스마 아스마톤' 제목으로, 벌게이트역에서는 '칸티쿰 칸티코룸'이 제목이었습니다. 이는 히브리어 제목을 직역한 것입니다. 개역성경의 제목 '아가(雅歌)'는 다소 의역한 것입니다. 그 의미는 '아름다운 노래'라는 뜻입니다.

2. 저자

전통적으로 아가는 솔로몬의 저술로 봅니다. 그 근거로서 첫째, 본문 서두(1:1)에 "솔로몬의 아가라"는 구절을 들 수 있습니다. 이 구절을 '솔로몬에 관한 아가라'는 뜻으로 이해하려는 자들도 있으나 별로 지지를 얻지 못했습니다. 둘째, 이 책의 내용 중에 번뜩이는 지혜와 시적(詩的) 재능 및 이스라엘 지역의 특성에 맞는 동식물상(動植物相)에 관한 언급(21종의 식물, 15종 동물) 등으로 미루어 볼 때 저자는 1,005편 정도의 노래를 지을 정도로 문학적 재능이 탁월했던(왕상 4:32) 솔로몬임이 유력시됩니다. 셋째, 서두 이외에도 '솔로몬'이라는 직접적 언급이 여섯

차례나 등장합니다(1:5 ; 3:7, 9, 11 ; 8:11, 12). 결국 이 책은 왕궁의 여러 왕후와 비빈들(6:8)과의 숱한 애정 행각 중에서도 진실한 사랑을 경험했던 솔로몬이 기록한 체험적 수기요, 노래라 하겠습니다.

3. 기록 연대

2C동안 대두해온 자유주의적 비평은 교회의 전통적인 입장보다 훨씬 후기의 연대를 주장하였습니다. 이 책도 마찬가지였습니다. 그러나 고고학, 비교 언어학 및 고대 근동 문학에 관한 연구 등은 이 책의 기록 연대를 솔로몬 시대 혹은 적어도 그 주변 시대로 보게 됩니다. 우리는 앞에서 아가의 저자가 솔로몬임을 살펴보았거니와, 그렇다면 기록 연대도 그의 통치 시기(B.C. 970~931년) 중에 속한다고 봅니다. 본문에 나타난 지리적 언급(예루살렘, 갈멜, 사론, 레바논, 헤르몬, 디르사 등)은 통일 왕국의 광대한 영역과 일치하며, 이 책의 배경이 되는 팔레스틴 북부의 아름다운 전원(4:8), 왕비와 비빈의 수효(6:8), 왕의 순수한 애정(6:9) 등에 대한 묘사는 솔로몬 왕의 통치 시대 초기의 시대상을 나타내줍니다. 따라서 이 책은 솔로몬 통치 시대 중에서도 비교적 초기(B.C. 970~960년)에 기록된 것으로 추정됩니다.

4. 기록 목적

이 책은 신랑 솔로몬과 신부 술람미 여인과의 사랑을 통해 결혼의 거룩성을 명시하기 위해 쓰였습니다. 성경은 결혼을 천시하거나 인간의 유약함으로 인해 용인된 것으로 보지 않습니다. 오히려 결혼은 인간의 타락 이전에 하나님에 의해 제정된 제도로서 결혼을 통한 남녀간의 하나 됨은 하나님의 뜻이요, 남녀 쌍방의 큰 기쁨이라 할 수 있습니다(잠 5:15~19 ; 고전 7:3). 이스라엘 통일시대 당시만 하더라도 부부 관계란 자녀 출산이라는 측면 위주로 이해되었습니다. 그러나 이 책 어디에도 출산과 관련된 언급은 없으며, 따라서 이는 진정 사랑 자체를 위한 노래임을 반영합니다. 시편 기자가 자연 속에 드러난 하나님의 영광을 자주 노래하였듯이, 아가서는 남녀간의 진실한 사랑을 체험함으로써 하나님의 섭리를 노래하였던 것입니다. 아울러 우리는 이 책이 단순히 연인들의 사랑에 관한 노래에 그치지 않고 하나님과 그의 백성들간의 사랑을 암시적으로 노래하는 것이기도 하다는 사실을 유의해야 하겠습니다. 그리고 더 나아가 복음적으로 예수님과 교회 또는 성도의 사랑이야기입니다. 아가서는 여호와 신앙에 투철한 사람에 의해, 그러한 경건한 신앙의 배경을 토대로 하여 쓰였고, 이 경우 저자는 남녀간의 진정한 사랑의 모본을 하나님의 은혜로운 사랑에서 찾을 수밖에 없었을 것입니다. 그리고 성경에서 하나님과 그 백성간의 관계를 결혼 관계에 비유한 사례가 흔하다는 사실(출 34:10~17) 또한 이면에 감춰진 그 내용의 의도를 짐작케 해주는 것입니다.

<h2>5. 주제 및 특징</h2>

주제는 한마디로 '하나님의 뜻에 따라 남녀간에 나누는 사랑의 기쁨'이라고 말할 수 있겠습니다. 이는 인간 상호간의 순수하고 아름다운 사랑은 하나님의 선물이라는 뜻이 됩니다. 남녀간의 진실한 사랑은 성도를 향하신 하나님의 크신 사랑을 축약해 놓은 것임을 암시합니다. 이처럼 깊이 있는 주제가 함축되어 있기 때문에, 이 책은 유월절에 그 기쁨을 노

래하는 공식 시로서 전국에서 낭독하였던 것입니다.

6. 문학적 형태

요컨대, 아가는 당시 고대 근동 지역에 폭넓게 퍼져있었던 문학적 토양과 결코 무관하지는 않으나, 히브리인들 특유의 문화적 감수성을 반영하고 있으며, 남녀간의 아름다운 사랑 이야기를 종교적 의도에로까지 승화시킨 시적 노래 표현입니다.

7. 예표론적 의미

구약성경은 이스라엘을 '여호와의 신부'(사 54:5, 6 ; 렘 2:2 ; 겔 16:8~14 ; 호 2:16~20)로, 신약성경은 교회를 '그리스도의 신부'로 묘사합니다(고후 11:2 ; 엡 5:22~25 ; 계 19:7~9 ; 21:9). 이 책은 일차적으로 남녀간의 건강하고 진솔한 사랑에 관한 이야기이지만, 예표론적 측면에서 볼 때 그리스도와 교회와의 신령한 관계를 시사한다고 볼 수 있습니다. 한편 축혼 시 또는 결혼 노래로 알려진 시 45편은 종종 그 내용상의 유사성이라는 측면에서 본서와 비교되는데, 이 시편 역시 그리스도와 교회와의 영광스러운 연합을 예표하는 시적 표현입니다.

8. 아가서의 해석에 관한 제 견해들

아가서는 엄연히 정경 가운데 포함되지만, 표면상 남녀간의 사랑을 노래하고 있음으로 인해 접하기 어렵고 해석하기에 가장 애매한 책으로 여겨져 왔습니다. 따라서 교회사적으로 다양한 해석 방법이 시도되었거니와, 여기서는 그중 중요한 네 가지 방법론을 소개하기로 했습니다.

① **풍유적(allegorical) 해석법** : 가장 오래된 방법론으로서 이미 1세기경에 나름대로의 자리를 굳힌 것입니다. 알레고리는 확장된 은유(metaphor)라고 할 수 있으며, 대체로 역사나 실제 세계에 뿌리를 둔 것이 아니라 작자의 상상력에서 비롯된 것입니다. 그리고 알레고리의 목적도 특정한 장소나 인물과 관련된 실제 사건을 보여주는 데 있지 않고 관념적이고 영적인 진실을 제시하는 데 있습니다. 많은 유대인 학자들은 아가를 여호와와 그의 택하신 백성인 이스라엘간의 관계를 묘사한 책으로 이해합니다. 이러한 해석은 1세기의 유대인 해석가인 랍비 아키바(Rabbi Aqiba)로부터, 사디아(Saadia), 라쉬(Rashi), 이븐 에즈라(Ibn Ezra) 등과 같은 중세의 주석가들을 거쳐, 현대의 일부 정통 신학자들에게 이르기까지 오래도록 많은 지지를 받아왔습니다. 특히 이 해석을 지지하는 기독교 주석가들은 대체로 아가의 내용을 그리스도와 그의 신부된 교회간의 관계 속에서 이해했습니다. 그러나 이와 같은 해석법에는 몇 가지 문제점을 안고 있습니다. 첫째, 본문 자체 내에 저자의 의도가 알레고리를 지향하고 있다는 언급이 없습니다. 이 책은 문제나 내용 면에서 알레고리에 있어 필수적인 기교성 내지는 인위성을 보이지 않습니다. 둘째, 이 책에 수록된 인물, 장소, 사건(경험)들은 문학적 고안물이 아니라 실제적이라는 데 있습니다.

② **극적(dramatic) 해석법** : 19세기의 주석가인 델리취(Delitzsch)는 오리켄(Origen ; 184-254년)의 입장을 되살려서 아가를 한 편의 드라마로 이해했습니다. 그리고 많은 신학자들이 이 견해를 취했습니다.

그러나 무대 지시가 결여되어 있고, 등장인물의 수효 및 누가 어떤 대사를 맡았는지가 불분명하며 또한 막(幕)과 장면을 뚜렷이 구분해 주지 않는다는 점 등에서, 이 견해는 난관에 봉착하게 됩니다.

③ 제의적(cultic) 해석법 : 고대 근동 문학의 비교 연구를 통해 최근에는 아가를 제의 - 신화적(cultic - mythological)으로 해석하려는 경향이 생겨났습니다. 이 견해에 따르면 아가는 연인간의 사랑을 노래하는 것이 아니라, 여사제로 화한 어느 여신과 왕과의 신성한 혼인을 축하하는 노래 혹은 죽음과 가뭄을 정복한 어느 신(왕)의 승리를 축하하는 노래로 아가의 기원은 가나안의 신화와 제의식에서 찾아진다는 것입니다. 하지만 이것은 무리한 추측에 의한 해석이며, 더구나 이교 제 의식에서 불렀던 노래가 별다른 잡음이나 저항도 없이 이스라엘 종교생활 가운데 스며들어 정경(canon)으로까지 인정받았다고 보기는 매우 어려운 것입니다.

④ 예표론적(typological) 해석법 : 많은 학자들은 이 해석법과 풍유적 해석법간의 차이점을 인정하려 들지 않습니다. 그러나 거기에는 분명한 차이점이 있습니다. 풍유적 해석은 역사성이나 사실성을 무시하고 감추어진 영적 의미에 초점을 맞추는 반면, 예표론적 해석은 구약성경의 본문 설명 자체를 실제적이고 역사적인 것으로 받아들이면서도 그 본문 속에서 신약성경의 어떤 사건이나 가르침에 대한 예표론적(모형적) 연관성을 발견합니다. 따라서 아가의 내용이 만왕의 왕 되신 그리스도와 그의 신부된 교회간의 관계를 다루고 있다고 보는 것이 예표론적 해석인 것입니다.

이러한 제 견해들 중 상당히 받아들이기 곤란한 세 번째 해석법을 제외하고는 나머지 세 가지 해석법들이 각기 일리(一理)를 지니고 있습니다. 그러나 우리는 예표론적 해석법을 가장 적절한 것으로 취하면서 다른 견해들의 장점을 참고하는 것이 바람직할 것입니다.

9. 내용 전개

이 책의 내용은 전체적으로 사랑의 시작, 사랑의 진전, 사랑의 갈등 그리고 사랑의 승리 순으로 전개되면서 점차 성숙해지는 사랑을 묘사하고 있습니다. 여기서는 편의상 크게 세 부분으로 나누어 살펴보기로 합시다.

① **첫사랑의 기쁨(1:1-3:5)** : 사랑받는 자 술람미 여인은 사랑하는 이를 기다리다가 드디어 그를 만나게 되고, 그녀는 사랑의 기쁨을 노래합니다. 다시 말해 이 단락은 구혼에 대한 회상이라 할 수 있는데, 먼저 술람미 여인의 구애(求愛)의 노래가 나오고(1:2-8) 두 남녀의 사랑의 교감이 이어지며(1:9-2:7), 다시금 신부의 꿈과 노래(2:8-3:5)로 이어집니다.

② **결혼 생활의 기쁨(3:6-5:1)** : 이 단락에서는 먼저 혼인 잔치에 대한 묘사가 나오며(3:6-11), 이어 적절한 수사법을 동원하여 신랑, 신부가 서로를 기뻐하며 노래하는 내용이 언급됩니다(4:1-5:1).

③ **사랑의 성숙(5:2-8:14)** : 이는 헤어짐과 다시 만남의 과정을 통해 한층 더 수준 높은 사랑으로 성숙되어가는 모습을 보여줍니다. 신부는 부주의로 신랑과 떨어져 있게 되고 결혼의 기쁨이 잠시 사라집니다 (5:2-9). 그러나 신부는 다시금 신랑을 기다리며 찾아 나서게 되며 마침내 재회의 감격을 맛봅니다(5:10-7:5). 그리고 재결합된 신랑, 신부는

한층 성숙된 사랑의 노래를 서로 주고받습니다(7:6-8:14).

〈참고 제언적 요약〉

유대인들은 아가서를 성전의 지성소에 비유했습니다.

아가서는 생명으로 이르게 하는 향기 있는 책이며, 영적 교제의 비밀성을 간직한 진리의 보고와 같은 책입니다.

아가서는 큰 틀에서 보면

- 문자적으로는 평범한 남녀의 사랑이야기이며,

- 역사적으로는 하나님과 이스라엘 백성의 사랑이야기이며,

- 복음적으로는 예수 그리스도와 성도의 사랑이야기입니다.

〈내용의 맥〉

솔로몬(신랑), 술람미(신부) : 연애 → 구혼 → 결혼 → 신혼여행 → 이별 → 재결합

제1장 사랑의 시작과 만남

솔로몬의 아가라

내게 입맞추기를 원하니 네 사랑이 포도주보
다 나음이로구나

네 기름이 향기로와 아름답고 네 이름이 쏟은
향기름 같으므로 처녀들이 너를 사랑하는구나
왕이 나를 침궁으로 이끌어 들이시니 너는 나
를 인도하라 우리가 너를 따라 달려가리라 우
리가 너를 인하여 기뻐하며 즐거워하니 네 사
랑이 포도주에서 지남이라 처녀들이 너를 사
랑함이 마땅하니라

예루살렘 여자들아 내가 비록 검으나 아름다
우나 게달의 장막 같을지라도 솔로몬의 휘장
과도 같구나
내가 일광에 쬐어서 거무스름 할지라도 흘겨
보지 말 것은 내 어미의 아들들이 나를 노하
여 포도원지기를 삼았음이라 나의 포도원은
내가 지키지 못하였구나
내 마음에 사랑하는 자야 너의 양 떼 먹이는
곳과 오정에 쉬게 하는 곳을 내게 고하라 내
가 네 동무 양 떼 곁에서 어찌 얼굴을 가리운

자같이 되랴

여인 중에 어여쁜 자야 네가 알지 못하겠거든
양 떼의 발자취를 따라 목자들의 장막 곁에서
너의 염소 새끼를 먹일지니라
내 사랑아 내가 너를 바로의 병거의 준마에
비하였구나
네 두 뺨은 땋은 머리털로, 네 목은 구슬 꿰
미로 아름답구나
우리가 너를 위하여 금사슬을 은을 박아 만들
리라

왕이 상에 앉았을 때에 나의 나도 기름이 향
기를 토하였구나
나의 사랑하는 자는 내 품 가운데 몰약 향낭
이요
나의 사랑하는 자는 내게 엔게디 포도원의 고
벨화 송이로구나
내 사랑아 너는 어여쁘고 어여쁘다 네 눈이
비둘기 같구나
나의 사랑하는 자야 너는 어여쁘고 화창하다
우리의 침상은 푸르고
우리 집은 백향목 들보, 잣나무 서까래로구나.

아가서는 어떤 책인가?

아가서 1:1

"솔로몬의 아가(雅歌)라"

아가서는 신랑 솔로몬과 신부 술람미 여인과의 사랑이야기입니다. 두 사람의 섬세한 애정, 정열적인 욕망, 우정, 그리고 기쁨 등 상호간의 신뢰(信賴)를 쌓아가는 과정에서 발생하는 갖가지 사랑의 감정을 보여줍니다. 이것은 단순히 연인과의 사랑에 관한 노래에 그치지 않고, 하나님과 그의 백성들간의 사랑을 암시적으로 노래한 것입니다. 남녀간의 진솔한 사랑의 교제를 형상화함과 아울러 하나님과 성도간에 깊고 내밀한 사랑을 나타내주고 있습니다. 이처럼 깊이 있는 주제가 함축되어 있기 때문에 아가서는 유월절에 그 기쁨을 노래하는 공식 시로 애송되었던 것입니다.

1. 저자

1절 "솔로몬의 아가(雅歌)라"

솔로몬은 하나님 앞에서 인간으로서는 전무후무(前無後無)한 지혜를 받아 3,000의 잠언을 말했으며, 1,005의 노래를 지었습니다. 그중에 아가는 솔로몬이 지은 많은 노래 중에서 최고의 가장 아름다운 노래입니다.

솔로몬의 이름의 의미는 히브리어로 '샬롬' (שָׁלוֹם)입니다. 샬롬은 평화, 평강이라는 뜻을 가지고 있습니다. 솔로몬은 이스라엘의 2대 왕입니다. 그는 역사상 가장 뛰어난 지혜의 왕으로 최고의 부귀영화를 누린 왕이기도 합니다. 이와 같이 아가서는 솔로몬이 쓴 최상급의 지혜서이며 노래입니다.

여러분!
솔로몬의 이름의 뜻은 '평화' 입니다. 예수님은 평화의 왕이십니다.

눅 2:14 "지극히 높은 곳에서는 하나님께 영광이요, 땅에서는 기뻐하심을 입은 사람 중에 평화로다 하나라"

예수님의 탄생은 위로는 하나님께 영광이요, 이 세상에서는 사람들 중에 평화(平和)로 오셨습니다. 또한 예수님의 이름은 '구원자' 라는 뜻을 가지고 있습니다.

마 1:21 "… 아들을 낳으리니 이름을 예수라 하라 이는 그가 자기 백성을 저희 죄에서 구원할 자이심이라 하나라"

그러므로 모든 인류는 예수 안에서 구원받고 참 기쁨과 평화를 누리게 된 것입니다. 솔로몬이 나라를 다스릴 때, 태평성대(太平聖代)하였고 아버지 다윗 왕이 소원했던 성전을 지었습니다. 이와 같이 예수 안에서 보이지 않는 성전과 보이는 성전은 신약교회를 통해 평화와 사랑으로써, 예수 안에서 참 평안과 안식을 얻게 되는 것입니다.

눅 24:36 "… 예수께서 친히 그 가운데 서서 가라사대 너희에게 평강이 있을지어다 …"
마 28:9 "예수께서 저희를 만나 가라사대 평안하뇨 …"

우리의 마음에 참 기쁨과 평화가 있으면 염려, 근심, 걱정은 물러갑니다.

롬 12:18 "할 수 있거든 너희로서는 모든 사람으로 더불어 평화하라"

솔로몬은 '지혜의 왕이요, 평화의 왕'이듯이 예수님께서도 '평화의 왕'으로 이 땅에 오셨습니다. 예수 안에서 참 평강을 얻으시기를 진심으로 축원합니다.

2. 아가의 의미

1절 "… 아가(雅歌)라"

솔로몬의 아버지는 다윗입니다. 다윗은 위대했던 왕이요, 시인이요, 음악가였습니다. 솔로몬도 마찬가지로 시인이요, 음악가로서의 탁월성을 나타내주고 있습니다.

아가는 히브리어 원어로 '쉬르 하쉬림(שִׁיר הַשִּׁירִים)'이며, '그 많은 노래들 중의 노래', '가장 아름다운 노래'라는 뜻입니다. 이러한 표현은 최상급을 말할 때 쓰는 표현입니다(만왕의 왕, 왕 중의 왕, 만유의 주, 지성소 등). 영어 성경 KJV(King James Version)에서는 'The Song of Songs'로 '노래들 중의 노래'이며, 이는 최고의 노래임을 암시합니다(The best of songs). 우리말 성경에서는 아가(雅歌)로 '맑을 아, 노래가' 입니다. 이는 '아름다운 노래'라는 뜻을 가지고 있습니다. 랍비 아카비(Akiba)는 "모든 성문서들이 거룩하지만, 아가서는 거룩한 것들 중에 거룩한 것(Holy of Holies)이라고 말하였습니다. 아가는 인간이 지은 가장 아름답고 으뜸가는 노래요, 찬미 중의 최고의 찬미임을 나타내는 책입니다.

여러분!
어느 나라이건 국가가 있습니다. 학교에는 교가가 있고, 군대는 군가가 있습니다. 기독교는 찬송가가 있습니다. 기독교는 찬양으로 하나님을 찬미합니다.

시 150:1-6 "할렐루야 그 성소에서 하나님을 찬양하며 그 권능의 궁창에서 그를 찬양할지어다 그의 능하신 행동을 인하여 찬양하며 그의 지극히 광대하심을 좇아 찬양할지어다 나팔 소리로 찬양하며 비파와 수금으로 찬양할지어다 소고 치며 춤추어 찬양하며 현악과 통소로 찬양할지어다 큰 소리 나는 제금으로 찬양하며 높은 소리 나는 제금으로 찬양할지어다 호흡이 있는 자마다 여호와를 찬양할지어다 할렐루야"

'아가'는 노래 중에 노래입니다. 이 노래는 하나님의 깊은 사랑을 찬미하게 합니다.

계 5:12 "큰 음성으로 가로되 죽임을 당하신 어린양이 능력과 부와 지혜와 힘과 존귀와 영광과 찬송을 받으시기에 합당하도다 하더라"

우리는 뜻을 다하고, 마음을 다하고, 성품을 다해 하나님을 찬양하고, 예수님을 찬양하여야 합니다.

아가서는 주님과 우리 성도 사이의 사랑의 관계가 어찌 그리 정확하고 세밀하게 묘사되어 있는지 감탄하지 않을 수 없습니다. 오늘날 우리도 주님과 사랑의 교제를 이루고 살아가지만, 아가서에서는 훨씬 더 많은 부분에서 풍성하고 깊은 내용으로 표현하고 있습니다. 그러므로 아가서는 '노래 중의 노래' 이며, 노래 중의 최고의 노래인 것입니다.

3. 아가서를 볼 때 몇 가지 관점

유대인들은 어려서부터 구약성경을 자녀들에게 부지런히 가르쳤지만, 아가서는 삼십 세가 되기 전에는 읽히지 아니하였다고 합니다(메투헨리 주석). 우리는 성경을 볼 때, 경건한 마음으로 "나의 신령한 눈을 열어 주의 기이한 진리를 깨닫게 하소서"라고 기도하며 말씀을 대하시기 바랍니다. 또 아가서는 머리가 아니라 가슴으로 읽는 책임을 기억하시기 바랍니다.

아가서는 주님과 나 사이에 이루어진 사랑의 교제에 관한 책으로써 이 말씀은 무엇보다 먼저 나의 가슴을 적시고 눈시울을 뜨겁게 하는 감동으로 다가와야 합니다. 주님이 이토록 나를 사랑하시오니 무엇을 더 바라겠습니까? 항상 함께 계시는 주님의 사랑을 어떻게 감사해야 할까요? 주님을 배반하고 먼 길로 나가 뵈올 낯이 없었는데, 이렇게 사랑으로 끌

어안아 주시나이까? 이토록 아가서는 주님을 더욱 새롭게 알게 되고 주
님과 나와의 관계의 끈을 더욱 끈끈하게 매어주는 말씀입니다. 그러므로
아가서는 머리보다 가슴으로 읽고 보아야 합니다. 하나님께서는 인간들
에게 전혀 다른 천국의 영적 진리를 가르치시고자 하실 때는 언제나 비
유를 들어 말씀하셨습니다. 이러한 맥락에서 아가서도 주님과 성도 사이
의 사랑관계를 비유의 방법으로 나타내신 남녀간의 사랑의 관계로 표현
하신 것입니다.

엡 5:31-32 "이러므로 사람이 부모를 떠나 그 아내와 합하여 그 둘이 한 육체가 될지니 이
비밀이 크도다 내가 그리스도와 교회에 대하여 말하노라"

아가서는 주님과 성도 사이의 관계를 좀 더 정확하게 알려주시기 위하
여 평범한 남녀관계로 비유하지 아니하시고, 왕의 신분을 가진 솔로몬과
한낱 보잘것없는 시골여인 술람미 여인 사이의 사랑관계로 비유하셨던
것입니다.

시 119:18 "내 눈을 열어서 주의 법의 기이한 것을 보게 하소서"

좀 더 깊이 '하나님의 비밀한 것' 까지 알게 해 달라고 기도하며 아가서
의 영적 진리를 알아 가시기를 간절히 바랍니다.

입 맞추기를 원하니

아가서 1:2

내게 입맞추기를 원하니 네 사랑이 포도주보다 나음이로구나

아가서는 솔로몬 왕과 술람미 여인과의 사랑을 노래한 것입니다. 솔로몬 왕이 어느 날 포도원에서 술람미 여인을 보게 되었고 사랑하게 되어, 이제는 입 맞추기를 원하는 단계까지 이르렀습니다.

1. 입 맞추기를 원합니다

2절 "내게 입 맞추기를 원하니 …"

내게 : 술람미 여인을 나타냅니다.

입맞춤 : 사랑의 표시입니다. 중동지방의 오랜 풍습으로 인사나 애정, 공경, 이별 등의 한 표현입니다.

원하니 : 평범한 애정 표현을 넘는 것을 요구하는 것입니다.

연인은 사랑을 받고 싶은 갈급한 심정으로 입 맞추기를 원하고 있는 것입니다. 여기서 방향을 바꾸어 봅시다. 솔로몬은 예수님을 가리키고 술람미는 성도를 가리키며, 성도가 예수님의 사랑을 받고 싶다는 의미를

갖고 있습니다.

여러분!

술람미 여인은 포도원에서 일하느라 자신의 외모에 신경을 쓸 시간이 없었습니다. 포도원의 궂은일과 양떼를 치며 하루 종일 일하였습니다. 얼굴은 햇볕에 심히 그을렸습니다. 솔로몬은 목동으로 가장하고 술람미 여인에게 접근합니다. 솔로몬은 왕의 신분으로 한 평범한 여인을 사랑한 것입니다. 이것은 놀랍고 엄청난 사건입니다. 여기서 솔로몬은 예수 그리스도를 예표하며, 술람미는 성도를 예표합니다. 이와 같이 만왕의 왕 되신 예수님은 미천한 우리들을 이처럼 사랑하신 것입니다. 사랑을 받을 만한 가치도, 자격도 없는 우리들을 사랑해 주시는 것입니다.

요일 4:16 "하나님이 우리를 사랑하시는 사랑을 알고 믿었노니 하나님은 사랑이시라

사랑 안에 거하는 자는 하나님 안에 거하고, 하나님도 그 안에 거하시느니라"

요일 4:19 "우리가 사랑함은 그가 먼저 우리를 사랑하셨음이라"

솔로몬이 술람미 여인을 사랑한 것처럼 주님은 우리를 먼저 사랑하셨습니다. 허물 많고 죄 많은 우리에게 주님은 우리 가까이 찾아오셔서 사랑의 손길로 품어 안아주셨습니다. 술람미 여인이 입맞춤의 사랑받기를 원했던 것처럼 우리도 주님을 사모하며 사랑해야 합니다.

시 42:1 "하나님이여 사슴이 시냇물을 찾기에 갈급함같이 내 영혼이 주를 찾기에 갈급하나이다"

복음송 '목마른 사슴'

목마른 사슴 시냇물을 찾아 헤매이듯이

솔로몬과 술람미 여인은 서로 사랑하기 때문에 입 맞추기를 원했습니다. 입을 맞추는 것은 사랑의 적극적인 표현입니다. 우리도 주님을 사랑하기 때문에 이 단계에까지 나아가야 합니다.

여러분!

주님을 섬기고 사랑하며 주님과 깊은 영교의 삶을 살아가시기를 주의 이름으로 축원합니다.

2. 포도주보다 나은 사랑

2절 "… 네 사랑이 포도주보다 나음이로구나"

포도주는 포도를 포도주 틀에서 짜서 발효시킨 술입니다. 유대 지형상 물이 귀하였기 때문에 이것을 음료수로 사용하기도 했습니다. 구약 당시에는 잔칫집에서 사람들을 기쁘게 하는 용도로도 많이 사용되었습니다.

네 사랑 : 문자적으로 솔로몬의 사랑을 의미하며, 복음적으로 예수님의 사랑을 예표합니다.

포도주보다 나음 : 세상의 감미로운 술보다 나은 사랑의 표현입니다.

이상에서 보듯, 예수님의 사랑은 세상 어떤 것보다 비교될 수 없는 사랑임을 나타내주고 있습니다.

여러분!

세상에서 가장 좋은 포도주가 있다 하더라도 술람미 여인을 향한 솔로몬의 사랑이 어찌 그 포도주와 비교할 수 있겠으며, 세상이 아름답고 화려하고 감미로워도, 어찌 예수님의 사랑과 비교될 수 있겠습니까? 이와 같이 솔로몬의 사랑은 세상의 그 어느 것과도 비교할 수 없는 사랑임을 고백하는 것입니다. 그렇습니다! 이 세상 것이 아무리 좋다 한들 예수님의 사랑과 어찌 비교할 수 있겠으며, 십자가의 구속의 사랑이 그 어느 것과 비교할 수 있겠습니까? 세상 모든 금은보화, 명예, 부귀 다 준다 해도 어떻게 비교될 수 있겠습니까?

빌 3:7-8 "그러나 무엇이든지 내게 유익하던 것을 내가 예수를 위하여 다 해로 여길 뿐더러 또한 모든 것을 해로 여김은 내 주 예수를 아는 지식이 가장 고상함을 인함이라 내가 그를 위하여 모든 것을 잃어버리고 배설물로 여김은 그리스도를 알고 그 안에서 발견되려 함이니 …"

바울은 예수님을 얼마나 사랑했기에 예수님을 위해 세상의 제일 좋은 것들을 배설물로 여겼을까요? 오늘 본문은 사랑을 포도주에 비교하면서 포도주보다 더 뛰어난 사랑이라고 말하고 있습니다. 우리는 살아가면서 많은 사람을 사랑하며 살아갑니다. 부모가 자녀를 사랑하고 자녀가 부모를 사랑하며, 연인끼리 사랑함과 친구를 사랑하는 이 모든 것들은 언제나 변수로서 시간과 환경의 변화에 따라서, 조건에 따라서 변하고 식어가고, 심지어 깨어지기도 하는 것입니다. 그러나 영원히 변하지 않는 사랑이 있으니, 그것은 바로 예수님께서 우리를 향한 사랑이십니다. 이 사랑은 십자가에서 죽기까지 사랑하신 희생적인 사랑입니다. 바로 아가페의 사랑입니다. 오늘 본문에서 솔로몬 왕이 술람미 여인을 사랑하는 것은 예수님이 성도를 이처럼 사랑하는 것입니다. 예수님이 주시는 사랑은 세상 어느 것과 비교할 수 없는 것입니다. 그의 사랑을 어찌 포도주에 비교할 수 있겠습니까? 예수님과의 사랑의 교제를 세상 끝 날까지 하시며 변함없는 사랑 안에 거하는 여러분들이 되기를 진심으로 부탁합니다.

사랑의 고백과 은밀한 교제

네 기름이 향기로와 아름답고 네 이름이 쏟은 향기름 같으므로 처녀들이 너를 사랑하는구나 왕이 나를 침궁으로 이끌어 들이시니 너는 나를 인도하라 우리가 너를 따라 달려가리라 우리가 너를 인하여 기뻐하며 즐거워하니 네 사랑이 포도주에서 지남이라 처녀들이 너를 사랑함이 마땅하니라

기름은 감람나무 열매에서 취한 식물성 기름으로, 식용이나 향유 등을 다양하게 사용했습니다. 특별히 제사장 직분을 행할 때(출 30:30), 다윗을 위시하여 왕위계승 때 사용하였습니다. 향기름은 향기 나는 기름입니다. 솔로몬의 이름이 '쏟은 향기름 같다' 라고 하였습니다. 솔로몬은 예수 그리스도를 예표함으로 그 이름이 쏟은 향기름과 같은 것입니다. 또 다른 의미에서는 성령을 나타내기도 합니다. 이와 같이 성령의 기름부음은 성령 충만한 상태를 의미합니다. 솔로몬은 하나님 성전을 지었고, 궁전도 많이 지었습니다. 궁궐 안에는 크고 작은 방들이 있었고, 그 중에 왕이 사랑을 나누는 은밀한 곳, 침궁이 있었습니다.

1. 네 기름이 향기롭고 아름답다

3절 "네 기름이 향기로와 아름답고 …"

기름은 식용, 등잔불용, 관유용, 재료용, 의료용, 향유용으로 쓰였습니다. 이중에 솔로몬 왕에게 뿌려진 향유는 향기로운 냄새를 풍기는 향유용 기름이었습니다. 여기서 기름은 또다른 의미에서 성령의 사역을 나타냅니다.

기름 : 감람나무 열매를 짜서 만든 것입니다.

네 기름 : 솔로몬의 기름으로 향유기름입니다. 예표론적으로 그리스도의 성령의 역사를 예시합니다.

솔로몬의 기름이 향기롭고 아름다움은 곧 예수님의 성령 기름부음 받음이 아름다운 것임을 나타내줍니다.

여러분!

술람미 여인은 사랑하는 자의 향기로운 체취를 느끼면서 사랑에 흠뻑 취해 있었습니다. 성도는 오직 예수님만 사랑해야 합니다. 바로 그 사랑 안에 거해야 합니다.

예수님은 왕으로, 제사장으로, 선지자로 기름부음을 받으셨습니다.

하나님의 신 곧 성령이 임함이 기름부음을 받는 것입니다.
예수 그리스도로부터 나타나는 성령의 역사와 능력이 아름다운 것입니다.

> **예수님 머리에 부은 향유(마 26:6-13, 막 14:3-9, 요 12:1-8)**
>
> 예수님께서 베다니 시몬의 집에서 제자들과 식사하실 때 마리아가 매우 값진 향유 곧 순전한 나드 한 옥합을 가지고 와서 그 옥합을 깨뜨리고 예수님의 머리에 부으셨습니다. 머리털로 발을 씻으니 향유 냄새가 집안에 가득했다고 말합니다. 주님께서는 "저가 힘을 다해 내 몸에 향유를 부어 장사를 미리 준비하였다"고 하였습니다.

마리아는 예수님을 위해 그 값진 향유를 비방과 조롱 가운데 전부 드렸습니다. 옥합병체 전부 부어 드렸습니다. 예수님은 하늘 영광 보좌를 비우시고 이 땅에 인간의 몸을 입고 오셨습니다. 죄인 된 우리를 위해 예수님은 십자가에서 자기 몸을 깨뜨려 피 흘려 죽으셨습니다. 마리아가 '옥합을 깨뜨리듯' 예수님은 자신의 몸을 희생하시고 우리를 구원하셨습니다. 칭의와 새 생명을 주셨습니다. 이와 같이 성령의 기름은 참으로 향기롭고 아름답습니다. 죄악으로 인하여 썩은 냄새가 가득한 이 세상에서 성령의 기름, 곧 주님의 기름은 말할 수 없는 기쁨과 위로와 평강과 소망을 안겨주는 것입니다. 예수님을 영접한 성도의 심령 속에 향기로 넘쳐흐르게 합니다. 이런 성도는 "저희를 사랑하시는 주님! 이 성령의 기름으로 저희 영혼을 만족케 하사 채워주소서!"라고 기뻐할 수 있는 것입니다.

이와 같이 성령의 능력으로 신앙하기를 주의 이름으로 축원합니다.

2. 네 이름이 쏟은 향기름 같음

3절 "… 네 이름이 쏟은 향기름 같으므로 쳐녀들이 너를 사랑하는구나"

중동지역은 날씨가 몹시 덥기 때문에 손과 발, 몸을 자주 씻어야 합니다. 피부를 보호하기 위하여 향유를 뿌리고 바르기도 합니다. 향기름은 계피와 몰약과 육계와 창포와 감람유 등 향 재료로 혼합하여 만든 기름입니다(출 30:23-25). 술람미는 이러한 향기름을 생각하며 솔로몬의 이름이 이와 같다고 합니다.

네 이름 : 솔로몬 왕의 이름입니다. 복음적으로 예수님의 이름을 예표합니다.

향기름 : 향기 나는 기름입니다. 솔로몬 왕의 이름이 향기롭고 아름다움을 뜻합니다. 복음적으로 예수님의 이름이 향기롭고 아름다움을 의미합니다.

여러분!

이 세상에는 헤아릴 수 없는 이름들이 있습니다. 나라들도 각기 국명이 있고, 지명도 있으며, 도시의 이름이 있듯이 삼라만상에 이름이 있습니다. 사람 각자에게도 이름이 있습니다. 그러나 이 세상에서 가장 아름다운 이름이 있습니다. 예수 이름은 세상의 어떤 이름보다도 가장 아름다운 이름입니다. 모든 이름 위에 뛰어난 이름입니다.

빌 2:9 "이러므로 하나님이 그를 지극히 높여 모든 이름 위에 뛰어난 이름을 주사"

히 1:4 "저가 천사보다 얼마큼 뛰어남은 저희보다 더욱 아름다운 이름을 기업으로 얻으심이니"

김소월의 '초혼'

산산이 부서진 이름이여!

허공(虛空) 중(中)에 헤어진 이름이여!

김소월이 부르는 이름은 애간장이 녹는 슬픔과 애절함으로 부르는 이름입니다. 그러나 술람미 여인은 솔로몬의 이름을 부르고 불러도 좋고 또 좋아서 아름답고 향기로움에 도취되어 있습니다.

술람미는 솔로몬의 이름을 말하면서 '쏟는 향기름' 같다고 합니다. 구약 당시 솔로몬 때 사용하던 향기름은 매우 귀한 향품이며, 그 향기가 아주 멀리 퍼져나갔습니다. 값이 비싸고 무척이나 귀하여 구하기도 쉽지 않는 그런 향기름이었습니다.

이 세상에서 향기름보다 더 향기 나는 그 이름 예수
불러도, 불러도 가장 아름다운 이름입니다.
예수 귀하신 이름 찬양합시다.
예수 귀하신 이름 높이십시다.
예수 존귀하신 이름 경배합시다.

복음송 '예수 복된 예수'

술람미 여인이 솔로몬을 너무 사랑한 나머지 향기로운 그 이름에 도취된 것처럼 성도는 예수 이름에 도취되어야 합니다. 성령으로 인해 하늘의 아름다운 향기를 발하시는 예수 그리스도의 쏟은 향기름은 온 인류의 죄를 위해 십자가에 쏟으신 피를 상징합니다. 십자가에서 쏟으신 보혈은 향기름보다 더 진하고 진합니다. 십자가로 새 생명으로 구원하신 예수 귀하신 이름 높이며, 찬양하며 살아가시기를 주의 이름으로 축원합니다.

3. 침궁으로 이끄는 사랑

4절 "왕이 나를 침궁으로 이끌어 들이시니 …"

솔로몬 왕은 화려하고, 웅장하고, 아름다운 왕궁에 거(居)했습니다. 왕궁에는 수많은 궁궐과 방들이 있었고, 침궁은 특별히 사랑의 교제를 나누는 내실이며 밀실이었습니다. 아무나 들어갈 수 없는 곳입니다. 왕은 그곳으로 술람미 여인을 이끌어 들이고 사랑의 은밀한 교제를 나누고자 합니다.

왕 : '솔로몬'을 말합니다('예수 그리스도의 예표').
나 : '술람미 여인'을 말합니다(복음적으로 '성도').
침궁 : 히브리어로 '하다르'입니다. '왕이 홀로 거하는 곳'입니다. 정식으로 청혼함을 받은 신부들만 들어가는 곳입니다. 이는 성도가 천국에 들어가는 것을 의미합니다.

솔로몬 왕이 술람미 여인을 침궁으로 이끄는 것과 같이 예수님은 성도를 천국으로 인도하는 것입니다.

여러분!

예수님은 하늘과 땅의 모든 권세를 가지신 왕이십니다. 참된 평강을 주시는 왕이십니다. 그 왕권은 영원히 계속되는 왕권입니다. 왕이신 예수님은 성도들을 매우 사랑하십니다. 마치 신랑이 신부를 사랑하듯 사랑해 주십니다. 예수님은 우리의 신랑이 되시며, 우리는 예수님의 신부가 됩니다. 신랑 되신 예수님이 성도인 신부를 천국으로 인도하십니다. 세상에서 신랑, 신부가 결혼하면 신방을 꾸밉니다. 신방에는 신랑과 신부만 들어갑니다. 다른 사람은 들어가면 안 되는 방입니다. 이와 같이 본문의 침궁은 영혼과 육체가 교감되는 절대적 만남의 장소입니다.

4절 "… 너는 나를 인도하라 우리가 너를 따라 가리라 …"

술람미 여인이 솔로몬에게 인도함을 받고 다른 예루살렘 여인들도 함께 따라가며 솔로몬 왕으로 인하여 기뻐하고 즐거워합니다. 이는 영적 혼인잔치에 참여함을 의미합니다.

4절 "… 처녀들이 너를 사랑함이 마땅하니라"

처녀들은 아직 결혼하지 않은 순결한 젊은 여인들입니다. 술람미와 대화하는 여자들이며, 또한 '예루살렘 왕궁의 시녀'들을 가리키기도 합니다. 예표론적으로 이들은 신랑 되신 예수 그리스도를 사모하는 순결한 성도들을 나타냅니다. 모든 성도들이 예수님의 아름다움과 큰 사랑을 깨닫고 그를 진정으로 사랑하며, 사모하며, 그에게 나아가야 합니다.

요 14:2-3 "… 내가 너희를 위하여 처소를 예비하러 가노니 가서 너희를 위하여 처소를 예비하면 내가 다시 와서 너희를 내게로 영접하여 나 있는 곳에 너희도 있게 하리라"

예수님은 우리를 위하여 처소를 예비하신다고 하였습니다. 처소가 예비 되면 다시 오셔서 영접하며 주님이 계신 곳에 우리를 있게 하신다고 하였습니다. 주님 계신 곳이 천국입니다. 왕이 침궁으로 인도하듯 예수님은 우리를 천국으로 인도합니다.

솔로몬 왕이 침궁으로 사랑하는 여인을 인도하듯, 신랑 되시는 예수님은 신부된 성도만을 천국으로 인도하십니다.

여러분!

예수님은 우리의 신랑이 되십니다. 우리는 예수님의 신부입니다. 신랑이 신부를 침실로 인도하듯이 예수님께서는 우리를 천국으로 이끌어 인도하십니다. 이러한 소망 중에 믿음으로 살아가는 복된 여러분들이 되시기를 바랍니다.

오늘 본문을 통하여 예수님의 이름이 가장 아름답다는 것을 알았습니다. 예수님의 놀라우신 사랑을 알게 되었습니다. 그 예수님이 우리를 천국으로 인도하심을 알았습니다. 예수 이름 높이고 찬양하며, 신령한 성자들이 되어서 거룩한 천국에 모두 다 들어가시기를 주의 이름으로 축원합니다.

내가 비록 검으나 아름다우니

아가서 1:5-7

예루살렘 여자들아 내가 비록 검으나 아름다우니 게달의 장막 같을지라도 솔로몬의 휘장과도 같구나 내가 일광에 쬐어서 거무스름 할지라도 흘겨보지 말 것은 내 어미의 아들들이 나를 노하여 포도원지기를 삼았음이라 나의 포도원은 내가 지키지 못하였구나 내 마음에 사랑하는 자야 너의 양 떼 먹이는 곳과 오정에 쉬게 하는 곳을 내게 고하라 내가 네 동무 양 떼 곁에서 어찌 얼굴을 가리운 자같이 되랴

술람미 여인의 외모는 검으나 아름답습니다. 게달의 장막 같아도, 솔로몬의 휘장과 같다는 것입니다. 예루살렘 여자들에게 말합니다.

따가운 햇빛에 쬐어 얼굴은 검지만 흘겨보지 말 것은 내가 포도원지기가 되어 그러하다는 것입니다. 모습이 검지만 오히려 자기를 사랑하는 이와 교제함을 당당하게 말합니다.

성도가 은밀한 골방에서 영적으로 주님과 은밀히 교제함이 기쁘고 세상 풍파에 시달려 내 모습은 보잘것없지만 예수님을 사모하며, 기도하며 살아갈 때 주님은 어여삐 보시고 사랑하고, 교제해 주십니다. 예수님은 성도의 외모를 보시지 아니하며, 중심을 보시는 분입니다.

1. 주님 앞에 귀한 자

5절 "예루살렘 여자들아 내가 비록 검으나 아름다우니 게달의 장막 같을지라도 솔로몬의 휘
장과도 같구나"

예루살렘 여자들 : 예루살렘에 살면서 솔로몬 왕을 사모하는 여자들입
니다. 여자들 – KJV에서는 '딸들'로 표현합니다.
신랑 되신 예수님을 사랑하는 교회의 성도들을 암
시합니다.

내가 비록 검으나 : 선천적으로 피부가 검은 것이 아니고 햇볕에 그을
려 암갈색으로 거무스름(약간 검은 상태)한 모습입
니다.

게달의 장막 : 게달은 '검은' 또는 '유력자' 라는 뜻입니다. 장막은 검
은 염소가죽 텐트형 숙소를 뜻합니다.
베드윈(Bedawin)들은 이스마엘의 차남의 후예들로 북
아라비아 지방 등을 다니며 유목생활을 합니다. 이들의
장막은 검정색 또는 암갈색의 염소가죽으로 만들어 집
으로 살아갑니다.

솔로몬의 휘장 : 휘장은 히브리어로 '예리아(יריעה).' 이는 앙장(성막)
또는 막을 뜻합니다. 솔로몬의 휘장은 왕이 왕궁으로
가서 치는 아름다운 천으로 지붕과 벽의 역할을 하는
것입니다.

내 모습은 검으나 솔로몬의 보호아래 있음은 예수께서 외모보다 중심을
보시고 보호하시는 의미입니다.

여러분!

술람미 여인이 포도원지기로 검게 탄 얼굴 모습이지만 솔로몬을 사랑하고 사랑받을만큼 내면적 아름다움을 간직하고 있습니다.

우리의 신앙은 외적 모습보다 내면적 아름다움이 있어야 합니다.

"내가 비록 검으나 아름다우니"

술람미 여인의 외모는 검으나 솔로몬의 사랑을 받듯이, 우리도 주님의 사랑을 받아야 합니다.

본문에서 예루살렘에 살고 있는 많은 여인들은 얼굴이 하얗고, 피부가 곱고, 아름답습니다. 술람미 여인은 햇볕에 그을려서 얼굴이 검고 피부가 곱지 못했습니다. 예루살렘의 여자들이 술람미 여인에게 얼굴이 검고 피부가 거친 여자라고 수군거립니다. 그러나 술람미 여인은 자기 외모에 개의치 아니하고 "내가 비록 검으나 아름답다"고 말합니다. 어엿하고 자부심에 차있는 모습입니다.

심지어 자신의 검은 피부에 대해서 "게달의 장막 같을지라도 솔로몬의 휘장과도 같구나"라고 합니다. 오히려 자랑하는 모습이 당당합니다. 술람미 여인이 당당할 수 있는 이유는 무엇일까요?

그것은 자신이 솔로몬의 사랑을 한 몸에 받고 있기 때문입니다.

여러분!

술람미 여인이 솔로몬으로부터의 사랑으로 인해 행복한 것처럼 우리가 주님의 사랑으로 행복해야 합니다. 기뻐해야 합니다. 만족해야 합니다. 게달의 장막처럼 볼품없는 술람미 여인처럼 우리도 죄로 인해 보잘것없는 존재였지만, 이제 예수님 사랑으로 거듭나고 새사람 되었습니다.

엡 2:1-5 "너의 허물과 죄로 죽었던 너희를 살리셨도다 그때에 너희가 그 가운데서 행하여 이 세상 풍속을 좇고 공중의 권세 잡은 자를 따랐으니 곧 지금 불순종의 아들들 가운데서 역사하는 영이라 전에는 우리도 다 그 가운데서 우리 육체의 욕심을 따라 지내며 육체와 마음의 원하는 것을 하여 다른 이들과 같이 본질상 진노의 자녀이었더니 긍휼에 풍성하신 하나님이 우리를 사랑하신 그 큰 사랑을 인하여 허물로 죽은 우리를 그리스도와 함께 살리셨고(너희가 은혜로 구원을 얻은 것이라)"

그러므로 우리 모두는 구원 받은 하나님의 백성이 된 것을 기뻐해야 합니다.

고후 5:17 "그런즉 누구든지 그리스도 안에 있으면 새로운 피조물이라 이전 것은 지나갔으니 보라 새것이 되었도다"

이제 우리는 새로운 피조물로 거듭나게 되어 과거 허물과 죄 가운데 있던 우리 모습은 새롭게 바뀌게 된 것입니다.

주님은 이제 나의 신랑으로 사랑의 대상이 된 것입니다.

예수 한 분만으로 만족하고 사랑하며 살아가시기를 축원합니다.

허물과 죄로 볼품없고 죽을 수밖에 없는 우리는 이제 주님의 사랑 안에서 존귀한 자들이 되었습니다.

예루살렘 여자들보다 사랑을 흠뻑 받은 술람미 여인처럼 하나님의 사랑 안에 거하는 복된 자들이 되기를 바랍니다.

그리하여 하나님의 사랑 안에서 풍성한 삶을 누리며, 복된 삶을 살아가는 여러분이 되시기를 축원합니다.

2. 주님께 받은 사명

술람미 여인은 일광에 쬐어서 얼굴이 거무스름하게 되었습니다.

그것은 오빠들이 강제로 포도원지기를 삼았고, 그 일로 인해 얼굴이 검게 된 것입니다. 힘든 일로 시달린 모습입니다. 그러다보니 정작 자신의 포도원을 미처 돌아볼 여유가 없었다는 것입니다.

일광을 쬐어서 : 종일 햇볕에 노출됨. 고통과 괴로움 당함을 의미합니다.

거무스름 : 피부가 검은 상태입니다. 곤고를 당한 상태입니다.

내 어미의 아들들 : 오빠들(다른 견해는 배다른 오빠들 또는 사촌오빠들)입니다. 메투헨리는 '원수들'이라고 합니다.

포도원지기 : 포도원을 돌보는 일. 고대 근동지방에는 여자들이 가사 외, 들에 나가 일하기도 했습니다.

나의 포도원 지키지 못함 : 오빠들의 포도원에서의 강제노역 때문에 자기의 포도원은 돌아보지 못합니다. 다른 의미로 마음의 성전인 자신의 관리를 못함을 뜻합니다.

성도들이 다른 일상적이고 피상적인 일들로 인해 하나님께 맡겨진 신앙적 직무나 임무를 잘 감당하지 못함을 뜻합니다.

여러분!

술람미 여인이 자신이 검은 이유를 무엇이라고 합니까?

오빠들이 강제로 포도원에서 일하게 함으로 햇볕에 그을려 피부가 거무스름하게 되었다고 합니다. 세상풍파에 시달린 모습입니다.

세상 사람들은 육적인 삶을 살기 때문에 육적인 일을 쫓아갑니다.

이 세상 삶은 겉은 화려해 보여도 죄악이 가득하여 언제나 곤고하고 고통이 따릅니다.

원수마귀는 이 세상의 것으로 유혹하여 죄를 짓게 합니다.

거짓 모습으로 가장해 죄를 짓게 합니다. 하나님을 멀리 떠나게 합니다. 그리고 갖가지 유혹으로 죄에 빠지게 합니다.

술람미는 오빠들에게 야단맞지 않기 위해 그는 매일매일 포도원지기로 포도원을 돌보고 가꾸는 일을 해야만 했습니다. 그러다보니 자기의 몸을 돌볼 겨를이 없었습니다.

그래서 그는 햇볕에 그을려서 거무스름하게 된 자신의 얼굴을 흘겨보는 여자들에 대해서 나를 흘겨보지 말라고 합니다. 내 잘못이 아니라는 것입니다.

세상 사람들이 세상의 조건들로 세상일을 하도록 강요합니다. 그러다보니 믿음을 지키기 위해 고통과 환란과 핍박을 받습니다.

세상일로 마음이 둔해지고 굳어집니다.

세상일로 시달려 자신의 모습마저 초라해집니다.

술람미 여인이 솔로몬에 대한 애정이 강했던 것처럼 성도의 신앙도 예수님만 사랑하고 믿음으로 살아가야 합니다. 주님은 간절히 찾는 자를 만나주십니다.

욥 23:10 "나의 가는 길을 오직 그가 아시나니 그가 나를 단련하신 후에는 내가 정금같이 나오리라"

욥은 갑자기 그 많은 재산이 모두 없어졌고, 아들 일곱, 딸 셋이 다 죽어 비참한 가운데, 육신의 몸에도 악창이 나서 기와조각으로 벅벅 긁는 비참한 상태에 놓였습니다. 게다가 아내마저 버리고 떠나가는 적막강산에 처하게 되었습니다.

그러나 욥은 하나님 경외하는 신앙을 저버리지 않았습니다.

모든 시험과 환란과 곤고을 믿음으로 지켰습니다.

인간이 받을 수 있는 모든 고통을 다 감내했습니다.

그러할 때 하나님께서는 그 믿음을 보시고 전보다 배나 축복하여 주셨습니다. 우리도 이 땅에 살다보면 예기치 않는 어려움을 당할 때가 있습니다. 곤고에 처할 때도 있습니다. 궁핍에 처할 때도 있습니다. 난관에 부딪힐 때도 있습니다.

그러나 믿음으로 나아가면 반드시 승리하게 됩니다.

인간적인 안목으로 볼 때 비록 연약하고, 보잘것없고, 부족해도 믿음으로 나아갈 때 우리를 지키시고 보호해 주십니다.

술람미 여인이 고통과 괴로움으로 곤고해도 자신을 지켜 솔로몬을 사랑했듯이, 성도도 내게 맡겨진 사명을 충실히 실천하며 주님 사랑 안에 거해야 합니다.

술람미 여인은 곤고한 환경 가운데 있지만 솔로몬을 사랑함에는 변함이 없었습니다. 성도는 세상 삶을 살아갈 때 힘들고 어려운 일을 많이 겪습니다.

그러나 끝까지 믿음을 지켜 어떠한 어려움에도 이기고 승리하는 신앙을 가지시기를 주님의 이름으로 축원합니다.

3. 주님과 함께함

7절 "내 마음에 사랑하는 자야 너희 양 떼 먹이는 곳과 오정에 쉬게 하는 곳을 내게 고하라 네가 네 동무 양 떼 곁에서 어찌 얼굴을 가리운 자같이 되랴"

술람미 처녀는 솔로몬에게 양떼 먹이는 곳을 알려주고 오정에 쉬는 곳이 어디인지 알려달라고 합니다.

목축업을 하는 목자는 양떼를 멀리 이끌고 나가서 풀을 뜯어먹게 합니다. 그리고 태양이 작열하는 한 낮에는 양떼를 쉬게 하고 자신도 나무 그늘에서 쉽니다. 그 시간이 목자에게 한가한 시간이며 휴식의 시간입니다. 그때를 맞추어 연인을 만나고 싶어 합니다.

내 마음에 사랑하는 자야 : 솔로몬을 가리킵니다. 복음적으로 예수님을 의미합니다. 모든 성도는 예수님을 사랑하는 것입니다.

양떼를 먹이는 곳과 쉬게 하는 곳 : 솔로몬을 그리워하며 함께 있고 싶어 하는 것입니다(양떼는 솔로몬 자신이 목자로서 돌보며 다스리는 나라 백성을 나타내기도 합니다).

양떼를 위해 목숨마저 버리시는 선한 목자이신 예수님을 상징합니다.

여러분!

술람미 여인이 사랑하는 솔로몬에게 양떼를 먹이는 곳이 어디이며, 오정에 쉬는 곳이 어디인지 알게 해달라고 부탁합니다.

우리는 주님께서 때를 따라 양떼를 먹이시는 곳이 어디인지 알아야 합니다. 목장의 안식할 곳이 어디인지 알아야 합니다.

이 세상에 과연 그런 곳은 어디일까요?

그곳은 바로 교회입니다. 주님께서 양떼를 먹이시는 곳입니다.

편안한 목장의 장소입니다.

양은 목자와 가까이 있어야 합니다. 성도는 교회에 거해야 편안합니다. 예수님 안에, 교회 안에 거함이 복입니다.

선한 목자이신 예수님과 함께하면 푸른 초장, 잔잔한 시냇가로 인도함 받고 편안한 안식을 취할 수 있습니다.

요 10:9 "내가 문이니 누구든지 나로 말미암아 들어가면 구원을 얻고 또 들어가며 나오며 꼴을 얻으리라"

교회에서 꼴을 먹고 쉼을 누리시기 바랍니다. 꼴은 하나님의 말씀입니다.

주님은 저 멀리 계시는 분이 아닙니다. 교회가 바로 주님이 계시는 곳입니다. 주님과 함께 있으면 내외적인 환란과 시련 속에서도 편안할 수 있습니다.

찬송가 478장 1절

주 날개 밑 내가 편안히 쉬네. 밤 깊고 비바람 불어쳐도

아버지께서 날 지키시리니 거기서 편안히 쉬리로다.

주 날개 밑 즐거워라. 그 사랑 끊을 자 뉘뇨.

주 날개 밑 내 쉬는 영혼 영원히 거기서 살리.

시편기자는 나의 힘이 되신 여호와여, 내가 주를 사랑한다고 고백합니다.

성도는 어떻게 믿어야 주님의 신령한 양이 되고, 어떻게 믿어야 주의 안식처에 들어갈 수 있는지, 진리가 어디에 있는지 찾아야 합니다. 그리고 주의 가르침을 받아야 합니다.

성도는 생명의 꼴을 먹을 만한 곳에 가서 꼴을 먹고, 평강 가운데 안식을 찾아야 합니다. 구약시대는 하나님께서 선지자를 통해 양떼를 먹이셨고, 예수님 당시에는 친히 양떼를 먹이셨고, 초대교회에서는 사도들이 필요한 양식을 공급했습니다.

종교개혁시대에는 루터와 칼빈 등 종교개혁자들을 통해서 참된 양식을 먹었습니다.

시대마다 주의 종들을 통하여 참된 양식을 먹이십니다.

부끄러울 때 얼굴을 가리는 것처럼 성도가 신랑 되신 예수님을 잃어버렸거나 신령한 꼴은 먹지 못하고, 자기의 영적 생명의 역사가 단절되기 시작하면 주님 앞에 부끄러운 것입니다. 참 진리가 내 심령에 영적 양식으로 충만할 때 만족을 느낍니다. 그 시대마다 바른 진리가 세워지고 영적 생명의 역사가 있을 때 한 시대는 역동하게 되는 것입니다. 예수님을 믿는다고 하면서 참된 양식을 먹지 못하고, 새 생명 가운데 있지 아니하면 양떼 곁에서 얼굴을 가리운 자 같이 부끄러운 자가 되는 것입니다.

신랑을 잃어버린 신부는 초라하기 그지없습니다.

성도는 예수님의 기르시는 양이 되어서 신령한 꼴을 먹고 안식처에서 평안을 누리며, 풍성한 삶을 살아가는 것입니다.

술람미 여인이 비록 검으나, 아름다운 것은 솔로몬 왕의 사랑을 받기 때문입니다. 성도는 주님으로부터 사랑받는 자들이 되어야 합니다.

비록 자신이 게달의 장막 같을지라도 솔로몬의 휘장같이 되십시오. 포도원지기처럼 이 세상의 풍파가 많아도 주님께 받은 사명을 잘 감당하며 열심 있고 충성된 일꾼이 되십시오. 그리고 주님 계신 곳에서 신령한 영의 양식을 먹고 주 안에서 풍성한 삶을 누리시기를 축원합니다.

내 사랑 어여쁜 자야

아가서 1:8-11

여인 중에 어여쁜 자야 네가 알지 못하겠거든 양 떼의 발자취를 따라 목자들의 장막 곁에서 너의 염소새끼를 먹일지니라 내 사랑아 내가 너를 바로의 병거의 준마에 비하였구나 네 두 뺨은 땋은 머리털로, 네 목은 구슬 꿰미로 아름답구나 우리가 너를 위하여 금사슬을 은을 박아 만들리라

남녀간 사랑의 기간은 생각보다 짧다고 합니다. 미국 코넬대학 연구팀의 연구 결과 남녀가 결혼하면 애정을 느끼는 기간이 18개월에서 30개월 정도라는 결론을 얻었습니다. 이 단계가 지나면 상대방을 보아도 더 이상 가슴이 뛰거나 손에 땀이 나는 일은 없어진다고 합니다.

남녀의 사랑이나, 부모의 사랑, 형제의 사랑 친구의 우정(友情)은 조건이나 환경에 따라 달라질 수 있습니다. 부부나 부모님에 대한 사랑이 헌신적이라 하더라도 가변적입니다. 더더구나 타인이라면 더욱더 사랑하지 못합니다. 그러나 변하지 않는 사랑이 있습니다. 그것은 하나님의 사랑입니다. 집나간 탕자가 돌아오기를 기다리며 돌아오자 품어주시는 사랑입니다. 하늘을 두루마리 삼고 바다를 먹물 삼아도 한없는 하나님의 사랑은 다 표현할 길이 없습니다.

본문 9절에 "내 사랑아 내가 너를 바로의 병거의 준마에 비하였구나"라고 하였습니다. 본문은 솔로몬 왕이 술람미 여인을 사랑하는 모습의 내용입니다. 이것은 주께서 얼마나 우리를 사랑하는지를 나타내주고 있습

니다.

1. 여인 중에 어여쁜 자

8절 **"여인 중에 어여쁜 자야 네가 알지 못하겠거든 양떼의 발자취를 따라 목자들의 장막 곁**
    에서 너의 염소새끼를 먹일찌니라"

술람미 여자 주위에 있는 예루살렘 여인들이 술람미 여인에게 양떼가
걸어간 길을 따라가면 목자들의 장막이 있는데 그 곁에서 염소새끼를 먹
이라는 것입니다.

양떼 : 사랑하고 돌보는 무리(성도)입니다.
발자취 : 흔적을 의미합니다. 박윤선 목사님은 '본받는 삶' 이라고 합
        니다.
목자들 : 양을 돌보는 사람들(주의 종)을 의미합니다.
장막 : '거처(교회)' 를 뜻합니다.
염소새끼 : '갓 태어난 어린염소' 를 뜻합니다.
먹일지니라 : 양육함, 봉사함, 사명을 의미합니다.

주의 종은 어린 신앙을 돌보고, 성도는 앞서간 선진들의 신앙을 본받
는 삶을 살아가야 합니다.

여러분!
술람미 여인이 '나는 거무스름하고 나의 포도원도 지키지 못했다' 고
고백합니다. 그런데도 불구하고 "여인 중에 어여쁜 자야" 라고 불림을 받

는 것을 봅니다. 성도가 이 땅을 살아가면서 이 세상에서 별로 인정을 받지 못하고 살아갑니다. 또한 주의 일도 부족합니다. 그러함에도 주님께서는 어여쁘다고 하시고 신뢰하십니다.

본문에 "양떼의 발자취를 따라"라는 것은 성도는 목자로부터 신령한 꼴을 먹고 앞서간 믿음의 선진들을 따라가야 함을 나타냅니다.

렘 6:16 "여호와께서 이같이 말씀하시되 너희는 길에 서서 보며 옛적 길 곧 선한 길에 서서 보며 옛적 길 곧 선한 길이 어디인지 알아보고 그리로 행하라 너희 심령이 평강을 얻으리라 …"

옛적 길 곧 선한 길로 믿음의 선진들이 간 길, 그 길은 본받아 가는 길입니다. 믿음의 조상 아브라함이 갈대아 우르에서 가나안을 향한 길이요, 믿음의 길이였습니다. 구약에서 다니엘은 바벨론 포로 생활에서도 믿음의 길을 지켰습니다. 신약에서 스데반 집사는 순교의 길을 갔습니다. 초대교회 사도들도 순교의 길을 걸어갔습니다. 초대교회 그리스도인들은 순교하며, 믿음의 길을 갔습니다. 그러므로 우리의 신앙은 앞서간 선진들의 발자취를 따라가야 합니다.

8절 "… 목자들의 장막 곁에서 너의 염소새끼를 먹일찌니라"

구약 성막에서의 제사를 드릴 때 소나 양이나 염소를 제물로 드립니다. 염소는 양의 종류에 들어가지만, 그 성질은 다릅니다. 염소의 특성은 말을 잘 듣지 않습니다. 그러나 양을 치는 데는 염소도 필요하다고 합니다. 양떼 가운데 염소 한 마리를 넣어 놓으면 다른 양떼들에게 오히려 유익이 있다고 합니다. 왜냐하면 양들이 밤에 잘 때 추우면 가운데로 서로 밀고 엉키기 때문에 가운데 있는 양이 눌려서 죽는 경우도 있습니다.

그 양들 가운데 염소 한 마리를 넣어두면 뿔로 들이 받아서 헤치기 때문에 가운데로 몰려들지 않는다고 합니다. 교회 내에서도 염소 같은 신자가 있다고 합니다. 얄미운 염소라고 내치기보다 잘 먹이고 길러야 된다는 것입니다. 염소 같은 신자를 마음에 들지 않는다고 내어 쫓으면 또 다른 염소새끼가 들어온다는 것입니다. 양과 염소를 잘 분별하여, 잘 다스리는 능력 있는 주의 종이 될 때 양들을 잘 먹일 수 있다는 것입니다. 성도가 염소 같은 자신의 모습이 발견되면 즉시 회개하고 순종하여야 합니다.

고전 9:27 "내가 몸을 쳐 복종하게 함은 내가 남에게 전파한 후에 자기가 도리어 버림이 될까 두려워함이로다"

목자들의 장막 곁에서 염소새끼를 기르듯 그 사명을 잘 감당해야 합니다. 우리는 목자 되신 예수님을 따라가야 합니다.

찬송가 453장 2절
예쁜 새들 노래하는 아침과
노을 비끼는 고운 황혼에
사랑하는 나의 목자 음성이
나를 언제나 불러주신다.

주님의 음성을 듣고 따라가시기를 바랍니다. 주님의 인도함을 받기를 바랍니다.

2. 사랑스러운 외모

당시 근동지방에는 사랑하는 사람을 말에 비유하기도 했습니다. 당시 좋은 말은 애굽에서 수입했습니다(왕상 10:28-29). 대단히 귀한 것이었습니다. 말은 위풍이 있는 동물로 사랑을 받았습니다.

내 사랑아 : '사랑하는 자'를 칭할 때 쓰는 말입니다(신랑과 신부 사이에 호칭).

내가 : '솔로몬'을 뜻합니다.

너를 : '술람미'를 뜻합니다.

병거와 준마 : 병거는 전쟁용으로 쓰이는 마차이며, 준마는 훈련이 잘 된 우수한 말을 뜻합니다.

솔로몬이 가장 사랑하고 아끼는 바로의 병거의 우수한 말처럼 술람미 여인에 대한 젊음과 순박한 야성미를 표현한 것 같습니다.

여러분!

우리는 주님의 좋은 일꾼입니까? 잘 훈련된 말은 주인의 뜻을 잘 수행하는 말입니다. 준마는 힘차고 위풍당당한 준족으로 주인을 위해 달리고 달립니다.

우리 모두는 주를 위해 좋은 일꾼으로 충성해야 할 줄로 믿습니다.

이스라엘이나 중동지역에는 나귀를 흔히 볼 수 있습니다. 나귀는 말에 비해 그 형체와 모양이 볼품이 없습니다. 우리나라에도 제주도 조랑말이 있습니다. 말 종류에 속하나 적고 다리가 짧습니다. 그에 비해 바로의 준마는 크기와 생김새가 당당합니다. 그 모습이 우람하고 아름답습니다. 솔로몬이 애굽으로부터 많은 말들을 들여왔다고 기록되어 있습니다(왕상 10:28-29 "솔로몬의 말들은 애굽에서 내어왔으니 왕의 상고들이 때에 정가하여 산 것이며, 애굽에서 내어 올린 병기는 하나에 은 육백 세겔이요, 말은 일백오십 세겔이라…"). 애굽의 바로가 병마를 타고 행차할 때 잘 길들여지고 훈련된 준마가 병장기를 끌고 갑니다. 솔로몬도 준마가 이끄는 병거의 행차를 즐겼습니다. 준마는 우람하고, 다리가 길고, 목 털이 아름답습니다. 또 준마는 주인의 명령에 절대 복종합니다. 바로의 준마는 쇠약하지 않고 모든 면에 강합니다. 솔로몬은 사랑하는 술람미 여인을 그 바로의 준마에 비유하고 있습니다. 술람미는 육적이나 정신적으로 건강합니다. 예루살렘 여인들처럼 잔머리 굴리고 자기주장이 강한 고집 센 여인이 아닙니다. 술람미는 포도원지기로 외모가 시골적인 분위기의 여인입니다. 건강하고 활달합니다. 게다가 우아함과 미덕이 있는 여자였습니다. 비록 햇볕에 그을려 검기는 해도 세상 모든 여자들보다 마음씨 예쁜 여인이었습니다. 솔로몬 왕은 술람미 여인을 사랑했습니다. 솔로몬 왕으로부터 바로의 병거의 준마같이 여김을 받았습니다. 성도도 주로부터 그렇게 사랑받는 자들이 되어야 합니다. 주님을 따라가는 우리의 신앙생활도 열심 있고 충성하며 최선을 다할 때 주께서 인정해 주실 것입니다. 성도는 하나님 말씀에 순종하는 자들이 되어야 합니다. 하라고 하면 하고, 하지 말라고 하면 하지 말아야 합니다. 하나님 말씀에는 순종만 있을 뿐입니다. 하나님은 순종하고 그 뜻에 행하는 자들을 사랑하십니다. 준마는 앞만 향해 달립니다. 대적 앞에 물러서지 않습니다. 목숨이 위태로워도 뒤로 물러서지 않습니다. 우리의 신앙생활이 그래야 합니다. 주님을 모시고 천성을 향해 가는 성도들은 절대 뒤로 돌아서서는 안 됩니다.

히 10:38 "오직 나의 의인은 믿음으로 말미암아 살리라 또한 뒤로 물러가면 내 마음이 저를 기뻐하지 아니하리라."

여러분!

바로의 준마처럼 힘이 있고, 순종할 줄 알고, 전진하는 신앙의 사람들이 되어서 더욱 주님께 사랑받는 자들이 되시기를 축원합니다.

3. 아름다운 단장

10절 "네 두 뺨은 땋은 머리털로, 네 목은 구슬꿰미로 아름답구나"
11절 "우리가 너를 위하여 금 사슬을 은을 박아 만들리라"

잘 땋은 머리 손질과 두 뺨은 홍조를 띄며 아름답고, 목이 긴 흰 목에 구슬 목걸이를 하였습니다. 그에다가 솔로몬과 그와 함께한 무리가 술람미를 위해 은박이 금 사슬을 만들겠다고 합니다.

구슬꿰미 : 히브리어 '하루짐(חֲרוּזִים)'은 고대 근동지방에서 진주로 꿰어 만든 목걸이를 뜻합니다. 권위, 영광, 훈계와 가르침, 교만을 상징적으로 사용되기도 합니다.

금 사슬 : 황금 줄에 백색의 은을 박아 만든 사슬입니다. 상급을 의미
합니다.

술람미 여인의 권위있는 모습과 귀한 상급을 의미합니다.

여러분!

사랑에 빠져본 적이 있습니까? 사랑의 힘은 아무리 못생긴 사람이라도
가장 사랑스러워 보인다는 것입니다. 그리고 사랑하는 사람을 위해서는
무엇이든지 다 주고 싶고, 아무리 귀한 것을 주어도 아까운 생각이 들지
않는다는 것입니다.

어느 아이의 선물

한 소년이 엄마의 생일을 맞아 내의를 선물하려고 백화점을 찾았습니다. 점원 아가씨가
소년에게 엄마의 옷 치수를 묻자 소년은 잘 모르겠다고 대답했습니다. 점원 아가씨는 다
시 물었습니다. "그러면 엄마의 키가 크시니? 작으시니? 또 뚱뚱한 편이시니? 날씬한 편
이시니?" 그러자 소년은 활짝 웃으면서 대답했습니다. "우리 엄마는 완벽해요. 우리 엄
마는 굉장한 미인이거든요." 완벽하다는 말에 점원 아가씨는 가장 날씬한 치수의 내의를
예쁘게 포장하여 소년에게 건네주었습니다. 그런데 다음날 소년이 찾아와서 내의를 바
꾸어달라는 것입니다. 그 소년이 바꿔간 치수는 내의로는 가장 큰 치수였습니다. 사랑의
눈으로 바라보면 모든 것이 아름다워 보입니다. 사랑하는 사람의 눈에는 상대의 장점만
이 보입니다. 그래서 사랑은 사람의 눈을 멀게 한다고 합니다.

솔로몬 왕은 술람미를 너무너무 사랑합니다. 그러다보니 앉으나 서나
보고 싶고, 보기만 해도 가슴이 울렁거리고 뜁니다. 그녀를 위해 자신의
마음이 담긴 선물을 해주고 싶었습니다. 그리하여 금으로 고리를 만들어
은을 박아서 금 사슬을 해주겠다는 것입니다. 술람미는 머리를 늘어뜨린

두 빰과 구슬로 만든 목걸이가 아름답습니다. 그러기에 금 사슬은 너무 잘 어울리겠다는 것입니다. 금과 은은 변질되지 않는 보석입니다. 변함 없는 사랑의 표현입니다. 금 같은 믿음은 귀한 상급이 따르는 것입니다.

요일 4:19 "우리가 사랑함은 그가 먼저 우리를 사랑하셨음이라"

하나님이 우리를 먼저 사랑하셨으니 우리도 또한 일편단심으로 주님을 사랑해야 합니다. 신앙생활을 하다보면 때로는 시험거리가 많이 생기지만 그 사랑 안에서 변함이 없어야 합니다. 솔로몬은 사랑하는 술람미의 길게 땋은 머리에다, 구슬 목걸이에다 은을 박아서 만든 금 사슬을 달아주어 아름답게 보이도록 배려하는 것처럼, 우리는 주님의 귀한 사랑 안에 거(居)해야 합니다.

신 6:5 "너는 마음을 다하고 성품을 다하고 힘을 다하여 네 하나님 여호와를 사랑하라"

하나님은 성도가 믿음과 사랑으로 나아갈 때 더욱 은혜를 주십니다. 그리고 아름답게 성숙하도록 인도하시는 것입니다. 하나님의 사랑은 세상의 어떤 것과 비교할 수 없는 숭고한 것입니다. 우리가 죄인 되었을 때에 하나님께서 먼저 우리를 사랑하셨습니다. 그 사랑 안에 일심으로 하나님을 경외하는 여러분이 되시기를 바랍니다.

본문에서는 솔로몬과 술람미 여인은 숭고한 사랑을 고백하고 나눕니다. 솔로몬 왕은 술람미 여인의 아름다운 자태를 준마에 비유합니다. 목에 금 사슬을 은을 박아 만들어주겠다고 합니다. 성도는 하나님의 말씀으로 양식을 먹고, 그 사랑 안에 순종하며 일심으로 나아갈 때 금 사슬에 은을 박은 것 같은 믿음을 보시고 아름답다 하시며 사랑해 주실 것입니다. 이러한 하나님의 사랑 안에 거하기를 바랍니다

내 사랑 품은 몰약 향낭

아가서 1:12-17

왕이 상에 앉았을 때에 나의 나도 기름이 향기를 토하였구나 나의 사랑하는 자는 내 품 가운데 몰약 향낭이요 나의 사랑하는 자는 내게 엔게디 포도원의 고벨화 송이로구나 내 사랑아 너는 어여쁘고 어여쁘다 네 눈이 비둘기 같구나 나의 사랑하는 자야 너는 어여쁘고 화창하다 우리의 침상은 푸르고 우리 집은 백향목 들보, 잣나무 석가래로구나

솔로몬 왕과 술람미 여인의 사랑은 참으로 아름답습니다.

12절 "나의 나도 기름이 향기를 토하였구나."

13절 "내 품 가운데 몰약 향낭이요."

14절 "내게 엔게디 포도원의 고벨화 송이로구나."

솔로몬 왕은 술람미 여인에게 비둘기 눈과 같다고 합니다. 술람미는 솔로몬 왕에 대해 '침상', '집'으로 비유하며, 함께 오래도록 거(居)하며, 사랑의 교제를 나누고자 합니다. 이는 성도가 주님과 친근하고 깊은 교제(기도, 말씀)를 하여야 함을 뜻합니다.

1. 사랑하는 자의 품의 향기

12절 "왕이 상(床)에 앉았을 때 나의 나도 기름이 향기를 토하였구나"

13절 "나의 사랑하는 자는 내 품 가운데 몰약(沒藥) 향낭(香囊)이요"

상(床) : '메사브(ㅁㅁㅁ)'는 솔로몬이 베푼 연희석 잔칫상을 의미합니다.

나도 기름 : 나도는 히말라야산이 원산지이며, 주로 남인도지방에서 자라는 마타리과의 방향성 다년초 식물 나르드(spikemard : 감송향)입니다. 보통 70cm의 크기로 자라며, 잎이 넓고 꽃은 다발형식으로 뿌리가 굵습니다. 나도(또는 나드) 기름은 주로 나무줄기나 뿌리에서 채취합니다.

몰약 : 남부 아라비아나 인도지방 등지에서 자라는 미르라(myrrh)라는 방향(芳香)성 나무에서 채취한(액체, 고체) 향품입니다. 보통 1.5~5cm 크기로 자라는데 그 줄기나 가지에 상처를 내어 수액은 받아 관유제조 때나 향유로, 시체의 방부제, 약제나 화장품 등으로 다양하게 사용합니다. 히브리 여인들은 외출시 조그마한 곽이나 주머니에 담아 가슴까지 내려오도록 목에 걸고 다녔습니다.

나드 기름의 향기는 솔로몬 왕에 대한 술람미 여인의 사랑의 마음을 표현한 것이며, 내 품 가운데 몰약 향내는 솔로몬 왕이 술람미 여인에게는 항상 아름답고 향기를 발하는 향낭처럼 사랑스러운 존재임을 나타냅니다. 그리고 몰약 향낭은 성도의 기도 주머니에 비유됩니다. 이것은 신랑 되신 예수 그리스도를 사모하고 기도하는 성도의 모습을 나타내고 있습니다.

여러분!

벤자민 플랭클린은 "결혼 전에는 두 눈을 똑바로 뜨고, 결혼 후에는 한 쪽 눈을 감으십시오"라고 했습니다. 결혼 전 배우자의 선택은 신중에 신중을 기해야 합니다. 그러므로 두 눈을 똑바로 뜨고, 살피고 잘 선택해야 된다는 것입니다. 그러나 배우자를 이미 결정한 후에는 한쪽 눈을 감고 상대방의 결점이나 단점을 보지 말라는 것입니다. 그 한쪽은 내가 채워 주어야 할 부분이기 때문에 그러하다는 것입니다. 남자와 여자는 성격상 각각 다른 특성을 가지고 있기 때문에 대화의 방향이 다를 때가 많습니다. 남자는 매사에 충동적인데 비해 여자는 언제나 감상적이라는 것입니다. 예컨대 남자에게는 "사랑해요"라는 말 한마디가 큰 영향을 미치지 않지만, 여자는 그 말에 매우 민감하다는 것입니다.

과연 그렇게 될 수 있을까요? 남녀 관계는 조화입니다. 이기적인 것으로는 아니 됩니다.

12절 "왕이 상에 앉았을 때에 나의 나도 기름이 향기를 토하였구나"

솔로몬 왕이 즐거운 연희석상에 앉았을 때 술람미는 나도 기름 향기를 토한다고 합니다. 귀하고 값비싼 나도 향기처럼 성도는 주께 대한 마음과 뜻과 사랑과 생명 전체를 쏟아 정성을 다할 때 향기가 진동하는 나도 향 기름 같을 것입니다. 성도는 예수님 안에 온전히 거할 때 향기 나는 신앙이 됩니다. 본문에 몰약 향낭(주머니)은 팔레스타인 처녀들에게 귀중한 소장품입니다. 그 몰약은 특유의 향기 때문에 한층 매력을 더해준다고 합니다. 술람미는 사랑하는 솔로몬 왕을 가리켜 1절 "나의 사랑하는 자는 내 품 가운데 몰약 향낭(주머니)이요"라고 합니다. 예수님은 성도의 마음 가운데 몰약 향낭(주머니)처럼 기도하는 자를 기뻐하십니다. 성도가 예수님을 심령 속에 모시고 언제나 향기가 가득히 끊임없이 향기를 발산할 때 주님은 기뻐하고 기뻐하실 것입니다. "주님은 나의 모든 것이요, 전부입니다"

우리가 주님께 이렇게 고백할 때 기뻐하실 것입니다. 술람미 처녀의 가슴에 항상 몰약 향낭이 매달려 있는 것처럼 우리의 마음 중심에 사랑하는 주님이 계셔야 합니다. 내 마음 중심의 자리에 항상 주님이 좌정해 계시도록 자리를 비워드리시기 바랍니다.

요 21:15 "… 요한의 아들 시몬아 네가 이 사람들보다 나를 더 사랑하느냐 …"

요 21:16 "또 두 번째 가라사대 요한의 아들 시몬아 네가 나를 사랑하느냐 …"

요 21:17 "세 번째 가라사대 요한의 아들 시몬아 네가 나를 사랑하느냐 …"

주님은 베드로에게 세 번씩이나 "나를 사랑하느냐?"라고 물으셨습니다. 베드로는 "주여, 그러하외다. 내가 주를 사랑하는 줄 주께서 아시나이다"라고 답하였습니다. 주님은 에로스, 필로스, 루두스의 사랑이 아닌 아가페적인 사랑을 요구하십니다. 솔로몬과 술람미의 관계가 또한 그와 같습니다. 주님과 우리의 관계도 그러해야 합니다. 주님은 자기 몸을 십자가에 내어주기까지 사랑하셨습니다.

그러한 주님을 우리도 몸 바쳐 사랑함이 마땅합니다.

복음송 '요한의 아들 시몬아'

요한의 아들 시몬아, 네가 다른 사람들보다

나를 더 사랑하느냐? 하고 주님이 물으셨네.

성도는 숭고하고 헌신적인 사랑, 완전하고 이타적인 사랑, 신적인 사랑을 알아가야 합니다.

우리는 날마다 일심으로 내 마음 중심에 주를 사모하며 "내가 주님을 사랑합니다" 고백하며 신앙생활 하는 여러분이 되기를 주의 이름으로 축원합니다.

2. 사랑하는 자의 어여쁨의 모습

14절 "나의 사랑하는 자는 내게 엔게디 포도원의 고벨화 송이로구나"
15절 "내 사랑아 너는 어여쁘고 어여쁘다 네 눈이 비둘기 같구나"

엔게디 포도원의 고벨화 꽃송이는 아름답습니다. 술람미 여인은 솔로몬을 그렇게 표현합니다. 그에 화답으로 술람미 여인이 비둘기의 순결한 눈처럼 어여쁘다고 합니다.

엔게디 : 단어의 뜻은 '염소(새끼)의 샘' 입니다. 헤브론 남동쪽 24Km 지점, 사해의 서쪽 유다 광야의 남동쪽에 위치한 성읍으로, 포도 산지로 유명한 곳입니다. 다윗이 사울을 피해 숨은 곳이기도 합니다.
고벨화 : 인도의 원산지로 아라비아나 팔레스틴 등 중동지역에 자생하

는 부채꽃과에 속하는 관목(Hemma flower)입니다. 2~3m 이상 자라며 잎사귀는 연녹색의 타원형이고, 꽃은 흰색과 노란색 또는 황색으로 작은 송이가 뭉쳐 피어 아름답게 피고 향기가 좋습니다.

신부가 신랑을 향한 순수한 연정과 신부의 맑고 순결한 눈의 아름다움을 화답하는 노래입니다.

여러분!

엔게디 골짜기에는 여러 동굴도 있고 폭포도 있어 물이 풍부합니다. 그로인해 엔게디 들판은 아름다운 수풀이 많고, 포도산지로 유명한 곳입니다. 푸른 포도원 산지에 포도나무보다 키가 큰 고벨화의 아름다운 꽃송이가 피어있을 때 마치 수놓은 듯 아름다운 모습입니다. 푸른 포도나무와 연분홍색 꽃이 어울려져 있는 모습입니다.

14절 "나의 사랑하는 자는 내게 엔게디 포도원의 고벨화 송이로구나"

술람미 여인은 솔로몬 왕에게 "나의 사랑하는 자"라고 고백합니다. 자연히 솔로몬의 사랑에 대한 응답이요, 고백입니다.
고벨화는 절제력과 마음의 평안을 주는 향료로 쓰입니다.

사 5:1 "내가 나의 사랑하는 자를 위하여 노래하되 나의 사랑하는 자의 포도원을 노래하리라 나의 사랑하는 자에게 포도원이 있음이여 심히 기름진 산에로다"

주님은 엔게디 포도원에 고벨화 송이와 같이 아름답고 영광스러운 분이십니다. 가정에서도 예수님을 모셔야 아름답고, 교회에서도 예수님을 모셔야 아름답습니다. 교회에서 예수님이 떠나면 사탄이 판을 칩니다.

유다 왕 히스기야가 병들었다가 하나님의 이적으로 나았다는 말을 바벨론 왕이 듣고 사자를 유다에 보냈습니다. 그때 히스기야가 바벨론 사자들에게 하나님만 기리고 하나님만 자랑했어야 될 것인데, 하나님의 뜻에 반하여 무기창고, 내탕고, 보물창고 등을 보여주며 자랑했습니다(사 3:1-4). 그것들은 바벨론 나라에 있는 것에 비하면 아무것도 아닙니다. 그러므로 그 후 바벨론이 유다를 업신여겨 군사를 이끌고 와서 유다를 함락시켜버렸습니다. 히스기야 왕이 그때에 하나님의 위대하심을 보여주었더라면 바벨론이 두려워하여 유다를 침략하지 못했을 것입니다.

15절 "내 사랑아 너는 어여쁘고 어여쁘다 네 눈이 비둘기 같구나"

사랑하는 사람끼리 서로 그 아름다움을 보는 눈이 필요합니다. 사랑이 깊어지기 위해서는 서로의 장점과 아름다움을 칭찬하고 높여줄 수 있어야 합니다. 상대방의 흠과 티를 찾아내고야 말겠다는 생각을 가지고 있으면 사랑이 식어지고 다툼만 있게 됩니다. 가족과 주위의 사람들을 바라보는 우리의 눈은 어떠합니까? 사랑스런 모습으로 보고 있습니까? 상대를 인정하고 좋은 말로 표현한다면 더 깊은 사랑의 교제를 나눌 수 있을 것입니다.

민들레 '서간문' 중에서

민들레 내 사랑!

간드러진 6월의 바람 타고

오는 정, 가슴이 타요.

고운 사랑 정화된 그 고백

뜨거운 그대의 순결이 떨려 와요.

솔로몬과 술람미 여인의 사랑의 이중창은 아름다운 사랑의 표현입니다. 솔로몬이 술람미 여인을 사랑하듯 주님은 비천하고 허물이 많은 우리를 사랑스럽게 바라보고 계시며, 한결같이 사랑하십니다. 연인의 눈빛에 취하듯 주님은 우리를 너무 사랑스럽게 보십니다. 성도가 신령한 눈을 떠서 예수님을 바라볼 때 우리 눈은 비둘기 같이 보이는 것입니다. 비둘기는 온유하고, 순결하고, 정결한 새입니다. 성도는 정결하고 순결한 눈으로 예수님을 바라보며 흠 없고 티 없이 깨끗한 삶을 살기를 바랍니다. 눈은 마음의 창이라고 하지 않습니까?

술람미 여인의 눈에 비친 솔로몬은 향기를 뿜어내는 몰약 주머니 같았고, 포도원에서 볼 수 있는 아름다운 꽃송이 같았습니다. 술람미 여인의 마음을 송두리째 빼앗아가고도 남을 솔로몬의 사랑에 빠져있습니다. 그리고 "나의 사랑하는 자"라고 계속 부르고 있습니다. 비둘기 같이 온유하고 순결한 사랑하는 자의 눈빛은 아름답습니다. 나를 사랑하시는 예수님의 사랑을 찬양하며, 가까이 계신 그분의 눈빛과 숨결을 느끼며, 주님과의 깊은 영교를 나누며 살아가기를 축원합니다.

3. 사랑하는 자와 함께 거함

16절 "나의 사랑하는 자여 너는 어여쁘고 화창하다 우리의 침상은 푸르고"

17절 "우리 집은 백향목 들보, 잣나무 서까래로구나"

술람미 여인과 솔로몬 왕의 사랑의 관계가 푸른 초장처럼 싱그럽고 화창합니다. 두 연인의 거하는 안식처는 아름답고 향기 풍기는 견고한 집에 오래도록 거하고 싶어 합니다.

우리의 침상 : 솔로몬과 술람미와 함께 교제하는 장소를 의미합니다 (성도의 기도장소).

푸르고 : 변함없이, 늘, 항상의 의미입니다.

백향목 : 상록수로서 보통 24~30m 이상 곧게 자라며 나무의 질은 견고하고 양질의 건축 목재로 사용됩니다. 번영, 영광 등을 나타냅니다. 또한 견고한 신앙을 의미합니다.

잣나무 : 소나무과의 상록수로서 보통 17~20m 정도 자라며, 솔잎보다 두꺼운 다섯 잎을 내며, 나무질이 견고하고 색깔이 좋아 백향목에 준하는 건축 재료로 사용됩니다. 변함없는 신앙을 의미합니다.

연인이 오래 함께 거하고자 하는 거처가 필요하듯 성도가 예수님과 함께 거하는 교회에 머물러있어야 합니다. 그리고 성도는 기도 처소에서 항상 백향목처럼, 잣나무처럼 견고하고 변함없는 믿음생활을 하여야 합니다.

여러분!

봄날에 햇살이 밝게 비치고, 꽃은 만발하고, 날씨가 청명한 날을 가리켜서 화창하다고 합니다. 솔로몬과 술람미는 서로 뜨겁게 사랑하는 사이이기 때문에 마치 화창한 봄날과 같은 분위기입니다. 화창한 봄날과 같은 가정과 교회는 훈훈한 분위기가 넘칩니다. "너는 어여쁘고 화창하다"는 것은 마음이 즐겁고 화평합니다. 예수님은 기쁨과 즐거움을 주시는 분이므로 예수님 사랑 안에 있으면 마음이 항상 기쁩니다. "우리의 침상은 푸르다." '푸르다' 라는 것은 생명력이 넘치는 상태를 의미합니다. '침상'은 두 사람만이 밀회를 나누는 장소입니다. 침상이 푸르다는 것은 두 사람의 사랑이 늘 푸르다는 것을 나타냅니다. 성도는 주께 항상 기도하는 장소가 필요합니다. 주님과 끊임없이 변함없는 사랑관계를 유지할 장소가 필요합니다. 예루살렘 여자들이 침궁에 들어가지 못하고 멀찍이 바라보고 수종을 들었습니다. 이와 같이 겉도는 신앙이 아니라 침상까지 나아가 예수님과 교통하는 신앙생활을 하여야 합니다. 성도는 주님께 마음과 사랑과 정성과 뜻을 드리는 장소가 필요합니다. 푸른 침상은 생명이 있는 곳입니다. 바로 교회입니다. 백향목 들보로 가로지르고 잣나무로 서까래를 가지런히 놓은 우아한 집처럼, 예수님과 더불어 영적 교제하는 장소가 교회입니다.

주님과 깊은 사랑을 나누기 위해서는 좋은 분위기, 더 은밀한 장소가 필요하듯이 교회는 주님과 교제하는 곳입니다. 영적 깊은 기도와 말씀묵상은 푸른 침상이요, 백향목 들보와 잣나무 서까래 있는 아름다운 집은 굳건한 믿음과 같습니다. 교회 중심의 신앙생활을 하시기 바랍니다.

왕상 5:8 "이에 솔로몬에게 기별하여 가로되 당신의 기별하신 말씀을 내가 듣고 내 백향목 재목과 잣나무 재목에 대하여는 당신의 바라시는 대로 할지라"

백향목은 강하며 해충에 잘 견디고 내구성이 강한 나무입니다. 백향목은 사시사철 푸른 나무로 신앙심이 견고한 성도를 상징합니다. 우리는 영적 푸르름을 잃지 않고, 환란이나 곤고에도 끄떡하지 않는, 백향목 같은 성도가 되어야겠습니다.

시 1:3 "저는 시냇가에 심은 나무가 시절을 좇아 과실을 맺으며 그 잎사귀가 마르지 아니함 같으니 그 행사가 다 형통하리로다"

하나님 말씀을 언제나 가까이 하시고 성막 분향단에서 향을 사름같이 항상 기도생활로 향기 나는 신앙을 가지시기 바랍니다.

고후 2:15 "우리는 구원 얻은 자들에게나 말하는 자들에게나 하나님 앞에서 그리스도 향기니"

성도는 예수 그리스도로 말미암아 구원 받은 자들입니다. 그러므로 그리스도 향기를 발하는 성도가 되시기를 바랍니다.

찬송 89장 1절 '샤론의 꽃 예수'

샤론의 꽃 예수 나의 마음에 거룩하고 아름답게 피소서.

내 생명이 참 사랑의 향기로 간 데마다 풍겨나게 하소서.

예수 - 샤론의 꽃 - 나의 맘에 사랑으로 피소서.

주님의 몸 된 교회에서 안전하게 거하며, 무한한 기쁨과 평강을 얻으며, 만족하게 신앙생활 하기를 바랍니다. 주님께서 세우신 교회는 너무나 소중한 곳입니다. 주의 몸 된 교회에서 무한한 기쁨과 행복을 얻으며 주님의 향기를 말하는 성도가 되시기를 바랍니다.

요일 5:2 "우리가 하나님을 사랑하고 그의 계명들을 지킬 때에 이로써 우리가 하나님의 자

하나님의 사랑은 세상의 어느 사랑과 비교될 수 없는 사랑입니다. 우리가 아직 죄인 되었을 때 하나님께서 우리를 먼저 사랑하셨습니다. 본문은 '품 가운데 몰약 향낭', '엔게디 포도원의 고벨화 송이'로 술람미 여인이 솔로몬을 표현하며, 솔로몬 왕은 '내 사랑하는 자'라고 부릅니다. 서로가 아름다움을 칭찬하고 '침상'과 백향목 들보와 잣나무 서까래로 지은 향기 나고 견고한 집에서 함께 오래도록 사랑의 교제를 나누고 싶어 합니다. 주님이 거하는 교회에서 깊은 기도와 말씀묵상을 통해 깊은 영교의 사랑을 나누는 여러분이 되기를 축원합니다.

제2장 무르익는 사랑의 열매

나는 사론의 수선화요 골짜기의 백합화로구나
여자들 중에 내 사랑은 가시나무 가운데 백합
화 같구나
남자들 중에 나의 사랑하는 자는 수풀 가운데
사과나무 같구나 내가 그 그늘에 앉아서 심히
기뻐하였고 그 실과는 내 입에 달았구나

그가 나를 인도하여 잔칫집에 들어갔으니 그
사랑이 내 위에 기로구나
너희는 건포도로 내 힘을 돕고 사과로 나를 시
원케 하라 내가 사랑하므로 병이 났음이니라
그가 왼손으로 내 머리에 베게 하고 오른손으
로 나를 안는구나
예루살렘 여자들아 내가 노루와 들사슴으로
너희에게 부탁한다 내 사랑이 원하기 전에는
흔들지 말고 깨우지 말지니라

나의 사랑하는 자의 목소리로구나 보라 그가
산에서 달리고 작은 산을 빨리 넘어오는구나
나의 사랑하는 자는 노루와도 같고 어린 사슴
과도 같아서 우리 벽 뒤에 서서 창으로 들여
다보며 창살 틈으로 엿보는구나
나의 사랑하는 자가 내게 말하여 이르기를 나

의 사랑, 나의 어여쁜 자야 일어나서 함께 가자
겨울도 지나고 비도 그쳤고 지면에는 꽃이 피
고 새의 노래할 때가 이르렀는데 반구의 소리
가 우리 땅에 들리는구나
무화과나무에는 푸른 열매가 익었고 포도나
무는 꽃이 피어 향기를 토하는구나 나의 사
랑, 나의 어여쁜 자야 일어나서 함께 가자

바위 틈 낭떠러지 은밀한 곳에 있는 나의 비
둘기야 나로 네 얼굴을 보게 하라 네 소리를
듣게 하라 네 소리는 부드럽고 네 얼굴은 아
름답구나

우리를 위하여 여우 곧 포도원을 허는 작은
여우를 잡으라 우리의 포도원에 꽃이 피었음
이니라
나의 사랑하는 자는 내게 속하였고 나는 그에
게 속하였구나 그가 백합화 가운데서 양 떼를
먹이는구나
나의 사랑하는 자야 날이 기울고 그림자가 갈
때에 돌아와서 베데르 산에서의 노루와 어린
사슴 같아여라.

내 사랑 수선화와 백합화

아가서 2:1-3

나는 사론의 수선화요 골짜기의 백합화로구나 여자들 중에 내 사랑은 가시나무 가운데 백합화 같구나 남자들 중에 나의 사랑하는 자는 수풀 가운데 사과나무 같구나 내가 그 그늘에 앉아서 심히 기뻐하였고 그 실과는 내 입에 달았구나

술람미 여인은 자신이 예루살렘 왕궁의 많은 다른 궁녀들과 달리 자신은 한 평범한 시골 여자임을 나타내며 사론의 수선화요, 골짜기의 백합화라고 말합니다. 그러한 그녀를 솔로몬 왕은 모든 꽃 가운데서도 향기나는 백합화 같다고 말합니다. 사랑하는 솔로몬을 술람미 여인은 수풀 가운데 사과나무 같다고 합니다. 그 그늘에서 쉼을 얻고 심히 기뻐하며 실과는 입에 달다고 합니다. 그의 품안에서 안식과 평강을 누림을 뜻합니다. 성도는 가시나무 가운데 백합화처럼 향기 나는 신앙이어야 하며, 주님 품안에서 안식과 평강을 누려야 합니다.

1. 수선화와 골짜기 백합화

1절 "나는 사론의 수선화요 골짜기의 백합화로구나"

사론은 갈멜산 남쪽으로 펼쳐진 대평원지대입니다. 물이 풍부하고 푸른 초장을 이루고 있으며, 앞은 바다고 뒤는 산으로서 자연의 아름다움을 간직하고 있는 곳입니다.

사론 : 히브리어로, '샤론(שרון)'으로 평야 혹은 평평한 마을이라는 뜻입니다. 지형상으로 지중해 동쪽 즉, 팔레스틴 지방의 서쪽 욥바에서 갈멜산 지역까지 이르는 거대한 평원지입니다. 이 평원은 봄이 되면 야생화가 만발하여 장관을 이루는 곳입니다.

수선화 : 수선화과의 다년생 화초입니다. 온대지방의 물가에서 살고 지중해 연안이 원산지로 잎모양은 가늘고 길며, 흰색이나 노란색의 꽃이 핍니다.

백합화 : 히브리어로 '쇼산', '헬라어', '크리논' 등 원어는 '들의 꽃' 혹은 '아네모네'라고 합니다. 영어는 릴리(lily)입니다. 나리꽃이라고도 합니다. 학명으로 '히야신루스 오리엔탈리스'입니다. 레바논이나 팔레스틴 지역에 자생하는 꽃입니다.

술람미 여인은 자신이 수선화처럼 평범한 여자이며, 인적이 드문 골짜기에 잘 보이지 않는 곳에 피는 백합화처럼 남의 눈에 잘 띄지 않는 보통의 여자임을 암시합니다. 성도의 겸손한 신앙의 모습을 나타냅니다.

여러분!

술람미 여인은 자신을 사론 언덕에 피는 수선화요, 골짜기나 능선에 피어나는 백합화라고 합니다. 수선화는 왕궁의 정원이나 여염집 앞마당에서 고이 자란 꽃이 아닌 들녘에 피는 들꽃입니다. 성도는 광야와 같은 넓은 세상에서 다른 사람이 알아주든지, 몰라주든지 하나님의 은혜 가운데 살면서 그리스도의 향기를 날리다가 때가 되면 하나님 앞으로 가는 것입니다. 성도는 사람 앞에서 사는 자가 아니며, 하나님 앞에서 자기가 해야 할 본분을 다하다가 하나님이 오라고 하시면 천국으로 가는 자입니다. 누가 알아주면 좋아하고 몰라주면 섭섭해 하며, 다른 사람이 알아주면 잘하고 알아주지 않으면 하지 않는 것은 사론의 수선화가 아닙니다. 사람 앞에서는 피었다가 사람이 없으면 지는 꽃은 진짜 꽃이 아닙니다. 우리는 이 세상에서 사람이 보든지, 말든지 사람이 알아주든지, 몰라주든지 열심 있고 충성하다가 그리스도의 향기를 날리며 하나님 앞으로 가는 자가 되어야 합니다. 공동번역은 '나는 고작 사론에 핀 수선화…' 라고 되어 있습니다. 고작이라는 표현에서 술람미 여인의 겸손한 마음 자세를 나타내주고 있습니다. 사론의 수선화는 그 습성은 길가에 핀 민들레와 같습니다. 민들레는 '일편단심' 의 꽃입니다. 술람미 여인은 일편단심 솔로몬만 사랑합니다. 오직 솔로몬만 사모합니다. 진심으로 솔로몬만 의지합니다. 성도는 마음을 다하고, 정성을 다하고, 뜻을 다하고, 성품을 다해 주님을 사랑합니다. 성도는 주님만 시종일관, 일편단심으로 사랑해야 합니다. 사론의 수선화는 드넓은 평원에 보잘것없이 하찮게 피어 있는 꽃 같으나 개성이 뚜렷한 꽃입니다.

그리스 신화에 나오는 수선화의 유래

'아름다운 소년이 우물에 비친 자신의 얼굴이 너무 아름다워 자기의 얼굴에 반해 오래 들여다보다가 그만 도취되어 물에 빠져 죽어 수선화가 되었다' 고 합니다.

수선화(水仙花)는 KJV에 장미라고 표현되어 있습니다. 아름다운 들꽃임을 나타내주고 있습니다.

'골짜기의 백합화' 는 은밀한 곳에 있는 백합화를 말합니다. 술람미 여인은 사론 평원 중에서도 골짜기에 핀 숨어있는 백합화와 같은 여인입니다. 백합화는 골짜기에 피고, 가시나무 사이에도 핍니다. 백합화는 기도를 상징하는 꽃이기도 합니다. 성도의 삶이 가시밭 길같아도 문제가 많아도, 아픔이 있어도, 핍박과 환란이 있어도 기도로 승리하는 삶입니다. 백합화는 순결을 상징하는 꽃이기도 합니다. 성도의 신앙은 세상의 핍박과 환란이 있어도 굴하지 아니하고, 순결과 향기를 지녀야 합니다. 술람미 여인의 신앙은 골짜기와 같은 은밀한 가운데서도 심령 속에 꽃을 피워 그리스도의 향기로 골짜기에 가득하게 채우는 신앙입니다.

술람미 여인은 자신의 모습을 '사론의 수선화', '골짜기의 백합화' 라고 표현합니다. 성도는 사론의 수선화처럼, 골짜기의 백합화처럼 겸손히 낮은 자세로 주님을 향해 향기 나는 신앙의 모습이어야 합니다. 오직 예수님만 사랑하며 향기 나는 신앙을 하시길 축원합니다.

2. 가시나무 가운데 백합화 향기

2절 "여자들 중에 내 사랑은 가시나무 가운데 백합화 같구나"

가시나무는 가시가 있는 나무로 찔리면 아프고 고통스럽습니다. 가시나무 가운데 백합화는 찔림 때문에 더욱 향기를 발하는 꽃으로 고난 가운데 향기를 발하는 신앙을 뜻합니다.

여자들 중에 : 히브리어 원어에서 '딸들', '여자들'을 뜻합니다. 솔로
몬을 따라다니는 예루살렘 여자들을 의미합니다.

가시나무 : 히브리어로 '하호림(הַחוֹחִים)'으로 '가시나무', '찔레나
무'를 뜻하며, 타인에게 상처를 주고 아픔을 주는 쓸모없는
나무입니다. 이 세상 악인들을 의미합니다.

백합화 : 깨끗하고 성결함을 가리킵니다. 성도의 믿음을 의미합니다.

여러분!

사랑하는 사람끼리는 '사랑 한다'는 얘기를 들을 때가 제일 좋은 것입
니다. 솔로몬은 그녀가 모든 여자 중에서 가장 아름답다고 칭찬합니다.
가시나무 가운데 백합화 같다고 합니다. 험한 세상 가운데 믿음을 지키
는 성도를 가리킵니다. 예수님은 참 성도를 가시나무 가운데 백합화같이
보아주십니다. 참으로 이 세상은 가시나무와 같이 찌르고, 고통 주고,
아프게 괴롭히고, 고통을 줍니다.

미가서 7:2-4 "이와 같이 선인이 이 세상에서 끊쳤고 정직자가 인간에 없도다 무리가 다 피
를 흘리려고 매복하며 각기 그물로 형제를 잡으려 하고 두 손으로 악을 부지
런히 행하도다 그 군장과 재판자는 뇌물을 구하며 대인은 마음이 악한 사욕을
발하며 서로 연락을 취하니 그들의 가장 선한 자라도 가시 같고 가장 정직한
자라도 찔레 울타리보다 더 하도다 그들의 파수꾼들의 날 곧 그들의 형벌의
날이 임하였으니 이제는 그들이 요란하리로다"

성도가 악한 세상에서 하나님과 동행하며, 말씀을 지키며 살아가려면
환란이 많습니다. 가시나무 가운데 백합화는 바람이 불면 그 가시들이
꽃을 쿡쿡 찌르므로 상처를 입습니다. 그러나 백합화는 가시에 찔려 찢
길수록 더욱더 향기를 짙게 날리게 됩니다. 신령한 성도는 가시나무 같

은 세상 가운데서 하나님을 향해 꽃을 피우고 예수 그리스도의 향기를 날리며 환란과 핍박이 올 때는 그 향기를 더욱더 많이, 멀리까지 퍼지게 합니다.

가시밭에 백합화가 가시에 찔려도 향기를 발하듯이 우리도 그리스도의 향기를 계속 풍길 수 있도록 주님의 사랑 안에 거해야 합니다.

고후 2:14-15 "항상 우리를 그리스도 안에서 이기게 하시고 우리로 말미암아 각 처에서 그리스도를 아는 냄새를 나타내시는 하나님께 감사하노라 우리는 구원 얻는 자들에게나 망하는 자들에게나 하나님 앞에서 그리스도의 향기니"

예수님은 채찍을 맞으시며 십자가에 못 박혀 피 흘려 죽으셨습니다. 인류의 죄를 담당하시고 사랑의 향기를 진동케 하셨습니다. 술람미 여자와 같은 신령한 성도는 환란과 핍박을 받을수록 향기를 널리 날립니다. 성도가 순교당할 때에도 그 향기를 더욱 많이 날리고, 죽은 후에도 그 향기는 계속되어집니다. 손양원 목사님은 자기 두 아들을 죽인 원수를 자기의 양 아들로 삼았습니다. 그러므로 손 목사님은 그리스도의 향기를 진하게 날렸습니다. 믿음의 선진들은 믿음의 향기를 뿜어내었습니다. 성도는 골짜기에 피어난 꽃과 같이 그렇게 화려하지 못해도 음침한 골짜기를 아름답게 하며, 가시에 찔리면서도 계속해서 향기를 발하게 됩니다. 참된 성도는 가시나무 가운데 백합화처럼 사람들에게 고통을 당해도 주님께 충성하고 심령 속에서 꽃이 피고 향기를 날립니다. 가시밭에 백합화처럼 향기 나는 신앙생활을 하기를 주의 이름으로 축원합니다.

3. 수풀 가운데 사과나무

3절 "남자들 중에 나의 사랑하는 자는 수풀 가운데 사과나무 같구나 내가 그 그늘에 앉아서 심히 기뻐하였고 그 실과는 내 입에 달았구나"

근동지방은 사과나무가 귀합니다. 그 맛과 향은 남성적인 매력의 열매로 왕을 상징하기도 합니다. 욜 1:12에 포도나무, 감람나무, 무화과나무 등과 같이 팔레스틴에서 소중히 여겼던 나무였습니다. 성경에 나오는 사과를 살구나무로 주장하기도 합니다. 구브르에서는 지금도 살구를 '황금사과' 라고 부릅니다.

수풀 : 히브리어로 '야아르(יַעַר)' 는 들과 숲 또는 경작하지 않는 거친 곳입니다. 이 세상 사람들을 의미합니다.

사과나무 : 낙엽 활목의 교목으로 시고도 단맛이 나는 열매를 맺습니다. 솔로몬을 가리킵니다(예수님을 의미).

그늘에 : 안식처(예수 안에의 의미)

심히 기뻐 : 참된 안식과 기쁨의 의미

실과 : 믿음의 결실

솔로몬 왕이 열매를 맺지 못하는 들판의 초목이나 숲의 나무들과 달리 아름답고 향기로운 열매를 맺는 나무처럼 특출함을 의미합니다. 또 술람미 여인이 솔로몬의 보살핌 속에 안식과 즐거움을 누림을 나타내고 있습니다. 성도의 믿음이 그리스도 안에서 안식과 기쁨을 누리며 삶의 원동력과 힘을 공급받음을 의미합니다.

여러분!

남편으로부터 사랑받는 여인은 행복합니다. 자기 아내로부터 존경받는 남편은 또한 행복합니다. 남자는 밖에서 큰소리치고 사는 것도 중요하지만, 가정에서 자기 아내로부터 인정받고 존경을 받아야 합니다. 지금 이 시대는 이것이 허물어지니까 가정의 위기가 찾아옵니다. 아내는 남편을 존경하고, 남편은 아내를 사랑하며, 가정을 돌보아야 합니다.

서로가 서로를 사랑할 때 가정은 행복이 깃드는 것입니다.

3절 "남자들 중에 나의 사랑하는 자는 수풀 가운데 사과나무 같구나 …"

아내가 자기 남편을 귀하게 여기고 존경할 때 아내는 결국 그 남편의 그늘 아래서 쉼을 누리고, 평안을 얻습니다.

3절 "… 내가 그 그늘에 앉아서 심히 기뻐하였고 그 실과는 내 입에 달았구나"

술람미 연인은 솔로몬의 그늘에 앉아서 심히 기뻐하였습니다. 그 실과는 맛있고 달았습니다. 성도는 예수 안에 있을 때 참된 안식과 기쁨을 얻습니다. 그 안에 믿음의 결실은 아름답습니다.

두렵지 않은 이유

영국의 한 장군이 가족과 함께 항해를 하다 큰 풍랑을 만났습니다. 승객들은 모두 두려

팔레스틴의 넓은 지역에 분포되어 있는 사과나무는 연분홍이나 흰색의 꽃이 잎보다 먼저 가지 끝에 핍니다. 수풀 속에서 모든 나무보다 좋고 시원한 그늘을 제공합니다. 술람미 여인은 그 어떤 나무보다 사과나무 아래에 있는 것이 심히 기쁘다고 합니다. 사과나무는 솔로몬을 가리키지만 예표론적으로 예수님을 가리킵니다. 예수님은 수풀 가운데 사과나무 같은 분이십니다. 사과나무는 수풀과 달리 사람에게 유익을 주는 열매를 맺으며, 그 열매는 아름답고 맛있고 향기롭습니다. 또 좋은 영양소가 됩니다. 그뿐 아니라 봄에는 꽃이 아름답고, 무성한 잎은 여름에 그늘이 되어줍니다. "내가 그 그늘에 앉아서 심히 기뻐하였고, 그 실과는 내 입에 달았구나." 주님의 품은 안식처요, 평강이요, 그 말씀은 꿀 송이처럼 달고 맛있습니다.

시 119:103 "주의 말씀의 맛이 내게 어찌 그리 단지요 내 입에 꿀보다 더 다나이다"

우리 주님은 눈동자 같이 우리를 지키시고 날개 그늘 아래 보호하여 주십니다.

시 17:8-9 "나를 눈동자 같이 지키시고 주의 날개 그늘 아래 감추사 나를 압제하는 악인과 이것은 세상이 주는 평안이 아니라 하나님이 주시는 평강입니다. 그 그늘에 거하는 자는 악한 자의 공격에서 보호받으며 안전함을 얻게 되는 것입니다.

> **찬송 478장 '주 날개 밑 내가 편안히 쉬네' 1절**
> 주 날개 밑 내가 편안히 쉬네. 밤 깊고 비바람 불어쳐도
> 아버지께서 날 지키시리니 거기서 편안히 쉬리로다.
> 주 날개 밑 즐거워라. 그 사랑 끊을 자 뉘뇨.
> 주 날개 밑 내 쉬는 영혼 영원히 거기서 살리.

술람미 여인은 샤론의 수선화요, 골짜기의 백합화 같다고 합니다. 들꽃 같은 모습과 골짜기에 피는 꽃으로 묘사하고 있습니다. 성도의 신앙은 겸손히 낮아지는 모습으로 주님을 향합니다. 때로는 환란과 고통이 있어도 가시나무 백합화처럼 향기를 발합니다. 순결하고 아름다운 모습으로 신앙생활을 합니다. 성도는 주님을 수풀 가운데 사과나무 같은 분으로 여기고, 그분을 섬길 때 그분 안에 쉼을 얻고 평강을 얻습니다. 또한 영적 갈증에 시달리는 우리에게 달고 오묘한 생명의 말씀을 주십니다. 주님은 내 영혼을 소생시키는 진리의 말씀으로 우리를 먹여 주십니다. 우리는 주님 안에 안식과 쉼을 얻고 그 양식을 먹으며, 영적 교제를 하며, 믿음으로 나아가는 복된 여러분이 되시기를 주의 이름으로 축원합니다.

사랑하므로 병이 났음이라

아가서 2:4-7

그가 나를 인도하여 잔칫집에 들어갔으니 그 사랑이 내 위에 기로구나 너희는 건포도
로 내 힘을 돕고 사과로 나를 시원케 하라 내가 사랑하므로 병이 났음이니라 그가 왼
손으로 내 머리에 베게 하고 오른손으로 나를 안는구나 예루살렘 여자들아 내가 노루
와 들사슴으로 너희에게 부탁한다 내 사랑이 원하기 전에는 흔들지 말고 깨우지 말지
니라

솔로몬 왕이 술람미 여인을 인도하여 잔칫집에 들어갔습니다. 이러한
왕의 사랑에 대해서 그 사랑이 내 위에 기(旗)로 비유하며 승리와 능력을
공급해 주는 분임을 묘사합니다. 죽도록 사랑하기 때문에 병이 났음으로
건포도와 사과로 원기를 돋우어 달라는 것입니다. 성도는 예수님을 떠나
서는 결코 참 평안과 기쁨을 누릴 수 없음을 의미합니다. 술람미 여인은
님과의 평화로운 사랑의 관계가 외부 작용에 의해 방해받거나 깨어지지
않기를 바라며, 그 사랑이 영원히 지속되기를 바랍니다. 주님은 변하지
않는 사랑으로 우리를 품으시고, 끝까지 보호하시고, 지키시고, 인도하
십니다.

1. 그 사랑이 내 위에 기(旗)가 됩니다

4절 "그가 나를 인도하여 잔칫집에 들어갔으니 그 사랑이 내 위에 기(旗)로구나"

잔칫집은 음식이 많아서 먹고 마시며, 기쁨과 즐거움이 있는 곳입니다. 기(旗)는 어떤 특징을 나타내는 표지로 주로 군대의 깃발로 쓰입니다. 사랑이 자기 위에 기(旗)라고 함은 술람미 여인은 솔로몬 왕의 높은 지위와 사랑의 보호 아래 있음을 나타냅니다.

> **잔칫집** : 문자적인 의미는 포도주의 집입니다. 주님이 성도를 인도하는 곳(영적 기쁨의 만남의 장소)입니다. 포도주는 예수 그리스도 보혈을 상징합니다. 곧 교회의 예표성입니다.
>
> **기** : '데겔(דֶּגֶל)'은 군대의 집결 또는 소속 위치를 나타내는 군기를 의미합니다. 깃발은 승리를 나타냅니다. 표징을 의미합니다.

주님이 인도하시는 곳에는 승리와 기쁨의 표징이 있음을 의미합니다.

여러분!

술람미 여인이 사랑하는 솔로몬 왕을 수풀 가운데 사과나무 같다고 표현하였습니다. 이제 솔로몬이 술람미 여인을 인도하여 잔칫집으로 데리고 들어갑니다. 솔로몬이 사랑하는 술람미 여인을 하필이면 왜? 잔칫집으로 데리고 갔을까요? 잔칫집은 기쁨이 있는 곳이며, 연회가 있는 곳입니다. 유대인들의 잔칫집에는 항상 포도주가 준비되어 있어서 오는 사람들마다 그 포도주를 마시며 함께 기쁨을 나눕니다. 그 잔칫집에 데리고 들어간 것은 아마도 공개적으로 두 사람의 사랑을 보여주고 싶었던 것 같습니다. 지금까지 두 사람이 서로 사랑한 것이 은밀한 사랑이었다면,

잔칫집으로 인도하여 들어간 것은 공개적으로 사랑함을 나타내고자 의도한 것 같습니다. 잔칫집은 언제나 즐거움과 기쁨이 있는 곳입니다. 주님이 우리를 사랑할 때 기쁨이 넘치고 그분의 영광을 덧입게 됩니다. 얼굴이 그을린 시골처녀같이 비천하고 보잘것없는 나를 사랑해 주시고 영혼의 안식과 소망이 넘치는 기쁨을 주시는 분입니다.

사 35:10 "여호와여 속량함을 얻은 자들이 돌아오되 노래하며 시온에 이르러 그 머리 위에 영영한 희락을 띠고 기쁨과 즐거움을 얻으리니 슬픔과 탄식이 달아나리로다"

주님이 성도를 인도하는 곳이 영적 기쁨이 있는 잔칫집입니다.

시 100:4 "감사함으로 그 문에 들어가며 찬송함으로 그 궁정에 들어가서 그에게 감사하며 그 이름을 송축할지어다"

주님이 인도하시는 그 문에 들어가며 찬송과 감사와 송축을 하는 것입니다. 깃발은 모든 사람이 볼 수 있도록 높이 올려져 있는 곳입니다. 전쟁터와 같은 이 세상 사막과 같이 고독하고 황량한 땅에서 살아갈 때, 전의를 북돋으며 나아갈 때 깃발처럼 승리케 됩니다. "그 사랑이 내 위에 기로구나." 기는 군기, 깃발 곧 승리를 의미합니다.

사 62:10-11 "… 만민을 위하여 기를 들라 여호와께서 땅 끝까지 반포하시되 너희는 딸 시온에게 이르라 보라 네 구원이 임하느니라"

시 60:4 "주를 경외하는 자에게 진리의 기를 주시고 진리를 위하여 달게 하셨나이다"

구원의 기, 진리의 기, 사랑의 기는 승리의 기입니다. 성도가 승리의 깃발 아래 있을 때 소망과 기쁨이 있습니다.

주님은 우리의 심령에 기쁨을 채워주시는 분이십니다. 주님은 우리의 심령에 소망을 채워주시는 분이십니다. 주님은 우리의 심령에 영력을 채워주시는 분입니다. 주님은 우리 심령에 권능을 채워주시는 분이십니다. 승리의 깃발처럼 그분을 높이 찬양하며 승리하시기를 바랍니다.

2. 건포도, 사과로 강건케 됩니다

5절 "너희는 건포도로 내 힘을 돕고 사과로 나를 시원케 하라 내가 사랑하므로 병이 났음이
니라"

술람미 여인은 솔로몬 왕을 너무 간절히 사랑한 나머지 병이 났습니다. 병의 회복을 위해 음식을 먹고 새로운 힘과 생기를 얻고자 합니다. KJV에서는 "건포도 과자로 나에게 힘을 돋우고 사과로 나를 위로해 주소서. 내가 사랑으로 병이 났나이다"라고 하였습니다.

건포도 : 말린 포도의 뭉치 또는 포도 떡입니다. 소성제라고 합니다
(이상근). 하나님의 말씀을 의미한다고 합니다(박윤선).
사과 : 신랑으로 비유되는 말씀을 뜻한다고 합니다(박윤선).

건포도와 사과는 원기를 회복시키는 소성제와 같으며, 진리와 생명의 말씀으로 거듭남을 의미합니다.

여러분!

핸드폰이 배터리가 다 되면 충전이 필요합니다. 들고 다니는 카세트도 충전이 되어 있어야 소리를 듣습니다. 자동차도 충전되어 있지 않으면 발동이 안 걸립니다. 신앙생활에도 때때로 충전이 필요합니다. 신앙생활을 하다보면 어느 때는 힘이 없고, 기진맥진하고, 좌절과 절망 속에서 해매이며 모든 것을 포기해 버리고 싶은 마음이 들 때가 있습니다. 이럴 때 우리에게 힘을 주고 다시 새롭게 소생시켜주는 소성제가 필요합니다.

삼상 30:12 "무화과 뭉치에서 뗀 덩이 하나와 건포도 두 송이를 주었으니 그가 낮 사흘 밤 사흘을 떡도 먹지 못하였고 물도 마시지 못하였음이라 그가 먹고 정신을 차리매"

무화가 뭉치, 건포도 송이는 시장을 채워주며 육신을 회복시켜 줍니다. 건포도를 포도 떡이라고 합니다. 포도 떡이 잔칫집의 주된 음식이듯이 우리 영혼의 주된 양식은 바로 하나님의 말씀입니다.

신 8:3 "… 사람이 떡으로만 사는 것이 아니요 여호와의 입에서 나오는 모든 말씀으로 사는 줄을 너희로 알게 하려 하심이라"

건포도는 포도열매를 말린 것입니다. 포도열매는 포도나무에서 땁니다. 포도나무는 이스라엘로, 또 예수님을 나타내기도 합니다.

요 15:5 "나는 포도나무요 너희는 가지니 저가 내 안에 내가 저 안에 있으면 이 사람은 과실을 많이 맺나니 나를 떠나서는 너희가 아무것도 할 수 없음이라"

주님은 참 포도나무요, 우리는 가지임으로 주님에 꼭 붙어 있어야 포
도열매를 맺습니다. 주의 일을 하다가 환란과 핍박을 당하다 지친 성도
를 주님은 우리를 잔칫집으로 인도하여 주셔서 생명의 음식 말씀을 공급
하여 주심으로 다시금 새 힘과 능력을 얻게 합니다. 그러므로 신실한 주
님의 일꾼들은 어떠한 환경에도 이겨나가려면 위로부터 내려주시는 은
혜 가운데 있어야 합니다.

고후 1:3-5 "찬송하리로다 그는 우리 주 예수 그리스도의 하나님이시오 자비의 아버지시오
모든 위로의 하나님이시며 우리의 모든 환난 중에서 우리를 위로하사 우리로 하
여금 하나님께 받은 위로로써 모든 환난 중에 있는 자들을 능히 위로하게 하시는
이시로다. 그리스도의 고난이 우리에게 넘친 것 같이 우리의 위로도 그리스도로
말미암아 넘치는도다"

아 2:3에서는 주님을 사과나무로 비유합니다. 사과열매도 주님께서 신
부를 위하여 마련하신 영적 양식입니다. 잠 25:11에서는 "경우에 합당한
말은 아로 새긴 은쟁반의 금 사과니라"라고 하였습니다.

5절 "사과로 나를 시원케 하라"

사과나무로 생명 되신 예수님을 나타내고, 그 열매는 영생의 말씀으로
성도의 심령이 시원함을 얻게 해주는 것입니다. 계속하여 "내가 사랑하
므로 병이 났음이니라"고 합니다. 여기서의 사랑은 보통 사랑이 아닌 뜨
거운 사랑, 활활 타오르는 사랑으로 야곱이 라헬을 사랑할 때와 같은 그
런 사랑을 의미합니다.

5절 하반 절에 "병이 났음이니라"라는 것은 신부는 너무나 신랑을 사
랑한 나머지 병이 났다는 것입니다. 이와 같이 주님의 말씀과 성령의 은
혜를 사모하는데, 그 사모함이 얼마나 간절했는지 병이 났다는 것입니다.

주님의 은혜를 사모하는 자, 주님의 말씀으로 소성하고, 새 생명을 얻
게 되는 것입니다.

하나님의 말씀을 사모해야 합니다. 그 말씀은 내 발에 등이요, 길이 되
기 때문입니다. 위로와 힘을 주시는 하나님의 말씀은 우리를 소성케 하
는 생명이요, 우리의 영혼을 소성케 하는 음료와 같습니다. 건포도와 사
과 같은 하나님 말씀으로 영육간에 강건하시기를 주의 이름으로 축원합
니다.

3. 내 사랑을 깨우지 말아주오

솔로몬 왕은 애정 어린 손길로 술람미 여인을 안으며 보호함은 곧 신랑 되신 예수님이 신부된 성도(교회)를 사랑하고, 돌보시고, 보호해 주시는 것과 같습니다. 노루와 들 사슴은 쉽게 동요하며 뛰어다닙니다. 술람미 여인이 예루살렘 여자들에게 부탁하기를 사랑하는 자로 하여금 쉽게 동요되거나 놀라서 잠에서 깨어나지 않도록 주의해 달라고 부탁합니다.

왼손 : 위안의 손, 안위의 손, 안식의 손입니다.

오른손 : 능력과 권능과 축복과 구원의 손입니다. 또한 보호의 손입니다.

노루 : 사슴과의 동물로 구약에서는 주로 영양을 말합니다. 팔레스틴 남부 지방 도처에서 볼 수 있는 담황갈색에 희고 검은 반점이 있으며, 가는 다리와 우아한 눈을 가지고 있습니다. 유대인들에게 애호되는 미의 상징입니다. 또한 서약의 대상이기도 합니다.

들 사슴 : 사슴과의 포유동물로 모습이 아름다워 여인으로 비유되기도 합니다. 그 형상은 담황색으로 노루와 비슷합니다.

예수님은 성도를 사랑으로 돌보시고 보호해 주시는 그 깊은 사랑을 아무도 깨울 수 없고 간섭할 수 없음을 의미합니다.

여러분!

사랑하는 사람의 품에 안겨 평안을 누릴 때 참 평안을 누리지 않겠습니까? 사랑하는 남편의 품에 안겨 위로받는 아내는 행복합니다. 술람미 여인이 바로 그런 행복을 누리고 있습니다. 솔로몬의 팔을 베고 그의 넓은 품에 안겨서 안식을 얻습니다. '베개하고'는 영적으로 안식과 쉼을 의미합니다. 성도는 예수님 품안에서만 참 안식, 참 평안을 누릴 수 있는 것입니다. 예수님 품안만이 참 피난처이심을 믿으시기 바랍니다.

시 63:8 "나의 영혼이 주를 가까이 따르니 주의 오른손이 나를 붙드시거니와"

하나님께 가까이 나아가는 자는 그 심령에 참 위로와 평안을 누리게 됩니다. 하나님의 왼손은 위안의 손이요, 오른손은 능력과 권능과 보호의 손입니다.

사 41:10 "두려워 말라 내가 너와 함께 함이니라 놀라지 말라 나는 네 하나님이 됨이니라 내가 너를 굳세게 하리라 참으로 너를 도와주리라 참으로 나의 의로운 오른손으로 너를 붙들리라"

7절 "예루살렘 여자들아 내가 노루와 들 사슴으로 너희에게 부탁한다 …"

술람미 여인은 예루살렘 여인들에게 사랑의 잠을 자고 있으니 깨우지 말라고 부탁합니다. 노루와 들 사슴을 70인역에는 '들판의 능력과 힘'으로 번역합니다. 우리 모두는 주님과 같이 사랑의 영적 교제가 지속되어야 하고, 그 깊은 교제를 외부환경에 방해받지 말아야 합니다.

7절 하반 절 "… 내 사랑이 원하기 전에는 흔들지 말고 깨우지 말지니라"

본문은 술람미 여인이 예루살렘 여자들에게 사랑의 깊은 잠을 깨우지 말아 달라는 것입니다. 한 마디로 "이대로 영원히 연인의 품에 있고 싶다"는 뜻입니다.

여러분!

성도는 골방에서 기도할 때 어떤 방해도 받고 싶지 않는 것입니다. 주님과의 깊은 교제시에는 집중이 필요합니다. 주님을 향한 우리의 믿음은 순교적인 믿음이어야 합니다.

롬 8:38-39 "내가 확신하노니 사망이나 생명이나 천사들이나 권세 자들이나 현재 일이나 장래 일이나 능력이나 높음이나 깊음이나 다른 아무 피조물이라도 우리를 우리 주 그리스도 예수 안에 있는 하나님의 사랑에서 끊을 수 없으리라"

예수 그리스도 안의 사랑은 결코 끊을 수 없습니다. 주님 사랑의 줄에 매어있기를 바랍니다. 솔로몬이 술람미를 잔칫집으로 인도함에 그가 기가 되어 주고, 건포도와 사과로 힘을 얻고 시원케 합니다. 주의 말씀은 꿀 송이보다 더 달고 영원히 목마르지 않는 생수가 되어 우리에게 강건함을 줍니다. 주의 왼손과 오른손으로 안위하시고 보호하여 주십니다. 그러므로 그 품안에서 안식과 쉼을 얻을 수 있습니다. 주님을 찬양하며, 기도와 말씀으로, 안식과 평강을 얻으시기를 주님 이름으로 축원합니다.

일어나 함께 가자

나의 사랑하는 자의 목소리로구나 보라 그가 산에서 달리고 작은 산을 빨리 넘어오는 구나 나의 사랑하는 자는 노루와도 같고 어린 사슴과도 같아서 우리 벽 뒤에 서서 창 으로 들여다보며 창살 틈으로 엿보는구나 나의 사랑하는 자가 내게 말하여 이르기를 나의 사랑, 나의 어여쁜 자야 일어나서 함께 가자 겨울도 지나고 비도 그쳤고 지면에 는 꽃이 피고 새의 노래할 때가 이르렀는데 반구의 소리가 우리 땅에 들리는구나 무화 과나무에는 푸른 열매가 익었고 포도나무는 꽃이 피어 향기를 토하는구나 나의 사랑, 나의 어여쁜 자야 일어나서 함께 가자

사랑하는 자의 목소리가 들립니다. 산을 넘어 달려오는 것이 마치 노루와 사슴 같습니다. 창살 틈으로 엿보며 함께 일어나 가자고 합니다. 겨울이 지나고 봄이 와서 꽃이 피고, 새의 노래가 정겹습니다. 무화과나무는 푸른 열매가 익어가고, 포도나무는 꽃이 피어 향기로운 이때쯤에 솔로몬 왕이 술람미 여인에게 함께 갈 것을 초청합니다. 환희와 기쁨이 있는 동행을 요구합니다. 예수 그리스도와 성도의 관계도 봄 향기 가득한 봄 동산에서 함께하는 관계여야 함을 나타냅니다.

1. 달려오는 사랑

사랑하는 자의 목소리를 듣습니다. 그가 산을 넘어 빨리 달려옵니다. 노루와 사슴 모습으로 빨리 와서 벽 뒤에 서서 창살 틈으로 엿봅니다. 솔로몬이 술람미를 찾아와서 엿보는 모습을 묘사합니다. 그리고 예수님이 죄인인 우리를 찾아오시는 사랑의 모습입니다.

나의 사랑하는 자 : 솔로몬 왕입니다. 예수님을 예표합니다.
산을 넘어 : 힘든 고난의 길을 지나는 것입니다(이상근 = 재림을 고대하는 교회의 모습).
작은 산을 넘어 : 여러 가지 장애와 어려움을 지나는 것입니다(겔 6:3).
노루와 어린 사슴 : 솔로몬 왕을 가리킵니다.
벽 : 장애물입니다(육에 속한 것). 죄악으로 봅니다(박윤선).
창살 틈 : 지켜보는 의미입니다. 창은 곧 마음입니다.

솔로몬이 고난의 길을 넘어 술람미에게 찾아오듯이, 주께서는 인간의 몸을 입으시고 이 땅에 오셔서 말할 수 없는 시련과 고초를 겪고, 십자가 길을 가셨습니다. 이제 다시 오실 때 영적 교제를 함께하시기를 원하시는 것입니다.

여러분!

사람은 사랑을 먹고 살아간다고 해도 과언이 아닙니다. 누구를 사랑하거나 사랑을 받고 살아가야 합니다. 인간사의 사랑은 참으로 변덕이 많습니다. 이기적이며 타산적일 때가 많고 계속 지속적이지 못합니다. 그래서인지 이 시대는 1회용 사랑이 생겨났습니다. 사랑을 흥정하기까지 하는 그런 시대가 되었습니다. 그러나 시대가 오고가고 산천이 변해도 변하지 않는 사랑이 있습니다. 그것은 주님의 사랑입니다.

8절 "나의 사랑하는 자의 목소리로구나 보라 그가 산에서 달리고 작은 산을 빨리 넘어오는구나"

저 멀리서 솔로몬의 목소리가 들려오고 산을 넘고 작은 언덕을 뛰어오는 모습이 마치 날렵한 사슴과 어린 노루와 같습니다. 우리가 신앙의 안일에 빠져 주님과 멀어졌을 때 주님은 우리를 향해 달려오십니다. 산을 넘어 빨리 달려와서 만나기를 원합니다. 주님과 성도의 관계에는 여러 가지 장애물, 막힌 벽이 있습니다. 육신의 정욕, 안목의 정욕, 이생의 자랑입니다. 죄 때문에 하나님과 멀어진 나에게 주님께서는 나를 위해 십자가를 지시고 화목케 하셨습니다. 예수님은 우리의 모든 것을 아시고, 보고 계시는 분입니다.

9절 "나의 사랑하는 자는 노루와도 같고 어린 사슴과도 같아서 우리 벽 뒤에 서서 창으로 들여다보며 창살 틈으로 엿보는구나"

사랑하는 자가 보고 싶어 노루와 사슴 같은 준족으로 숨을 헐떡거리며 달려와서, 방문을 노크하고 들어갈 사이도 없이 창살 틈으로 자기의 연인이 있는지 확인하고 있습니다. 조금이라도 지체하거나 견디지 못하는 열정적인 사랑을 품고 달려오는 이 장면에서 주님이 우리를 얼마나 극렬하게 사랑하는지 피부로 느끼게 됩니다. 사랑의 향기가 가득한 모습입니다. 사실 우리가 감당하기에는 너무 힘겨운 사랑을 주님으로부터 받고 있습니다. 잠깐이라도 사랑의 관계가 단절되면, 그 주님은 견딜 수 없는 마음으로 달려오십니다. 어찌 우리가 그분의 열렬한 사랑 앞에서 그대로 주저앉아 있을 수 있겠습니까?

죄악의 벽이, 제도의 벽이, 여러 환경의 벽이 가로막혀도 주께서 크신 사랑으로 장벽을 넘어 다가오실 때 우리는 맞이해야 합니다. 세리장 삭개오는 체면불구하고 주님을 보기 위해 뽕나무 위로 올라가서 주님을 만났습니다. 예수님께 향유를 부은 마리아도 체면불구하고 주님의 발을 머리털로 닦아드렸습니다.

사랑도 결단해야

철학자인 이마누엘 칸트는 무엇이든지 깊이 생각하고 결정하는 매우 냉철한 사람이었습니다. 그는 평소 친하게 지내던 여인으로부터 계속 청혼을 받았으나 쉽게 답변을 하지 않고 있었습니다. 답답했던 여인이 드디어 칸트에게 다가와 결혼 여부를 분명히 말하라고 다그쳤습니다. 칸트는 "생각해 보겠습니다"라고 간단하게 말한 뒤 바로 도서관에 가서 결혼에 관한 책들을 찾아 결혼에 대해 찬성하는 의견과 반대하는 의견을 모아 연구하며, 결혼을 해야 좋을지, 안해야 좋을지를 분석했습니다. 그리고 여인의 집에 찾아가 그녀의 아버지에게 "당신의 따님과 결혼하기로 결정했습니다"라고 말했습니다. 그러자 "여보게, 너무 늦었네. 내 딸은 벌써 결혼해서 두 아이의 어머니가 됐다네"라고 대답했습니다. 사랑은 지식으로 하는 것이 아닙니다. 그가 철학자이든, 과학자이든 사랑은 철학적 이론이나 과학적 논리로 하는 것이 아닙니다. 눈에서 시작해서 입으로 고백되는, 가슴으로 하는 것입니다.

여러분!

주님께서는 늘 우리와 만나기를 원하십니다. 주님께서는 늘 우리와 같이 있기를 원하십니다. 주님께서는 늘 우리와 함께하기를 원하십니다. 주님께서는 늘 우리와 사랑 나누기를 원하십니다.

마음의 문을 열고 밖에 와계신 주님을 내 마음 안으로 모셔드려야 합니다.

계 3:20 "볼지어다 내가 문밖에 서서 두드리노니 누구든지 내 음성을 듣고 문을 열면 내가 그에게로 들어가 그로 더불어 먹고 그는 나로 더불어 먹으리라"

주님은 영이시고 인간은 육을 입고 있어, 육과 영 사이 장벽이 있습니다. 죄의 벽이 있기도 하고, 마음의 벽이, 환경의 벽이 있습니다. 그러나 주님과의 영교로 사랑을 나눌 수 있습니다. 주님이 찾아오실 때 우리도 그분을 사모하는 마음으로 모셔야 합니다. 주님과 늘 함께하시기를 축원합니다.

2. 함께 가는 사랑

10절 "나의 사랑하는 자가 내게 말하여 이르기를 나의 사랑, 나의 어여쁜 자야 일어나서 함께 가자"

11절 "겨울도 지나고 비도 그쳤고"

12절 "지면에는 꽃이 피고 새의 노래할 때가 이르렀는데 반구의 소리가 우리 땅에 들리는구나"

술람미 여인을 찾아와서 창틈으로 엿보던 솔로몬 왕이 드디어 입을 열어 나의 어여쁜 자야, 일어나서 함께 가자고 합니다. 오랜 겨울이 지나고 지면에는 꽃이 피고, 새가 노래할 때 비둘기 소리가 이 땅에 들림을 말합니다. 겨울이 지나고 새 봄이 오듯 주님과 함께함이 환희요, 기쁨입니다.

나의 사랑하는 자 : 솔로몬을 가리킵니다(예표적으로 예수님을 나타냅니다).

일어나서 함께 가자 : 사랑하는 자와 함께 감을 뜻합니다. 이상근 주석에는 "재림하시는 주님을 맞이하고 주와 같이 사는 하늘나라의 즐거움을 예표하는 것이다"라고 하였습니다.

겨울도 지나고, 비도 그쳤고 : 시련과 고난과 시험의 때가 지나갔다는 의미입니다.

지면에 꽃이 피다 : 고통이 지나고 새로운 삶이 도래됨을 뜻합니다.

반구 : 팔레스틴의 철새로, 주로 산비둘기를 가리킵니다(레 1:15, 렘 8:7). 소리가 들림은 봄이 왔음을 알려줍니다. 새 시대의 도래를 의미합니다.

성도가 환란을 이겨 승리하고 새로운 삶을 주님과 함께함을 의미합니다.

여러분!

세상을 살다보면 나의 의지와 상관없이 낙심케 되고 절망하는 일들이 더러 있습니다. 그러나 하나님의 자녀들은 낙담하고 주저앉아있어서는 안 되는 것입니다. 무슨 일을 당하더라도 사방으로 우겨 싸움을 당하더라도 다시 일어서서 주께 나아가야 합니다. 주님께서 세상을 이길 힘을 주시고 늘 함께하시기 때문에 승리할 수 있는 것입니다. 솔로몬이 술람미 여인에게 함께 가자고 한 것은 봄 동산으로 초청하시는 것입니다. 이것은 물질세계에서 영적 세계로, 자아 중심에서 주님 중심으로, 이 세상에서 하늘나라로 옮기는 것입니다. 우리는 예수님의 초청에 순응해야 합니다. 함께 가자고 하실 때 기쁘게 순종해야 합니다. 예수님이 어부였던 베드로, 요한, 야고보를 부르실 때 그들은 배와 그물을 버리고 예수님을 따르던 것처럼, 우리도 주께서 초청할 때 결단과 순종이 있어야 합니다. 이 시대는 주님의 재림이 아주 가까운 때입니다. 솔로몬과 술람미가 함께 가듯 예수님이 초청하실 때 함께 가야 합니다.

겨울이 지나고, 비도 그치고, 지면에 꽃이 피고, 새가 노래하듯 주님과 내가 사랑하게 되면 영혼의 겨울이 끝이 나고, 적막하고 삭막하던 고난과 시련의 고통이 끝이 나고, 새로운 환희의 봄이 옵니다. 비둘기 소리 들리듯 영적으로 봄이 오는 소리를 듣는 영적 귀가 됩니다.

마 24:30-31 "… 그들이 인자가 구름을 타고 능력과 큰 영광으로 오는 것을 보리라 저가 큰 나팔소리와 함께 천사들을 보내리니 저희가 그 택하신 자들을 하늘 이 끝에서 저 끝까지 사방에서 모으리라"

주님 다시 오실 때 나팔소리와 함께 천사들이 택한 자를 사방에서 모으십니다.

살전 4:16 "주께서 호령과 천사장의 소리와 하나님의 나팔로 친히 하늘로 좇아 강림하시리 니 그리스도 안에서 죽은 자들이 먼저 일어나고"

주님이 다시 오실 때 주 안에서 죽은 자들이 주님을 영접합니다.

"일어나서 함께 가자"고 하는 사랑의 초청은 주님께서 우리에게 사랑을 표현하심으로써 주님을 따르도록 격려하시는 말씀입니다. 주님과 동행하기를 주저하고 있는 우리를 향해 반복해서 촉구하고 계시는 것은 우리를 향한 주님의 간절하신 사랑의 호소입니다.

팔레스타인에는 겨울에 비가 옵니다. 이 비는 찬비요, 폭풍이 수반된 겨울비입니다. 주님은 우리의 고통과 시련과 시험이 통과되면 바로 구원의 시대가 도래함을 말합니다. 온 세상을 다 잠기게 했던 비가 그쳤을 때(창세기 8:1-3) 구원의 감격을 맛봤던 노아처럼 멸망의 비가 그쳤으니 "일어나서 함께 가자"는 주님의 초청입니다.

겨우내 만물은 다시 소생할 기미를 보이지 않지만 봄이 되면 놀라우리만치 온갖 생동하는 모습을 드러냅니다. 봄은 '소생의 계절'입니다. '희망의 계절'입니다. '생명의 계절'입니다.

그러므로 '일어나서' 사랑하는 자와 소망의 봄으로, 생명의 봄으로, 부활의 봄으로, 영생의 봄으로, 천국의 봄으로 함께 가야 합니다.

여러분!

주님은 나의 사랑, 나의 어여쁜 자야! '일어나서 함께 가자'고 소명과 구원의 초청을 하고 계십니다. 이 초청은 우리에게 은혜 위의 은혜입니다. 사막에서 화초가 피듯이 우리의 메마른 영혼에 생수가 터져 나오는 기쁨입니다. '일어나서' 사랑하는 주님과 '함께 가는' 여러분이 되시기를 주님의 이름으로 축원합니다.

3. 향기 가득한 사랑

13절 "무화과나무에는 푸른 열매가 익었고 포도나무는 꽃이 피어 향기를 토하는구나 나의 사랑, 나의 어여쁜 자야 일어나서 함께 가자"

무화과나무는 근동에서 번영과 평화 그리고 의인을 상징하는 나무입니다. 꽃 없이 열매부터 맺는 나무입니다. 처음 잎과 열매가 동시에 나오는 '파게'가 있고, 그 다음 여름 내내 잎이 커지면서 다시 열매가 맺어 좋은 무화과가 됩니다. 포도나무는 가지에서 열매를 맺은 후에 약 5~6월경에 꽃이 됩니다. 포도나무에 꽃이 피었다는 것은 이미 봄이 왔으며, 이제 열매가 확실히 맺혀졌음을 암시합니다. 포도송이는 풍성함, 풍요로움을 나타냅니다.

무화과나무 : 뽕나무과의 낙엽관목으로 소아시아가 원산지이며, 팔레스틴 여러 지역에 자생합니다. 봄이 되면 잎과 동시에 푸른 열매가 나와 자라고, 여름이 되면 잎이 무성하고 좋은 열매가 맺혀 자라고 익습니다. 무화과나무는 하나님의 백성(교회)을 가리킨다고 하였습니다(박윤선).

푸른 열매가 익었고 : 무화과는 두 번 열매를 맺습니다(이른 봄에 잎과 동시에 나오는 '파게'가 있고, 여름 절기에 잎이 무성할 때 다시 열매가 맺어 초막절기까지 익습니다). 푸른 열매가 익었다는 것은 봄의 성숙기임을 나타냅니다.

포도나무 : 가지에 열매를 맺은 후 5~6월경에 꽃이 핍니다. 하나님의 백성(교회)을 가리킨다고 하였습니다(박윤선).

일어나서 함께 가자 : 술람미 여인에게 솔로몬의 초청입니다. 성도가 예수님과 함께 동행함을 의미합니다.

성도의 신앙은 믿음으로 열매 맺으며 주님과 동행함을 의미합니다.

여러분!
지면에는 꽃이 피고 새가 노래하며 산비둘기의 소리가 귀에 정겨울 때 무화과나무에는 푸른 잎과 열매가 맺고, 포도나무는 포도 열매를 맺고,

꽃이 피어 향기를 토합니다. 사랑의 울타리에는 온 만물이 신선하고 새롭게 느껴지는 법입니다.

13절 "무화과나무에는 푸른 열매가 익었고 포도나무는 꽃이 피어 향기를 토하는구나…"

예수님은 사랑하는 성도를 무화과나무, 포도나무가 열매 맺고 꽃피는 동산으로 초청합니다. 주님은 언제나 교회라는 영적 동산에서 교제하기를 원하십니다. 이 세상에서 가장 아름답고, 생명의 말씀과 신령한 진리가 향기 나는 곳에서 사랑을 나누고 싶어 하십니다. 꽃이 피고 열매 맺는 곳, 향기 토하는 곳, 교회는 주님의 사랑과 안식의 꽃이 피고 풍성한 생명의 열매가 맺어지는 곳입니다. 그러므로 영적 포도원인 교회에 초청하실 때 함께하여야 합니다.

눅 13:6-9 "이에 비유로 말씀하시되 한 사람이 포도원에 무화과나무를 심은 것이 있더니 와서 그 열매를 구하였으나 얻지 못한지라 과원지기에게 이르되 내가 삼년을 와서 이 무화과나무에 실과를 구하되 얻지 못하니 찍어버리라 어찌 땅만 버리느냐 대답하여 가로되 주인이여 금년에도 그대로 두소서 내가 두루 파고 거름을 주리니 이후에 만일 실과가 열면이어니와 그렇지 않으면 찍어 버리소서 하였다 하시니라"

성도가 교회생활에 믿음의 열매를 맺지 못하면 버림을 당할 수밖에 없다는 의미이기도 합니다. 무화과는 봄이 지나 여름이 가까워지면 완전히 익어 성숙되어집니다.

마 24:32-33 "무화과나무의 비유를 배우라 그 가지가 연하여지고 잎사귀를 내면 여름이 가까운 줄을 아나니 이와 같이 너희도 이 모든 일을 보거든 인자가 가까이 곧 문

무화가나무의 가지가 연하여지고 잎사귀를 내면 여름이 가까이 온 줄 안다고 하였습니다. 이와 같이 시대의 징조를 보거든 인자가 문 앞에 가까이 이른 줄 알라고 하였습니다. 날마다 성숙한 신앙으로 주 안에 거하기 바랍니다.

요 15:5 "나는 포도나무요 너희는 가지니 저가 내 안에 내가 저 안에 있으면 이 사람은 과실을 많이 맺나니"

포도나무이신 예수님의 가지인 성도는 그 안에 꼭 연합되어 있어야 과실을 많이 맺습니다. 본문에서 무화과나무는 푸른 열매가 익었고 포도나무는 꽃이 되어 향기를 토한다고 하였습니다. 봄과 여름이 지나면 추수기가 다가옵니다. 그러므로 열매 맺고 결실하는 신앙이 되어야 합니다.

13절 "… 나의 사랑, 나의 어여쁜 자야 일어나서 함께 가자"

일어나서 함께 가자고 솔로몬 왕이 술람미 여인에게 재촉합니다. 함께 가자는 원어의 의미는 '영교하다', '기도하다' 입니다. 예수님은 우리와 교제하기를 원하십니다. 기도하기를 원하십니다. 참된 신앙은 주님과 깊은 사랑과 깊은 영교가 있는 기도생활입니다. 항상 주님 말씀 안에 거하며, 찬양하며, 기도하면서 깊은 교제를 하여야 합니다. 주님이 다시 오실 때 주님은 나의 사랑 나의 어여쁜 자야, 일어나서 내가 너를 위하여 예비한 황금보석으로 단장되고 생명수가 흐르는 저 영원한 천국으로 나와 함께 가자고 할 때 갈 수 있기를 진정 바랍니다.

여러분!

솔로몬 왕은 술람미 여인을 깨우듯 일어나 함께 가자고 합니다. 길고 긴 겨울 같은 고난과 시련의 때를 지나 봄의 동산에는 각종 꽃이 피고 향기가 가득한 곳으로 가자고 합니다. 지금은 주님이 다시 오실 때가 가까운 때입니다. 깨어있는 영성으로 신앙생활하다가 주님이 오라 하면 가야 합니다.

지금은 사명을 감당하는 길이 기나긴 추운 겨울과 같아도, 머지않아 주님이 다시 오시는 그날은 만물이 소성하고, 꽃이 피고, 향기를 발하는 봄날과 같은 그런 왕국입니다. 우리는 그날이 오기만 간절히 소망하며 살아가는 것입니다.

주께서 "나의 사랑, 나의 어여쁜 자야, 일어나서 함께 가자"고 할 때 곧바로 같이 가야 합니다. 그곳에 가면 모든 눈물을 씻어주시고, 사망도 없고, 애통하는 것이나 곡하는 것이나 아픈 것이 다시 있지 아니한 곳입니다(계 21:4). 저 천성을 향해 나아가는 여러분이 되기를 주의 이름으로 축원합니다.

고고한 사랑의 모습

아가서 2:14

바위틈 낭떠러지 은밀한 곳에 있는 나의 비둘기야 나로 네 얼굴을 보게 하라 네 소리를 듣게 하라 네 소리는 부드럽고 네 얼굴은 아름답구나

산비둘기는 높은 절벽의 바위틈이나 깊은 계곡의 틈 속에서 집을 짓고 삽니다. 외부의 침입이나 접근을 막기 위해 은밀한 곳에 둥지를 틀고 살아갑니다. 술람미 여인의 고고한 순결성과 정결함과 아름다움을 나타냅니다.

1. 순결한 모습

14절 "바위틈 낭떠러지 은밀한 곳에 있는 나의 비둘기야 …"

산비둘기가 바위틈이나 낭떠러지 절벽 사이에 집을 짓고 삽니다(렘 48:28). 은밀한 곳에 있음은 철저한 고립성과 순수성을 나타냅니다.

마 10:16 "… 비둘기같이 순결하라"

세상적인 삶에서 벗어나 경건한 삶을 사는 성도의 모습입니다.

바위틈 낭떠러지 : 깎아 자른 듯한 가파른 절벽 틈입니다.

산비둘기 : 독수리, 맹금류를 피해 숨어사는 비둘기입니다.

세상과 타협하지 않는 고고함을 지닌, 영적 신앙의 순결성을 의미합니다.

여러분!

산비둘기는 독수리나 맹금류의 공격을 피해 바위틈이나 낭떠러지 절벽 사이에 집을 짓고 살아갑니다. 산비둘기 같은 술람미 여인은 영적으로 순결한 성도의 모습입니다. 성도가 세상에 물들지 않는 모습입니다. 혼탁한 죄악에 오염되지 않는 모습입니다. 세상과 타협하지 않는 신앙의 모습입니다. 바위틈은 자연적인 요새요, 피난처입니다. 성도는 피난처 되신 예수님의 보호를 받습니다. 산비둘기처럼 은밀한 곳에서 기도하는 성도는 고고합니다. 은밀한 곳은 곧 골방에서 기도하는 모습입니다. 낭떠러지 바위틈은 그러한 은밀한 곳입니다. 주님과 나만이 교제하는 은밀한 영교의 장소입니다. 산비둘기가 지상으로부터 멀리 떨어져 살아가듯이 성도는 세속적인 생활로부터 벗어나 성결한 삶을 사는 것입니다.

비둘기 특성

먹이를 함께 먹어도 서로 싸우지 않습니다. 철저한 일부일처제입니다. 알은 두 개만 낳아 새끼를 기릅니다. 다른 곳으로 멀리 갔다가도 꼭 자기 집으로 돌아옵니다. 짝이 죽으면 그 옆에서 떠나지 않고 슬피 웁니다.

아 6:9 "나의 비둘기, 나의 완전한 자는 하나뿐이로구나 …"

성도는 오직 예수 한 분 신앙이어야 합니다.

주님은 성도를 '나의 비둘기' 라고 합니다. 주님은 성도의 순결한 신앙을 기뻐하십니다.

카타콤

로마의 박해를 받은 초대교회 성도들이 숨어서 은밀히 지냈던 곳입니다. 세상과 단절하여 지하에서 숨어살았습니다. 외부에는 입구를 찾기 어렵고, 내부는 미로 같은 굴속입니다. 초대 교인들은 그곳에서 신앙을 지키며 죽어갔던 것입니다. 오직 주님만 섬기다가 죽어갔습니다.

중세 수도원에서도 수도사들은 믿음을 지키며 조용히 농사일과 기도생활, 금욕생활을 하며 신앙에만 전념하였습니다. 이 세상은 나그네 삶입니다. 잠시 있다가 없어지는 삶입니다. 이 땅의 것, 너무 집착하지 말아야 합니다. 산비둘기처럼 고고하게 살다가 주님 곁으로 가는 것입니다. 술람미 여인은 낭떠러지, 은밀한 곳의 비둘기처럼 살았습니다. 솔로몬이 그녀를 사랑한 것과 같이 예수님이 이 세상에서 경건한 신앙으로 살아가는 성도를 사랑하십니다.

찬송가 542장 3절

세상 풍조는 나날이 갈리어도 나는 내 믿음 지키리니

인생 살다가 죽음이 꿈같으나 오직 내 꿈은 참되리라.

나의 놀라운 꿈 정녕 나 믿기는 장차 큰 은혜를 받을 표니

나의 놀라운 꿈 정녕 이루어져 주님 얼굴을 뵈오리라.

주님 오실 그날을 고대하며 때로는 고독하고 적막하여도 비둘기 같은

순결성으로 신앙을 지키며 살아가기를 바랍니다.

2. 믿음의 모습

14절 "… 나로 네 얼굴을 보게 하라… 네 얼굴은 아름답구나"

아가서는 두 뺨, 머리털, 코, 눈, 귀, 이마, 이, 입술, 손, 목, 얼굴피부 색까지 나옵니다. 이것은 비유로 모두 영적 의미를 지니고 있습니다. 본문은 얼굴 모습을 아름답게 표현하고 있습니다.

얼굴 : 신체부위에서 가장 중요한 모습입니다. 영적으로 믿음의 대표 성입니다.

성도의 아름다운 신앙의 모습을 의미합니다.

여러분!

얼굴은 사람에 따라 다르고 받는 느낌도 다릅니다. 아 1:5 "… 내가 비록 검으나 아름다우니…"라고 했습니다. 자기 얼굴은 타인이 평가해 주는 것이 일반적이지만 이렇게 아름다움을 스스로 말하는 것을 보면 술람미 여인은 대단한 자부심을 가진 여인임에 틀림없습니다. 그러므로 솔로몬 왕은 술람미 여인의 아름다운 얼굴에 매료되어 "네 얼굴을 보게 하라"고 간절히 보고 싶어 합니다. "네 얼굴은 아름답구나"는 참으로 아름다운 모습을 칭송하는 것입니다. 이것은 예수님이 성도를 사랑하는 모습입니다. 예수님은 믿음이 아름다운 성도를 너무 예뻐하십니다. 예수님은 믿음이 아름다운 성도를 너무 사랑하십니다. 신앙은 모습이 아름다울수록 주님은 어여뻐 여기시고, 기뻐하시고, 사랑하십니다. 구약의 여인들 중 사라, 리브가, 라헬, 에스더 등은 미모가 아름답습니다. 솔로몬과 술람미는 서로의 아름다움에 매료됩니다. 예수님을 사랑하는 성도의 아름다운 신앙을 보고 매료되십니다. 예수 한 분으로 만족하고 사랑하기를 바랍니다.

여러분!

성도의 신앙은 영적 믿음이 아름다워야 합니다. 세상의 여인들은 얼굴을 아름답게 하기 위해 갖가지 화장을 합니다. 돈을 아끼지 아니하고, 시간을 아끼지 아니하고, 정성을 아끼지 않습니다. 얼굴에 흠이 있으면 미녀가 되지 못하기 때문에 성형수술을 합니다. 요사이는 멀쩡한 얼굴도 뜯어고치는 시대가 되었습니다.

아 4:7 "나의 사랑 너는 순전히 어여뻐서 아무 흠이 없구나"

술람미 여인의 얼굴은 흠과 티가 없었습니다. 성도의 신앙도 경건한 내외적 모습을 갖추어 아름다운 신앙이어야 합니다. 성형 수술하듯 억지로 꾸미고 뜯어고치는 신앙이 아니라 순수하고 성결한 모습이어야 합니다. 그 순수한 믿음에 주님은 우리에게 반하십니다. 결혼 때 신부 단장한 듯한 모습을 "네 얼굴을 보게 하라"는 것입니다. 신부 단장하듯 신앙생활을 하시기 바랍니다.

아 4:1 "… 너울 속에 있는 네 눈이 비둘기 같고 …"

성도의 눈은 비둘기 같이 순결하여야 합니다. 영적 눈이 떠지면 아름답습니다.

아 4:2 "네 이는 목욕장에서 나온 털 깎인 암양 곧 새끼 없는 것은 하나도 없이 각각 쌍태를

낳은 양 같구나"

술람미 여인의 치아가 쌍태 새끼를 낳은 하얀 양처럼 고르며 희다는 뜻입니다.

이상근 박사는 본문을 하나님의 말씀을 잘 받아들이고 사모하는 자세로 어떤 말씀이든지 잘 받아먹는 성도의 모습이라고 하였습니다.

아 4:3 "네 입술은 홍색 실 같고 네 입은 어여쁘고 너울 속의 네 뺨은 석류 한쪽 같구나"

말하는 입술과 입은 하나님의 말씀을 잘 먹고 잘 소화하는 어여쁜 모습과 같습니다. 너울 속에 감춘 뺨은 석류 한쪽같이 붉습니다. 복음을 전하는 어여쁜 모습입니다. 성도의 신앙과 복음전파의 모습이 이와 같아야 합니다.

엡 5:27 "자기 앞에 영광스러운 교회로 세우사 티나 주름잡힌 것이나 이런 것들이 없이 거룩

하고 흠이 없게 하려하심이니라"

성도의 신앙은 흠과 티가 없어야 합니다. 교회의 모습도 이러해야 함을 뜻합니다. 계 14:1-5에서는 음녀로 더불어 더럽히지 아니하고 정절이 있는 자며, 어린양이 어디로 인도하듯이 따라가는 자입니다. 입에는 거짓말이 없고 속임이 없어야 합니다. 본문에서 술람미의 모습은 영적 아름다운 모습을 나타냅니다.

> **찬송가 219장 1절**
> 주의 음성을 내가 들으니 사랑하는 말일세.

연인끼리는 사랑할 때 행복합니다. 부부는 서로 사랑을 주고받을 때 행복합니다. 성도는 신랑 예수님의 사랑을 받을 때 행복합니다.

지금은 주님 오실 때가 가까운 때입니다. 정결한 신앙, 순교적 신앙을 가지고, 믿음에 굳게 서서, 믿음으로 승리하기를 주의 이름으로 축원합니다.

3. 기도의 모습

14절 "… 내 소리를 듣게 하라 네 소리는 부드럽고 …"

바위틈 낭떠러지 위에 있는 비둘기소리를 듣고 싶어 합니다. 비둘기는 기쁜 소식을 전하는 길조로 여겨왔습니다. 구약에는 정결한 제물로도 바쳐졌습니다. 술람미의 모습을 비둘기로 비유하고 있습니다.

네 소리 : 술람미의 목소리입니다. 기쁨을 주는 소리입니다(기도소리).
비둘기소리 : 기도, 찬양, 말씀 등 믿음의 소리를 비유하고 있습니다.

솔로몬이 술람미 음성을 듣기를 원한 것처럼 예수님은 성도들의 믿음의 음성들을 듣기를 원하십니다.

여러분!

주님께서 가장 기뻐하시는 것은 기도소리입니다. 그리고 찬양의 소리입니다. 지금은 신앙이 무너져가는 시대입니다. 특히 기도의 신앙이 약해지고 있는 때입니다. 기도는 예수님과의 은밀한 대화를 나누는 것입니다. 기도는 주님과 사랑의 교제를 나누는 시간입니다. 기도는 내가 주님 안에, 주님이 내 안에서 연합하는 것입니다. 기도는 주님과 하나 되는 것이며, 주님 안에 거하는 시간입니다.

"네 소리를 듣게 하라." 성도들의 기도소리는 주님께 들리게 하여야 합니다. 기도하는 그 시간이 가장 즐겁다고 하지 않습니까?

찬송가 482장 1절

내 기도하는 그 시간 그때가 가장 즐겁다.
이 세상 근심걱정에 얽매인 나는
내 진정 소원 주 앞에 낱낱이 바로 아뢰니
큰 불행당해 슬플 때나 위로받게 하시네.

주님이 기뻐하는 소리는 기도하는 소리, 찬양하는 소리, 말씀 읽는 소리, 회개하는 소리, 전도하는 소리, 감사하는 소리입니다.

시 77:1 "내가 내 음성으로 하나님께 부르짖으리니 하나님께 내 음성으로 부르짖으면 내게 귀를 기울이시리로다"

하나님은 기도의 음성을 항상 듣기를 원하십니다.

히스기야 왕의 기도

히스기야 왕은 유대 16대 왕입니다. 아주 훌륭한 왕입니다. 어느 날 중병에 걸렸습니다.

히스기야 왕은 얼굴을 벽을 향하고 하나님께 기도를 합니다. 아주 간절한 음성으로 하였습니다. 하나님께서 그의 간절한 기도를 들으시고 히스기야의 생명을 15년이나 연장시켜 주셨습니다. 기도에 응답하신 것입니다.

"네 소리는 부드럽고, 네 얼굴은 아름답구나"

주님은 우리의 맑은 얼굴을 보시기 원하며, 부드럽고 깨끗한 음성을 듣고자 하십니다. 언제나 가까이에서 사랑을 나누기를 원하십니다. 기도는 영혼의 호흡입니다. 사람이 숨을 쉬지 않으면 죽는 것처럼 기도가 없으면 영이 죽습니다. 쉼 없이 기도할 수 있기를 바랍니다.

다윗은 아침마다 하나님과 대화하였습니다. 그는 왕이므로 부귀영화와 모든 것이 있었습니다. 그러나 그는 하나님과 기도의 삶을 살았습니다.

여러분!

솔로몬 왕은 술람미의 음성 듣기를 원했습니다. "바위틈 절벽 은밀한 곳에 있는 나의 비둘기야, 네 얼굴을 보고 싶구나. 네 목소리를 듣고 싶구나." 만왕의 왕 되신 예수님은 우리의 기도 음성을 듣기를 원하십니다. 술람미는 솔로몬의 사랑을 받아 왕비가 되었습니다. 우리도 왕권 성도가 되어야 합니다. 우리는 예수 그리스도의 신부들입니다. 날마다 기도하며 신부 단장하는 신앙으로 왕권 성도가 되기를 바랍니다.

마 25:6 "밤중에 소리가 나되 보라 신랑이로다 …"

지금은 영적 암흑기입니다. 지금은 주님 다시 오실 때가 가까운 시대입니다. 깨어 근신하고 기도할 때입니다. 신부 단장할 때입니다.

예수님은 성도들의 믿음의 모습, 기도소리를 듣기를 원하십니다. 예수님은 바위틈 낭떠러지 은밀한 곳에서 기도하는 모습을 기뻐하십니다. 기도하는 음성, 말씀을 읽고 전하는 음성, 찬송하는 음성을 듣기를 원하십니다. 그리고 함께 거하기를 원하십니다. 함께 동행하기를 원하십니다. 그러므로 주님과 항상 함께하는 신앙, 신부 단장한 신앙 모습으로 주께 나아가 함께 연합하시기를 주의 이름으로 축원합니다.

그에게 속한 나의 사랑

아가서 2:15-17

우리를 위하여 여우 곧 포도원을 허는 작은 여우를 잡으라 우리의 포도원에 꽃이 피었음이니라 나의 사랑하는 자는 내게 속하였고 나는 그에게 속하였구나 그가 백합화 가운데서 양 떼를 먹이는구나 나의 사랑하는 자야 날이 기울고 그림자가 갈 때에 돌아와서 베데르 산에서의 노루와 어린 사슴 같아여라

술람미 여인은 자신과 솔로몬 왕과의 사랑의 관계를 방해하는 작은 여우를 잡기를 원합니다. 왜냐하면 자기들의 포도원에 꽃이 피었기 때문입니다. 포도원을 망치는 작은 여우가 있으면 포도나무를 해치고 결실을 못하게 합니다. 주님과 성도 사이에도 영적 열매를 맺지 못하게 하는 작은 방해들이 있습니다. 이 작은 여우를 잡아야 합니다. 그래야만 신앙이 성장되어 갑니다. 주 안에서 신앙의 열매가 주렁주렁 맺어 결실하여야 하기 때문에 그러합니다.

1. 방해를 극복하는 사랑

15절 "우리를 위하여 여우 곧 포도원을 허는 작은 여우를 잡으라 우리의 포도원에 꽃이 피었음이니라"

포도원 : 포도나무 과원입니다. 예표적으로 교회나 성도를 의미합니다
　　　　　(이상근, 박윤선).

작은 여우 : 개과에 속하는 포유동물이며, 팔레스틴 황무지에 주로 살
　　　　　아갑니다. 여름 실과를 좋아하며 포도원을 자주 해칩니다.
　　　　　성도의 영적 열매를 맺지 못하도록 하는 대적 세력을 암시
　　　　　합니다(눅13:32).

성도의 신앙을 방해하는 여러 가지 죄악은 영적 열매를 맺지 못하도록
합니다.

여러분!

팔레스틴에 사는 작은 여우는 봄철에 포도나무에 싹이 돋고 꽃이 필
무렵 연한 순들을 꺾기도 하고, 포도나무를 갉아먹습니다. 심지어 나무
뿌리를 들쑤셔 포도나무가 죽게도 합니다. 이러한 일이 있으면 탐스러운
포도송이를 기대할 수 없습니다. 이 작은 여우를 잡지 않고 그냥 두면 포
도원은 결국 황폐해지고 마는 것입니다. 포도원에 꽃이 피었다는 것은
솔로몬과 술람미 여인의 사랑이 절정에 이르렀음을 뜻합니다. 포도원에
꽃이 만발한 것처럼 주님과 성도가 깊은 사랑 가운데 거하면, 사탄은 어
떻게든지 방해하려합니다. 주님과 깊은 사랑의 관계를 지속하려면 악은
모양이라도 버려야 합니다.

우리의 마음 밭에도 연하고 여린 포도나무 열매가 자라고 있습니다.
그곳에는 큰 여우보다 작은 여우가 기어 들어와서 이제 막 영글어가는
신선한 포도송이를 다 따먹어버립니다. 경우에 따라서는 포도나무를 망
치게 합니다. 이 작은 여우는 우리가 거의 알지 못하는 순간에 가만히 들
어오는 작은 죄를 의미합니다. 이 작은 죄는 우리 마음속에 머물러 있으
면서 보다 큰 죄악으로 차츰 자라나게 됩니다. 우리는 우리의 마음 문을

꼭꼭 닫아 두었기 때문에 어떠한 거짓도 들어올 수 없을 것이라고 장담하지만, 조그만 틈 사이로 작은 거짓이 들어와 우리가 알지 못하는 사이에 큰 거짓으로 자라게 되는 것입니다. 이기심과 교만, 시기와 질투, 탐욕, 정욕, 혈기, 원망, 불평이 가득해집니다. 그리고 작은 불친절, 작은 악담, 작은 거짓, 작은 불순종을 조심해야 합니다. 이러한 것들은 너무나 작고 미미한 것이라 할지라도 우리 마음속에 들어오는 것을 허용해서는 안 됩니다. 그것들이 바로 우리들의 적이요, 대적입니다. 연약한 포도나무를 망치는 작은 여우를 반드시 잡아야 합니다. 작은 여우를 잡지 않으면 포도원은 황폐하게 되고 말기 때문입니다. 주님과의 깊은 사랑을 지속적으로 나누기 위해서는 작은 여우와 같이 내 심령의 포도원을 헐고 황폐하게 하는 죄악의 요소들을 과감히 끊어내야 하는 것입니다.

살전 5:22 "악은 모든 모양이라도 버리라"

벧전 2:1-2 "그러므로 모든 악독과 모든 궤휼과 외식과 시기와 모든 비방하는 말을 버리고 갓난아이들같이 순전하고 신령한 젖을 사모하라"

시 1:1 "복 있는 사람은 악인의 꾀를 좇지 아니하며 죄인의 길에 서지 아니하고 오만한 자의 자리에 앉지 아니하고"라고 하였습니다.

민음 생활을 좀 열심히 하려고 하면 마귀가 역사합니다. 기도 생활에 열심을 내려고 하면 마귀가 역사합니다. 큰 꿈을 갖고 희망찬 삶을 살려고 하면 마귀가 방해합니다.

벧전 5:8 "근신하라 깨어라 너희 대적 마귀(훼방자)가 우는 사자같이 두루 다니며 삼킬 자를 찾나니"

성도는 늘 깨어있어야 합니다. 그리고 원수마귀를 대적하여야 합니다.

포도원을 망친 원수는 마귀요, 가라지를 뿌리는 것도 원수마귀입니다.
포도원을 허는 작은 여우는 악한 마귀입니다. 작은 여우같은 세상 죄악,
세상 탐심, 세상 거짓을 멀리해야 합니다. 우리는 작은 여우와 같은 악한
요소들을 제거할 때에 주님과 나와의 사랑은 더욱 견고해질 것입니다.
그리고 사랑이 꽃피는 나무마다 풍성한 열매를 맺을 것입니다. 작은 여
우를 잡으면, 성도는 더욱 순전하고 신령해질 것이며, 복된 신앙생활을
영위할 수 있을 것입니다. 아름다운 열매를 맺어 결실하는 신앙이 되기
를 주의 이름으로 축원합니다.

2. 그 안에 거하는 사랑

16절 "나의 사랑하는 자는 내게 속하였고 나는 그에게 속하였구나 그가 백합화 가운데서 양

　　　떼를 먹이는구나"

솔로몬은 사랑하는 술람미 여인이 자기에게 속하였고, 자기 또한 술람
미에게 속하였다고 말합니다. 두 사람은 서로에게 속한 것을 분명히 합
니다. 합일된 사랑, 일체된 사랑을 말합니다. 복음적으로는 연합되고 하
나 됨을 뜻합니다. 백합화는 성도의 심령 깊숙이 피어나는 향기나는 꽃
입니다. 그 가운데서 양떼를 먹이는 것입니다.

나는 : 술람미 여인입니다. 성도를 나타냅니다.
속하였구나 : 예속 관계를 뜻합니다.
백합화 가운데서 양 떼를 먹임 : 목자와 양의 관계입니다.

내가 주님 안에, 주님이 내 안에 있을 때, 목자와 양의 관계는 분명해

지며, 소속관계는 돈독해집니다.

여러분!

술람미 여인은 솔로몬 왕이 자기에게 속하였다고 합니다. 나의 모든 것은 당신의 것입니다. 또한 당신은 제 것이 되었습니다. 사랑의 끈으로 묶었습니다. 솔로몬과 술람미의 이름의 의미가 둘 다 평화입니다. 솔로몬은 평화의 왕이요, 술람미는 평화를 구하는 여인입니다. 그리스도는 남성적 표현이라면, 성도는 여성적 표현입니다. 신랑과 신부의 관계입니다.

롬 14:8 "우리가 살아도 주를 위하여 살고 죽어도 주를 위하여 죽나니 그러므로 사나 죽으나 우리가 주의 것이로다"

내가 내 것이 아니라, 내가 주님의 것이 된 줄 아는 자는 주를 위하여 목숨을 바칩니다.

복음송 '이제 내가 살아도'

이제 내가 살아도 주 위해 살고, 이제 내가 죽어도 주 위해 죽네.
그러므로 사나 죽으나 주님의 것이요, 사나 죽으나, 사나 죽으나 날 위해 피 흘리신 내 주님의 것이요.

교회는 주님의 몸임과 동시에, 구원받은 사람들이 모인 공동체입니다. 교회는 주님의 몸이요, 우리는 지체로서 연합체입니다. 공동체에 소속된 소속감이 있어야 충성하고, 열심을 낼 수 있듯이 주님과 연합도 마찬가지입니다. 하나 된 연합은 일체입니다. 솔로몬과 술람미 여인이 서로 상대편에게 속하였다고 하는 것처럼 주님과 우리의 모습도 이래야 합니다. 우리가 주님을 지속적으로 사랑하려면 내가 주님께 소속되었다는 확신이 있어야 합니다. 내가 스스로 그런 확신을 가지고 신앙생활을 해야 합니다. 사랑의 힘은 자기 자신을 완전히 비우고, 상대에게 연합될 때, 하나로 일치되어 강한 힘을 발휘합니다.

네 눈 속에 내가, 내 눈 속에 네가(장석열 서간집에서)

내가 그댈 그리워하듯

그대도 날 그리워함을 난 알아요.

백설의 대지 위에

마지막 남은 핏방울을 잉크삼아

써 내려간 당신의 숨결은 글이 아니라

진주알로 내 가슴에 알알이 박혀옵니다.

나의 눈가에 이슬을 맺히게 하는 그대는

누구십니까?

두려우리만큼 가슴이 떨립니다.

내가 그대 앞에 서는 날

그대 감정의 거울 앞에서

나의 진실한 사랑은

남김없이 투영될 것입니다.

내가 주님께 철저히 소속될 때 원하는 대로 이루어 주시고, 많은 과실을 맺을 수 있게 되고, 주님의 제자가 될 수 있습니다(요 15:7-8). 주님께 연합된 사람은 핍박을 받을 때 믿음으로 감당합니다.

예수님은 포도나무입니다. 우리는 가지입니다. 또한 예수님은 우리의 목자입니다. 우리는 양떼입니다. 백합화 가운데 양떼를 먹이시는 주님 안에 온전히 거해야 될 줄 믿습니다. 그러한 주님의 사랑 안에 거하는 여러분이 되시기 바랍니다.

3. 끝까지 소망하는 사랑

17절 "나의 사랑하는 자야 날이 기울고 그림자가 갈 때에 돌아와서 베데르산에서의 노루와
어린 사슴 같아여라"

술람미 여인이 솔로몬 왕을 사모하는 말로 해가 저물고, 밤이 찾아올
무렵이 되었으니 자기 집에 돌아와 사랑을 나눌 것을 기대하는 간절함을
담고 있습니다.

날이 기울고 그림자가 갈 때에 : 해가 저물고 어두울 때, 마지막 때를
의미합니다.

돌아와서 : 다시 올 것을 기대합니다.

베데르산 : 히브리어 '베데르'는 분리하다, 나뉘다, 이별하다는 뜻이
있습니다. 베데르산은 예루살렘 남서쪽 약 11Km 지점에
위치한 작은 산입니다.

노루와 어린 사슴들이 낮에는 산에서 놀다가 날이 기울고 그림자가 갈
때는 서로 이별하고 각각 자기 처소로 찾아 들어감을 뜻합니다. 세상 끝
날에 주님이 다시 오심을 고대하며 살아가는 신앙의 모습입니다.

여러분!

지금은 이 세상이 너무 어두워갑니다. 날이 기울어가고 있습니다. 지
금은 만물의 마지막 때입니다. 그림자가 간다는 것은 어두움이 온다는
것입니다. 개인에게도 고난이 오고 종말(임종)이 옵니다. 시대적으로도
말세에 대 환란이 옵니다(마 24:3-22). 돌아와서 베데르산에서의 노루
와 어린 사슴 같다는 것은 성도가 예수님의 재림을 기다리는 심정과 태

도입니다. 세상 끝 날에 예수님은 성도를 찾아오시고, 성도는 예수님을 찾아갑니다. 세상 끝 날에는 더욱 더 주님을 찾고, 주님을 부르고, 주님 께 기도하는, 주님 안에 거하는 자가 되어야 합니다.

벧전 4:7 "만물의 마지막이 가까웠으니 그러므로 너희는 정신을 차리고 근신하여 기도하라"

마지막 시대를 살아가는 성도는 술람미 여인이 솔로몬 왕을 찾듯이 주 님을 찾고 사모하며 살아야 합니다. 이 시대에는 기도로 깨어있어야 합 니다. 신부 단장을 잘해야 합니다. 근신하고, 준비하고 있어야 합니다.

요 14:3 "가서 너희를 위하여 처소를 예비하면 내가 다시 와서 너희를 내게로 영접하여 나 있는 곳에 너희도 있게 하리라"

예비 된 처소로 영접하여 주가 있는 곳에 있게 합니다. 그곳은 주님을 직접 볼 수 있는 천국입니다. 그곳은 사망이 없고, 애통이 없고, 아픔이 없는 곳입니다. 주님께서 재림하시는 날은 새 하늘과 새 땅에 들어가게 됩니다. 어린양의 혼인잔칫날이 그날입니다. 그날 주님은 신랑이시고, 우리는 신부임으로 혼인잔치에 참여하는 지극히 복된 날입니다.

지금 이 시대가 바로 날이 기울고 그림자가 지나는 종말의 때입니다.

이럴 때 주님의 다시 오심을 간절히 소망하며, 고대하며, 준비해야 합니다. 지금 주님이 상황적으로 오고 계십니다. 예수님은 저 영원한 천국으로 기쁨과 환희와 은혜와 사랑이 있는 곳으로 일어나 함께 가자고 말씀하고 계십니다. 주님 안에 온전히 거하는 자들이 되기를 주의 이름으로 축원합니다.

여러분!

신앙생활을 하다보면 많은 장애물을 만납니다. 우리는 경기자이며 또한 영적 군사입니다. 이러한 장애들을 물리치고 달려갈 길을 달려가야 합니다. 우리의 신앙생활 가운데는 항상 작은 여우가 도사리고 있습니다. 그것을 잡지 아니하면 심령이 황폐되기 쉽습니다. 작은 죄악들을 방치하면 안 됩니다. 작은 것이 큰 것으로 변합니다. 작은 육체의 소욕이라도 물리쳐야 합니다. 늘 깨어 근신하고 성령 안에서 무시로 기도해야 합니다. 언제나 말씀에 바로서고 찬양의 삶을 살아야 합니다. 어떤 방해 요소 가운데서도 이기고 승리하는 믿음이 되기를 바랍니다. 주의 사랑 안에 온전히 거하는 삶을 살아가기를 주의 이름으로 축원합니다.

제3장 사랑의 꿈과 결혼행렬

내가 밤에 침상에서 마음에 사랑하는 자를 찾
았구나 찾아도 발견치 못하였구나

이에 내가 일어나서 성중으로 돌아다니며 마
음에 사랑하는 자를 거리에서나 큰 길에서나
찾으리라 하고 찾으나 만나지 못하였구나

성중의 행순하는 자들을 만나서 묻기를 내 마
음에 사랑하는 자를 너희가 보았느냐 하고 그
들을 떠나자마자 마음에 사랑하는 자를 만나
서 그를 붙잡고 내 어미 집으로, 나를 잉태한
자의 방으로 가기까지 놓지 아니하였노라

예루살렘 여자들아 내가 노루와 들사슴으로
너희에게 부탁한다 사랑하는 자가 원하기 전
에는 흔들지 말고 깨우지 말지니라

연기 기둥과도 같고 몰약과 유향과 장사의 여
러 가지 향품으로 향기롭게도 하고 거친 들에
서 오는 자가 누구인고

이는 솔로몬의 연이라 이스라엘 용사 중 육십
인이 옹위하였는데 다 칼을 잡고 싸움에 익숙
한 사람들이라 밤의 두려움을 인하여 각기 허
리에 칼을 찼느니라

솔로몬 왕이 레바논 나무로 자기의 연을 만들
었는데 그 기둥은 은이요 바닥은 금이요 자리
는 자색 담이라 그 안에는 예루살렘 여자들의
사랑이 입혔구나

시온의 여자들아 나와서 솔로몬 왕을 보라 혼
인 날 마음이 기쁠 때에 그 모친의 씌운 면류
관이 그 머리에 있구나

꿈에도 그리운 내 사랑

아가서 3:1-5

내가 밤에 침상에서 마음에 사랑하는 자를 찾았구나 찾아도 발견치 못하였구나 이에 내가 일어나서 성중으로 돌아다니며 마음에 사랑하는 자를 거리에서나 큰 길에서나 찾으리라 하고 찾으나 만나지 못하였구나 성중의 행순하는 자들을 만나서 묻기를 내 마음에 사랑하는 자를 너희가 보았느냐 하고 그들을 떠나자마자 마음에 사랑하는 자를 만나서 그를 붙잡고 내 어미 집으로, 나를 잉태한 자의 방으로 가기까지 놓지 아니 하였노라 예루살렘 여자들아 내가 노루와 들사슴으로 너희에게 부탁한다 사랑하는 자가 원하기 전에는 흔들지 말고 깨우지 말지니라

술람미 여인은 밤에 침상에서 마음에 사랑하는자를 찾습니다.

꿈속에서도 솔로몬을 애타게 찾아 헤매는 술람미 여인은 "마음에 사랑하는 자"라고 4번이나 거듭하며 찾고 있습니다. 술람미 여인은 연인을 찾기 위해 성중을 돌아다니며 찾았습니다. 그러다 행순하는 자를 만나 찾아낸 다음에는 꼭 붙잡고 어미 집 자기 방으로 가기까지 놓지 않습니다. 성도가 주님을 찾음도 이와 같이 적극적인 자세가 필요합니다.

1. 찾고 찾는 사랑

1-2절 "내가 밤에 침상에서 마음에 사랑하는 자를 찾았구나 찾아도 발견치 못하였구나 이에

내가 일어나서 성중(城中)으로 돌아다니며 마음에 사랑하는 자를 거리에서나 큰길에서나 찾으리라 하고 찾으나 만나지 못하였구나"

밤에 : 원어의 의미는 복수로 '밤들에' 또는 '밤마다' 라는 뜻입니다.
침상 : 누워 자는 평상입니다(침대 입니다).
성중 : 예루살렘 성내를 말합니다. 예표적으로 교회 주위를 의미합니다.
거리, 큰길 : 사람들이 많이 다니는 곳으로 복잡한 길입니다.

성도가 안일함에 주님을 떠났다가 다시 찾기 위해 세상 가운데서 찾아보지만, 만나지 못함을 의미합니다.

여러분!

술람미 여인은 애타게 사랑하는 자를 찾습니다. 찾고 찾아보지만 만나지 못합니다. 성내나 거리에서, 큰길에서 찾아보지만 찾지 못합니다. 주님은 나태와 안일한 성도에게 머물지 아니합니다. 신앙은 안일주의에 빠지면 마귀가 틈을 탑니다. 신앙생활은 나태해지면 마귀가 가만히 들어옵니다. 그리고 잠자는 신앙은 어려움을 당하기 쉽습니다. 잠자는 신앙은 낭패를 당하기 쉽습니다. 잠자는 신앙은 실패를 당하기 쉽습니다. 안일과 나태는 금물입니다. 잠시 안일과 나태에 빠진 술람미 여인은 사랑하는 자를 찾을 곳에서 찾지 않고, 부질없이 엉뚱한 곳에서 찾습니다.

렘 29:13 "너희가 전심으로 나를 찾고 찾으면 나를 만나리라"
시 119:10 "내가 전심으로 주를 찾았사오니 주의 계명에서 떠나지 말게 하소서"

진실한 사랑은 일심으로, 전심으로, 전력으로 찾을 때 찾게 되는 것입니다. 성도는 주님을 전심으로 찾고 찾아야 합니다.

술람미 여인은 사랑하는 자를 침상에서, 성중에서 그리고 큰 거리와 작은 거리에서 찾아 헤매어 다닙니다. 찾을 곳에서 찾아야 합니다. 솔로몬 왕은 왕궁에 있습니다. 성도가 주님을 찾을 때 먼저 성전에서 찾아야 합니다.

예수님께서 12살 되던 해 유월절 순례로 부모와 함께 예루살렘 성전을 방문하게 되었습니다. 절기를 마치고 집으로 오는 도중 예수가 없습니다. 다시 뒤돌아가 예루살렘 성전에서 예수를 만나게 됩니다. 그때까지 성전에서 선생들과 얘기를 나누고 있습니다. 부모가 왜 이곳에 있느냐고 물었습니다. 예수님은 "내가 내 아버지 집에 있어야 함이 합당하지 않느냐"고 하였습니다.

분주히 세상일에만 신경을 쓰고 바쁘다보면 예수님을 잃어버리게 됩니다. 이제도 계시고 전에도 계셨으며, 장차 오셔서 우리와 함께 하실 주님을 떠나 있으면 안 됩니다. 술람미 여인은 솔로몬을 찾기 위해 성내로, 거리로, 큰 길거리로 나가서 찾아보았지만 찾지를 못했습니다. 왜냐하면 잘못 찾았기 때문입니다. 오늘날 큰 교회에 가면 찾을 것 같고, 큰 집회에 가보면 만날 것 같고, 어떤 특별한 장소에서 만날 것 같았지만 만나지 못합니다. 만날 곳에서 만나야 합니다.

내 안의 파랑새

벨기에의 작가 마테를링크는 '파랑새'라는 아동극을 발표했습니다. 형제가 행복을 준다는 파랑새를 찾아 헤매고 다녔습니다. 여러 날 허기진 채로 전국을 돌아다녔지만, 그 어디에도 파랑새는 없었습니다.

이 형제는 지친 모습으로 집으로 돌아옵니다. 집에 와보니까 그렇게 찾아 헤매던 파랑새는 집안에 있는 새장 속에 있었습니다. 이 동화는 행복은 멀리 있는 것이 아니라 내 집안에 있다는 이야기입니다. 내 마음속에 있다는 이야기입니다. 바로 내 곁에 있다는 말입니다.

언제나 늘 가까이 계시는 주님을 찾으시기 바랍니다. 나의 마음 가운데 주님이 계심을 아시기 바랍니다. 외형적인 것에서 찾을 것이 아니라, 눈에 안 보이는 가식에서 찾을 것이 아니라, 내 마음 가운데 계십니다. 그러나 전심으로, 일심으로 찾아야 합니다. 동방박사들은 아기 예수님을 큰 성 예루살렘이 아니라 작은 마을 베들레헴에서 찾아 만나 경배하였습니다.

여러분!

주님을 찾아 만날 수 있는 곳이 어디입니까? 성전에서 만날 수 있습니다(눅 2:46). 기도 가운데 만날 수 있습니다(렘 29:13, 마 7:8). 찬양 가운데 만날 수 있습니다(시 24:6). 말씀 가운데 만날 수 있습니다(요 15:7). 성경 안에서 만날 수 있습니다(롬 8:27). 찾고 찾으면 찾을 수 있습니다(마 7:7). 찾을 곳에서 찾으면 만날 수 있습니다. 주님은 찾고 찾아 만날 수 있기를 바랍니다. 오직 예수님을 내 중심에 모시고 신앙하기를 주의 이름으로 축원합니다.

2. 드디어 만나게 된 사랑

3-4절 "성중의 행순하는 자들을 만나서 묻기를 내 마음에 사랑하는 자를 너희가 보았느냐 하고 그들을 떠나자마자 마음에 사랑하는 자를 만나서 그를 붙잡고 …"

연인을 만나기만을 갈구하는 술람미 여인은 사무치는 그리움에 성을 지키는 야경꾼들을 만나 그녀의 사랑하는 연인을 보았느냐고 합니다. 그들로 인해 솔로몬을 만나고 꼭 붙듭니다.

성중의 순행하는 자 : 성을 지키기 위해 순찰을 도는 파수꾼을 가리킵
니다. 영적으로 교회에서 양 무리를 먹이고 지키
는 목자를 의미합니다.

성도는 주님을 만나기 위해 주의 종을 만나 인도함을 받아야 함을 뜻
합니다.

여러분!

술람미는 거리, 큰길에서 사랑하는 솔로몬을 찾았지만, 만나지 못하였
습니다. 결국은 순행하는 자에게 물어봅니다. 길을 잘 아는 자에게 물어
본 것입니다. 술람미 여인은 성도를 상징하고, 솔로몬이 예수님을 상징
하는 것이라면, 성중의 순행하는 자는 누구일까요? 구약시대에는 선지
자를 가리키고, 신약시대 때는 사도를 가리키고, 오늘 이 시대에는 주의
종 목회자를 가리킵니다. 주의 종들은 성도들을 주님께 인도하는 자들입
니다.

히 13:17 "너희를 인도하는 자들에게 순종하고 복종하라"

주의 종들은 주님을 만나는 길을 안내하는 자들입니다. 주의 종들을
통해 신앙 지도를 잘 받으면 주님을 만날 수 있습니다. 주의 종을 잘못
만나면 바른 길을 인도받지 못하고 엉뚱한 길을 가게 됩니다.

술람미 여인은 포도원을 허는 작은 여우를 잡아주지 않는다고 원망하
고 불평하다가 솔로몬을 멀리했던 것 같습니다. 우리의 영적 삶에도 원
망이 있습니다. 불평이 있습니다. 혈기를 냅니다. 고집을 부립니다. 신
앙에 나태와 안일이 깃듭니다. 그러다보면 주님을 떠나게 됩니다. 술람
미 여인은 순행하는 자들의 도움으로 사랑하는 솔로몬을 만났습니다. 만

나자마자 어떻게 했습니까? 그와 함께 자기 어미의 집으로 들어가기까지 놓지 않았습니다. 굳게 잡은 이유는 무엇입니까? 너무 힘들고 고생하며 찾았기 때문입니다. 그보다 더 큰 이유는 진정 사랑하는 사람을 만났기 때문입니다. 이제는 어떤 일이 있어도 주님을 놓지 않으리라고 결단하십시오.

주님의 손을 꼭 잡고 가세요. 어떠한 어려움에도 주님의 손을 꼭 잡고 가시면 됩니다. 삶이 지치고 고난이 와도 주님의 손을 꼭 잡고 가시기 바랍니다. 성도들 중에는 주님을 만났다가 주의 손을 굳게 붙잡지 못하고 놓쳐버리는 자들이 있습니다. 주의 길을 가다가 끝까지 가지 못하고 돌아서면 잘못된 길을 가게 되는 것입니다. 주님 손을 한번 잡았으면 끝까지 붙잡고 가야 합니다.

홍수가 나서 집이 떠내려갑니다. 지붕 위에 있습니다. 헬리콥터가 와서 밧줄을 내리고 구조하는데 밧줄을 놓치면 어떻게 되겠습니까? 주님의 손을 꼭 잡고 놓지 말아야 합니다.

본문 1절에서 술람미 여인이 잠시 본분을 이탈했을 때 솔로몬이 떠났습니다. 성도가 주님의 사명을 버려두고 안일에 빠져있을 때 주님이 떠납니다. 성도가 주님을 찾고 끝까지 놓지 아니하면 주님이 동행해 주십니다.

베드로 사도는 주님을 세 번 부인하기도 하였지만, 회개하고 평생 주님이 맡겨준 사명을 다하여 죽도록 충성하였습니다.

빌 3:13-14 "형제들아 나는 아직 내가 잡은 줄로 여기지 아니하고 오직 한 일 즉 뒤에 있는 것은 잊어버리고 앞에 있는 것을 잡으려고 푯대를 향하여 그리스도 예수 안에서 하나님이 위에서 부르신 부름의 상을 위하여 좇아가노라"

예수님 안에서 푯대를 향하여 나아가서 부르신 부름 그대로 상급을 위하여 끝까지 인내하며 충성하시기를 주의 이름으로 축원합니다.

3. 깊은 교제 나누는 사랑

4-5절 "… 내 어미의 집으로, 나를 잉태한 자기 방으로 가기까지 놓지 아니하였노라 예루살렘 여자들아 내가 노루와 들사슴으로 너희에게 부탁한다 사랑하는 자가 원하기 전에는 흔들지 말고 깨우지 말지니라"

술람미 여인이 솔로몬 왕을 자기를 잉태한 방으로 인도한 것은 사랑하는 이와 비밀스럽고 은밀한 곳에 함께 있고 싶어서입니다. 그리고 연인과의 서로의 사랑이 깨어지지 않도록 조심하는 것입니다.

어미 집 : 거듭나게(중생) 한 성령의 인도를 받은 영적 집입니다.
잉태한 자기 방 : 복음으로 나를 낳은 곳입니다(고전 4:15). 참된 교회를 의미합니다(박윤선).
노루 : 담황갈색에 희고 검은 반점이 있고, 가는 다리와 우아한 눈을 가지고 있습니다. 유대인들에게 애호되는 미의 상징이며 또한 서약의 대상이기도 합니다.

들사슴 : 담황색으로 노루와 거의 같습니다. 잘 뛰는 동물입니다.

간절히 주님을 찾는 자에게 만나주시고, 다시 헤어지지 않겠다는 각오임을 뜻합니다.

여러분!

술람미 여인은 애타게 찾던 솔로몬을 찾았습니다. 너무 감격스러워 자기 모친의 집까지 꼭 붙잡고 갑니다. 다시는 헤어지지 않으려는 강한 의지를 나타냅니다.

주님을 간절히 구하고 찾는 자에게 만나주시고 함께하십니다. 그러므로 내 중심에 주님을 모셔야 합니다. 내 안에 주님을 모시는 것입니다. 내 마음 가운데 주님을 모시는 것입니다. 오늘날 많은 사람들이 예수님을 만나기는 하지만 인격적인 교제로 나아가지 못하고, 중도에 믿음을 포기하기도 합니다. 복음의 기쁨에 참여하였다가 타락한 딴 길로 가는 사람도 있습니다. 이것은 주님을 온전히 붙잡지 못하고 신앙생활을 하기 때문입니다. 성도는 이 땅에서 자신에게 주어진 사명을 다하다 주님 앞에 서는 날까지 죽도록 충성하며, 주님을 꼭 붙잡고 믿음의 선한 싸움 다싸워 달려갈 길을 가야 합니다.

술람미 여인은 몇 번의 실패 끝에 솔로몬을 만나 너무 기뻐서 꼭 붙잡고 이제 어떠한 일이 있더라도 다시 놓지 않겠다는 것입니다. 부활하신 예수님을 만난 여인들은 예수님을 꼭 붙잡고 가는 신앙이었습니다. 그의 발아래 경배하고 끝까지 섬기는 삶을 살았습니다. 성도는 예수님을 떠나서는 아무것도 할 수 없습니다. 물고기는 물을 떠나서는 죽습니다. 포도나무 가지는 포도나무에 꼭 붙어있어야 합니다. 그리하여야 열매를 맺습니다. 본문은 술람미 여인은 솔로몬을 어미의 집으로 잉태한 방으로 인도합니다. 그곳은 영적으로 거듭나게 한 곳입니다. 신앙의 성장이 있던 곳입니다. 은혜받은 곳으로 인도합니다. 술람미 여인은 이제 영원히 사랑하는 님의 품에 있기를 원합니다.

5절 "예루살렘 여자들아 내가 노루와 들사슴으로 너희에게 부탁한다 사랑하는 자가 원하기 전에는 흔들지 말고 깨우지 말지니라"

예루살렘 여자들은 솔로몬을 믿는다고 하면서 적당히 믿는 여인들이었습니다. 은혜를 받지 못한 성도와 같습니다. 은혜 가운데 있지 못한 성도는 아직도 육신에 속한 신자입니다. 교회 문지방만 넘나드는 신자입니다.

유 1:17-19 "사랑하는 자들아 너희는 우리 주 예수 그리스도의 사도들의 미리한 말을 기억하라 그들이 너희에게 말하기를 마지막 때에 자기의 경건치 않은 정욕대로 행하며 기롱하는 자들이 있으리라 하였나니 이 사람들은 당을 짓는 자며 육에 속한 자며 성령은 없는 자니라"

노루와 들사슴은 겁이 많고, 의심이 많고, 놀라기를 잘하고, 힐끗힐끗 쳐다보는 동물로 아무데나 뛰어다니는 소심한 동물입니다. 술람미는 예루살렘 여자들에게 부탁하며 사랑의 기쁨에서 잠든 님을 그 사랑의 잠에서 깨우지 말라는 것입니다. 예루살렘 여자들은 신령한 세계에 있는 술람미 여자를 깨우기 잘합니다. 육에 속한 신자들은 신령한 성도들을 신령한 신앙세계에서 나오게 하려고 여러 가지로 방해를 합니다. '노루와 들사슴'은 오르기 잘하고 잠들었다가도 깨어나기를 잘합니다. 예루살렘 여자들은 술람미 여자를 그 신령한 세계에서 나오게 하여 자기들과 같은 길을 걷게 하려고 합니다. 그러므로 술람미 여자는 원하기 전에는 자신을 흔들지 말고 깨우지 말라고 부탁을 하는 것입니다.

여러분!

술람미 여인은 사랑하는 자를 침상에서 떠나 찾았고, 거리 큰길거리에서 찾았습니다. 행순하는 자들에 의해 찾았습니다. 우리의 심령 가운데 예수님을 잊고 있지는 않습니까? 그렇다면 다시 예수님을 찾아야 합니다. 어디서 찾고 만나야 한다고 했습니까? 내 마음의 성전입니다. 술람미 여인은 사랑하는 자를 만나 그의 품에 안식을 얻는 것처럼 우리는 예수님 품에 있을 때 참 평안을 얻습니다. 그 안에 참 기쁨과 행복이 있습니다. 주 안에서 참 평안을 누리는 여러분이 되기를 예수님 이름으로 축원합니다.

이제 다시 만나게 된 주님!

다시는 주님을 잃어버리지 않으렵니다. 나의 일생 다하여 저 영원한 천국에 들어가기까지 결단코 주님을 놓치지 않겠습니다.

그렇게 하기 위하여, 저에게 맡겨 주신 사명을 위하여 숨지는 그날까지 죽도록 충성하겠습니다. 예수님 이름으로 기도합니다.

다채로운 결혼행렬

연기 기둥과도 같고 몰약과 유향과 장사의 여러 가지 향품으로 향기롭게도 하고 거친 들에서 오는 자가 누구인고 이는 솔로몬의 연이라 이스라엘 용사 중 육십 인이 옹위하였는데 다 칼을 잡고 싸움에 익숙한 사람들이라 밤의 두려움을 인하여 각기 허리에 칼을 찼느니라 솔로몬 왕이 레바논 나무로 자기의 연을 만들었는데 그 기둥은 은이요 바닥은 금이요 자리는 자색 담이라 그 안에는 예루살렘 여자들의 사랑이 입혔구나 시온의 여자들아 나와서 솔로몬 왕을 보라 혼인 날 마음이 기쁠 때에 그 모친의 씌운 면류관이 그 머리에 있구나 시온의 여자들아 나와서 솔로몬 왕을 보라 혼인 날 마음이 기쁠 때에 그 모친의 씌운 면류관이 그 머리에 있구나

과거 우리나라 결혼 풍습은 신랑이 신부 집으로 가서 혼례를 치렀습니다. 그러나 고대 중동의 결혼 풍습을 보면 신랑이 신부 집으로 화려하게 꾸민 가마(輦)를 보냅니다. 그러면 신부는 갖은 치장을 다한 후에 가마를 타고 신랑의 집에 당도하여 결혼 예식에 참석하게 됩니다. 신부의 가마가 지나가는 곳이면 많은 사람들이 모여들었으며, 특히 신랑 집 마을 어귀에는 신부를 기다리는 구경꾼들로 북적대곤 하였습니다. 지금까지 서로의 사랑을 노래하던 솔로몬과 술람미 여인은 마침내 그 결실을 눈앞에 두기에 이르렀습니다. 곧 이 한 쌍의 연인은 결혼식을 올리게 되었습니다. 본문에는 신랑이 보낸 가마를 타고 신랑이 있는 예루살렘 성으로 행진하는 신부의 모습이 아름답게 그려져 있습니다. 이것을 살펴봄으로써

그리스도의 신부인 우리의 몸과 마음가짐이 어떠해야 하는지를 살펴보
도록 하겠습니다.

1. 신부의 모습

6절 "연기 기둥과도 같고 몰약과 유향과 장사의 여러 가지 향품으로 향기롭게도 하고 거친
들에서 오는 자가 누구인고"

술람미 여인이 솔로몬 왕의 청혼을 받아들여 결혼을 하게 되었습니다.
가마(연 : 輦)를 타고 갈 때에 몰약과 유황과 여러 가지의 향품으로 향기
롭게 합니다. 연기 기둥 같은 향을 태우며 주위를 알게 합니다.

연기 기둥 : 어원적인 의미는 '연기의 야자수들' 이라는 시적 표현입니
다. 향의 연기가 야자수 모양 같다는 것입니다.

몰약 : 남아라비아나 인도 등지에서 자라는 미르라나무(myrrh tree)
에서 채취한 방향성의 수액으로 관유, 향유, 방부제 등 다양하
게 사용합니다.

유향 : 남아라비아 일대에서 자라는 감람과의 향나무에서 채취한 젖
빛깔의 방향물질로, 주로 향료로 쓰입니다.

향을 불태운 연기가 야자수 모양 같고, 향품으로 향기롭게 한 술람미
여인의 모습은 성도가 주님을 만날 때 이와 같은 모습으로 단장함을 뜻
합니다.

여러분!

결혼은 사회적 공인 하에 남녀가 부부관계를 맺는 것입니다. 동서양을 막론하고 결혼은 아름답고 신성시하였습니다. 성경에서 혼인잔치는 그리스도와의 신비한 연합입니다.

먼저 신랑이 신부의 집으로 가마(연)를 보냅니다. 신부가 그 가마를 타고 신랑 집으로 갑니다. 갈 때는 많은 사람들이 볼 수 있게 하고, 수시로 향을 피워 연기를 올립니다. 이렇게 함은 행렬의 모습이 먼 곳에서도 볼 수 있게 하기 위함입니다. 곧바로 가지 않고, 우회하며 가다가 밤을 맞게 됩니다. 이때 신랑이 나와서 신부와 함께 갑니다. 길을 밝히기 위해 횃불을 켜고, 가마 모퉁이 기둥에도 횃불을 고정시켜 가마가 잘 보이게 합니다.

가마 행렬은 낮에는 연기 기둥, 밤에는 불기둥을 피우며 갑니다. 이것은 마치 이스라엘 백성들이 광야에서 하나님께서 구름기둥과 불기둥으로 보호하고 인도하는 것을 연상케 합니다.

출 13:21-22 "여호와께서 그들 앞에서 행하사 낮에는 구름기둥으로 그들의 길을 인도하시고 밤에는 불기둥으로 그들에게 비취사 주야로 진행하게 하시니 낮에는 구름기둥 밤에는 불기둥이 백성 앞에서 떠나지 아니하니라"

이것은 하나님이 임재하심과 이스라엘 백성들의 보호하심을 나타내신 것입니다. 본문의 연기 기둥은 영적으로 생명과 능력을 주시는 불이라고도 할 수 있습니다. 몰약은 회생(방부제)을 나타내며 유황은 기도의 향연과 같습니다. 성도는 그리스도의 향기입니다. 어디를 가든지 예수 향기를 날려야 합니다.

"거친 들에서 오는 자가 누구인고."

이스라엘의 왕도인 예루살렘에서 여리고 사이에는 험준하고 거친 들이 있습니다. 거친 들은 속박이나 수치를 뜻하기도 합니다. 술람미 여인의 지난날의 시련과 고난과 어려움 가운데서 우여곡절 끝에 솔로몬 왕과 결혼을 하게 되었습니다. 낮은 처지에서 높은 곳으로 나아가는 성도의 모습입니다. 솔로몬은 예수님을 나타내고, 술람미는 성도를 나타냅니다. 예수님은 신랑이고, 성도는 신부입니다. 솔로몬과 술람미는 사랑의 교제가 깊어갔습니다. 그리고 드디어 결혼까지 하게 되었습니다. 때가 이르면 성도는 이제 신랑 맞을 준비를 하여야 합니다.

> **찬송가 162장 1절**
> 신랑 되신 예수께서 다시 오실 때 밝은 등불 들고 나갈 준비 됐느냐.
> 그날 밤, 그날 밤에 주님 맞을 등불이 준비됐느냐.
> 예비하고 예비하라. 우리 신랑 예수 오실 때
> 밝은 등불 손에 들고 기쁨으로 주를 맞겠네.

계 19:7 "… 어린양의 혼인기약이 이르렀고 그 아내가 예비하였으니"

어린양의 혼인기약이 이르렀습니다. 어린양은 예수님이십니다. 혼인기약이 이르렀고, 신부도 예비하였습니다.

9절 "… 어린양의 혼인잔치에 청함을 입은 자들이 복이 있도다 …"

어린양의 혼인잔치에 청함을 받아야 합니다. 그러려면 신부 단장이 되어 있어야 합니다. 청함을 입은 자들이 되어야 합니다. 그래야만 복이 있다고 하였습니다. 우리 모두는 예수 그리스도의 신부로서 천국 잔치에 들어가야 합니다. 이러한 복을 받으시기를 주의 이름으로 축원합니다.

2. 행진의 모습

7-8절 "이는 솔로몬의 연이라. 이스라엘 용사 중 육십 인이 옹위하였는데 다 칼을 잡고 싸움에 익숙한 사람들이라 밤의 두려움을 인하여 각기 허리에 칼을 찼느니라"

연(輦) : 히브리어 '미타(מטה)'는 다리를 뻗어 쉴 수 있는 침대 같은 가마(연)입니다. 주로 왕들이 타고 다니는 고대 가마의 일종입니다. 영적으로 교회를 나타냅니다.

용사 육십 인 : 솔로몬 왕이 선발한 군사입니다. 천군천사(박윤선), 주의 종들(이상근)이라고 표현합니다.

옹위 : 둘러싸 보호하는 것입니다.

밤의 두려움 : 위험이나 잠을 방해하는 것을 의미합니다(랑게). 어두움의 세력을 나타냅니다.

칼 : 보호성으로 말씀을 상징합니다.

신부 가마를 보호하는 용맹한 군사들의 보호는 바로 주의 종들이 말씀으로 교회를 지킴을 의미합니다.

여러분!

옛날 권세 있는 가문에서 딸을 시집보낼 때에는 가마를 메고 가는 사람 이외에 건장한 남자 몇몇을 딸려 보냈습니다. 가마행렬 가운데에서 행여 닥칠지 모르는 불의의 사고를 막기 위해서입니다. 당시 술람미 여인이 살았던 곳으로 추정되는 곳이 수넴입니다. 이곳에서 예루살렘까지는 약 80Km의 거리로 거친 들판이 있습니다. 맹수나 비류들의 위험이 있는 곳입니다. 그리하여 술람미 여인을 태운 가마에 용사 중의 용사 육십 인을 택해 호위토록 하였습니다. 이들은 싸움에 능하며 각자 칼을 차고 있습니다.

술람미 여인이 육십 명의 무장한 용사들의 보호를 받으며 예루살렘으로 가는 이 모습은 우리가 하나님의 전신갑주를 입고, 믿음의 행진을 하는 모습과 같습니다. 술람미 여인이 거친 들을 지나고 위험한 밤을 지나야 하는 것처럼, 천국을 향해 가는 우리의 앞길에도 힘들고 어려운 일들이 많이 있습니다. 사탄마귀는 끊임없이 우리를 실족시키기 위해서 공격해올 것입니다. 언제 사탄이 쳐놓은 시험의 올무에 걸려서 넘어질는지 모릅니다. 우리는 연약하기 그지없는데 사탄의 도전은 강합니다. 어떻게 사탄의 도전을 이길 수 있습니까? 하나님의 전신갑주를 입고 철저히 무장을 해야 합니다.

에베소서 6:10-17에서 진리의 허리띠, 의의 흉배, 평안의 복음의 신발, 믿음의 방패, 구원의 투구, 말씀(성령)의 검을 가지는 것이 바로 하나님의 전신갑주로 무장하는 것입니다.

하나님의 전신갑주를 살펴보면 발끝에서 머리까지 완벽한 무장입니다. 우리가 하나님의 전신갑주를 입기만 하면 사탄마귀가 감히 우리를 대적하여 이길 수 없습니다. 완전히 하나님의 전신갑주로 무장하지 못하고 어디엔가 허점이 보인다면 사탄마귀는 그 허점을 통하여 여러분을 공격하여 치명적인 해를 입히게 될 것입니다.

존 버니언의 《천로역정》에서 한 기독자가 천성 문을 향하여 나아가는데, 수많은 고비와 위험을 통과하는 장면을 그려놓고 있습니다. 우리는 지금 주님이 계신 하늘나라를 향하여 행진하는 사람들입니다. 우리의 신앙생활은 말 그대로 천로역정입니다. 천로역정이 힘들어서 인내하지 못하고 실족하는 사람들을 가끔 볼 수 있습니다.

믿다가 중단할 바에는 차라리 안 믿은 것만 못합니다. 한번 천로역정에 들어섰으면 천국 문에 이르기까지 뒤돌아보지 말아야 합니다. 최후 승리를 얻을 때까지 신앙의 행진을 계속해야 합니다.

신앙의 용사들은 선한 싸움 다 싸우고 교회를 생명보다 더 귀히 여기고 최선을 다해 원수마귀를 대적하며 말씀으로 지키는 기둥과도 같은 자들입니다. 오늘날 하나님의 사역자들은 교회를 보호하고 성도들을 주님께 인도하며, 성령의 검인 말씀으로 무장하고 진리의 허리띠를 띠어야 함을 암시합니다. 성도는 말씀의 보호를 받아야 합니다. 말씀의 인도를 받아야 합니다.

말씀은 우리의 생명이며, 길이며, 빛이 되어 주십니다. 우리를 진리 가운데로 인도하십니다. 영생에 이르게 합니다. 지금은 밤과 같습니다. 말씀이 점점 약해지는 때입니다. 말씀을 갈급한 심령으로 받으면, 성경에 이름과 같이 그 배에서 생수의 강이 흘러나게 됩니다.

이스라엘 용사들이 술람미 여인을 호위하는 것은, 신랑 되신 예수 그리스도께 나아가는 성도(교회)를 하나님께서 돌보시고 보호하여 주심을 보여주고 있습니다. 그러므로 어떠한 어려움 속에서도 인내하며 신앙을 지켜야 합니다. 그리하여 주께서 잘했다 칭찬받는 여러분이 되시기를 주의 이름으로 축원합니다.

3. 가마(연)의 여러 모습

나와서 솔로몬 왕을 보라 혼인날 마음이 기쁠 때에 그 모친의 씌운 면류관이 그 머리에 있구나"

레바논은 이스라엘 북방에 있습니다. 레바논 나무는 백향목과 잣나무로 유명합니다. 솔로몬 왕궁과 그 당시 건축한 성전도 레바논 나무, 백향목을 주로 사용하였습니다. 본문은 레바논 나무로 연(輦)의 구조재로 사용하여 제작하였습니다. 기둥은 은, 바닥은 금, 자리는 자색 담으로 꾸몄습니다.

연(輦) : 히브리어 '아피리온(אַפִּרְיוֹן)'은 단순히 타고 이동하는 가마로 7절의 연과 다릅니다(교회의 예표).

레바논 나무 : 백향목이나 잣나무를 칭합니다(예수 그리스도 예표).

자기의 연 : 솔로몬의 가마입니다(예수 그리스도의 교회를 상징).

자색 : 고대 왕들의 입는 의복의 색깔이었습니다(예수 그리스도의 왕권을 예표).

예수 그리스도의 몸 된 교회를 예표하는 의미합니다.

여러분!

이 세상에서 가장 귀한 곳은 어디입니까? 가정도 중요하고, 직장도 중요하고, 사업체도 중요하지만 뭐니 뭐니 해도 가장 귀하고 보배로운 곳은 교회입니다. 왜 그럴까요? 교회는 하나님께 예배드리는 곳입니다. 천국으로 인도하는 곳이기 때문입니다. 솔로몬의 가마는 교회의 모습입니다. 술람미 여인이 타고 가는 연과 같습니다. 교회는 예수 그리스도의 머리됨의 곳입니다.

술람미 여인이 탄 가마(연)는 레바논 나무로 만들었습니다. 레바논 나무는 향기 나는 나무입니다. 그래서 백향목이라 하였습니다. 가마(연)는 곧 교회를 예표합니다. 노아의 방주는 잣나무로 지었습니다. 백향목과 잣나무는 그래서 더 귀한 나무입니다. 레바논 나무로 제작한 가마(연)는 여러 가지 장식을 하였습니다. 기둥은 은으로, 바닥은 금으로, 좌석은 자색 담입니다. 자색 담은 자색으로 된 바닥 깔개 또는 덮개입니다. 오늘날 융단 깔개와 같은 것입니다. 가마(연) 안에는 예루살렘 여자들이 사랑의 선물로 준 것이 가득하였습니다. 은은 순결성입니다. 금은 보배성입니다. 자색 담은 왕권의 색깔입니다. 이것은 그리스도께서 성도를 위해 예비하신 처소가 이와 같이 아름답고 화려함을 나타냅니다. 교회는 예수 그리스도의 보배성입니다. 예수 그리스도의 신부들을 안내할 교회는 이 세상에서 가장 보배로운 곳입니다. 구약 성전은 최고의 백향 나무로 지었으며, 금은으로 단장했습니다. 신약 교회는 예수 그리스도의 보배 성으로 심령 단장하는 곳입니다.

교회의 모습

교회는 지상에서 볼 수 있는 천국의 모형입니다.

교회는 지상에서 하나님의 축복의 통로입니다.

교회는 지상에서 가장 귀한 보배성입니다.

교회는 지상에서 하나님과 만나는 신약의 지성소입니다.

교회는 지상에서 유일한 예배처입니다.

여러분!

교회는 예수 그리스도의 신부들이 타고 가는 가마와 같습니다. 솔로몬은 가장 사랑하는 술람미를 위해 연을 보냈습니다. 예수님은 가장 사랑하는 성도들을 위해 몸 된 교회를 세우셨습니다.

예수님은 어떠한 경우에도 교회를 세우십니다. 보호하시고, 지키시고, 함께하십니다. 성도는 항상 성결하고 경건해야 합니다. 그리하여 혼인예식에 언제든지 참여할 준비가 되어 있어야 합니다.

오늘 본문은 솔로몬의 결혼식을 통해 예수 그리스도와 성도의 아름다운 혼인잔치를 나타내주고 있습니다. 우리 모두는 예수님의 사랑스러운 신부들입니다. 신부 단장 잘하여 어린양의 혼인잔치에 참여하시기를 주의 이름으로 축원합니다.

제4장 신부의 아름다운 찬미

내 사랑 너는 어여쁘고도 어여쁘다 너울 속에 있는 네 눈이 비둘기 같고 네 머리털은 길르앗 산 기슭에 누운 무리 염소 같구나

네 이는 목욕장에서 나온 털 깎인 암양 곧 새끼 없는 것은 하나도 없이 각각 쌍태를 낳은 양 같구나

네 입술은 홍색실 같고 네 입은 어여쁘고 너울 속의 네 뺨은 석류 한 쪽 같구나

네 목은 군기를 두려고 건축한 다윗의 망대 곧 일천 방패, 용사의 모든 방패가 달린 망대 같고 네 두 유방은 백합화 가운데서 꼴을 먹는 쌍태 노루 새끼 같구나

날이 기울고 그림자가 갈 때에 내가 몰약산과 유향의 작은 산으로 가리라

나의 사랑 너는 순전히 어여뻐서 아무 흠이 없구나

나의 신부야 너는 레바논에서부터 나와 함께 하고 레바논에서부터 나와 함께 가자 아마나와 스닐과 헤르몬 꼭대기에서 사자 굴과 표범 산에서 내려다보아라

나의 누이, 나의 신부야 네가 내 마음을 빼앗았구나 네 눈으로 한 번 보는 것과 네 목의 구슬 한 꿰미로 내 마음을 빼앗았구나

나의 누이, 나의 신부야 네 사랑이 어찌 그리 아름다운지 네 사랑은 포도주에 지나고 네 기름의 향기는 각양 향품보다 승하구나

내 신부야 네 입술에서는 꿀 방울이 떨어지고 네 혀 밑에는 꿀과 젖이 있고 네 의복의 향기는 레바논의 향기 같구나

나의 누이, 나의 신부는 잠근 동산이요 덮은 우물이요 봉한 샘이로구나

네게서 나는 것은 석류나무와 각종 아름다운 과수와 고벨화와 나도초와 나도와 번홍화와 창포와 계수와 각종 유향목과 몰약과 침향과 모든 귀한 향품이요

너는 동산의 샘이요 생수의 우물이요 레바논에서부터 흐르는 시내로구나

북풍아 일어나라 남풍아 오라 나의 동산에 불어서 향기를 날리라 나의 사랑하는 자가 그 동산에 들어가서 그 아름다운 실과 먹기를 원하노라.

신부 모습 찬미

내 사랑 너는 어여쁘고도 어여쁘다 너울 속에 있는 네 눈이 비둘기 같고 네 머리털은 길르앗 산 기슭에 누운 무리 염소 같구나 네 이는 목욕장에서 나온 털 깎인 암양 곧 새끼 없는 것은 하나도 없이 각각 쌍태를 낳은 양 같구나 네 입술은 홍색실 같고 네 입은 어여쁘고 너울 속의 네 뺨은 석류 한 쪽 같구나 네 목은 군기를 두려고 건축한 다윗의 망대 곧 일천 방패, 용사의 모든 방패가 달린 망대 같고 네 두 유방은 백합화 가운데서 꼴을 먹는 쌍태 노루 새끼 같구나

술람미 여인은 솔로몬 왕을 맞이하기 위해 어여쁘게 단장을 합니다. 너울 쓴 그 모습이 얼마나 아름다웠던지 그 아름다움을 극찬합니다. 일곱 가지 모습을 찬미합니다. 눈, 머리털, 이, 입술, 뺨, 목, 가슴입니다. 본문은 외적 용모를 통해 비유방법으로 아름다운 품성까지 칭찬하고 있습니다. 이 7가지 품성에 대해 살펴보면서 영적 의미를 살펴보고자 합니다.

1. 눈과 머리털

1절 "내 사랑 너는 어여쁘고 어여쁘다 너울 속에 있는 네 눈이 비둘기 같고 네 머리털은 길르앗 산기슭에 누운 무리 염소 같구나"

너울 : 히브리어 '차마(צמה)' 입니다. 면박으로 여인들이 얼굴을 가리는 데 쓰는 '베일' 을 가리킵니다.

길르앗산 : 요단강 동편의 해발 650m 고산지대입니다. 넓게는 헤르몬산 남쪽지역을 가리킵니다. 좁게는 요단강 동편 북쪽으로 야르묵 강에서 남쪽으로 헤스본 사이의 거대한 초원을 가리킵니다.

머리털 : 복음적으로 여인의 머리털은 순종을 의미합니다(호크마 주석).

성도의 겸손과 순종은 모든 미덕의 근본이며, 신앙인이 지녀야 할 덕목임을 의미합니다.

여러분!

술람미 여인의 눈빛은 비둘기 같이 온화하고 순결합니다. 비둘기는 자주 하늘을 쳐다봅니다. 비둘기는 온유하고, 순결하고, 평화를 나타냅니다.

예수님께서는 제자들을 세상으로 보내시면서, "보라, 내가 너희를 보냄이 양을 이리 가운데 보냄과 같도다. 그러므로 너희는 뱀같이 지혜롭고 비둘기같이 순결하라"(마 10:16)고 하셨습니다. 우리의 신앙은 비둘기같이 순결하여야 합니다. 겸손히 하나님을 경배하며, 신령한 눈으로 예수님을 바라보기를 바랍니다.

마 5:8 "마음이 청결한 자는 복이 있나니 저희가 하나님을 볼 것임이요"

청결한 마음과 눈으로 하늘을 바라보는 자가 하나님을 보게 됩니다. 세상을 향한 눈은 땅만 바라보게 됩니다. 하와는 선악과를 사탄에 속아 세상 안목으로 바라보니 보암직도 하고, 먹음직도 하여 따먹었습니다.

가인은 세상 것을 바라보고 제사 드리다, 동생 아벨을 죽였습니다. 에서는 장자권 축복을 귀히 여기지 아니하고, 팥죽 한 그릇에 눈이 멀었습니다. 가룻유다는 이 땅에 물질을 바라보다가 예수님을 은 30에 팔았습니다. 아나니아와 삽비라는 세상 물질을 탐하다가 성령을 거슬린 죄로 죽었습니다. 이 세상을 바라보는 눈은 땅의 것만 바라보게 되어 있습니다. 하늘에 신령한 것을 바라보는 눈으로 하늘의 영원한 기업을 바라보는 자가 되어야 합니다.

여러분!

위에 것을 바라보십시오! 하늘을 우러러보는 눈을 가지십시오! 하나님 나라를 바라보는 눈이 되길 바랍니다! 영안이 열린 신령한 눈을 가지시기를 바랍니다.

1절 하반절 "… 네 머리털은 길르앗 산기슭에 누운 무리 염소 같구나"

민수기 32장에 가나안 땅으로 가던 열두 지파 가운데 르우벤 자손과 갓 자손이 길르앗 땅을 본즉 너무나 기름져서 가나안 땅으로 가지 않고, 그 땅을 기업으로 달라고 하였습니다. 그들이 출애굽을 한 후 40년 동안 광야를 지나온 것은 약속의 땅인 가나안 땅을 기업으로 얻기 위함인데, 그 땅을 포기하고 길르앗 땅을 기업으로 달라고 한 것을 볼 때 길르앗 땅이 얼마나 아름답고 좋은 땅이었나를 짐작해 볼 수 있습니다.

길르앗산은 요단강 동편에 있는 넓은 산지입니다. 북은 바산에서, 남은 압몬에 이르는 해발 650m의 고원의 비옥한 지대입니다.

그 길르앗 땅은 기름지고 비옥해서 늘 목초가 풍성했고, 그 풍성한 목초를 먹고 사는 길르앗산 염소는 털이 기름지고 윤기가 났습니다. 햇빛이 비칠 때 검고 기름진 염소들이 무리를 지어서 길르앗 산기슭에 누워 있는 모습은 참으로 아름다웠습니다. 사랑하는 술람미 여인의 구불구불하고 검은 머리털이 마치 그와 같다는 것입니다.

본문의 머리털은 하나님께 대한 헌신을 의미합니다. 또한 순종을 의미합니다. 그리고 긴 머리털은 영광의 상징이기도 합니다.

◎ 막달라 마리아(눅 7:44-47)

자기 머리털로 예수님의 발을 씻겼을 때 그녀의 머리털은 아름다운 순종으로 드리웠습니다. 주님의 장사를 예비한 머리털이었습니다.

◎ 삼손(삿 16:17)

삼손의 머리는 나실인으로 길게 길렀습니다. 그는 이스라엘의 사사였습니다. 그러나 구별된 머리털을 부정한 여인에게 맡겨 머리카락이 잘렸을 때 그는 아무런 힘을 쓰지 못하게 되었고, 눈이 빼어 맷돌을 가는 처량한 신세가 되고 말았습니다. 나중에 머리가 자라나서 블레셋의 경기장에서 중심 기둥을 밀어 수많은 사람들을 죽였습니다.

여러분!

술람미 여인의 고운 눈은 비둘기같이 온유하고 순결했습니다. 윤기 있는 머리털은 산기슭에 누운 무리 염소 같이 아름답게 출렁이었습니다. 여기서 머리털은 순종과 겸양을 나타냅니다. 긴 머리는 헌신과 복종을 나타냅니다. 성도의 신앙은 온유와 순결과 헌신과 순종의 신앙을 가질 때 아름답습니다. 이러한 신앙으로 주님의 사랑을 흠뻑 받을 수 있는 여러분이 되시기를 축원합니다.

2. 이와 입술(입)과 뺨

신부의 눈은 비둘기같이 온유하고 순결했으며, 윤기 있는 머리털은 길르앗 산기슭에 누운 무리 염소들과 같았습니다. 신부의 이는 막 목욕탕에서 나온 털 깎인 암양과 같이 희고 고르며, 입술은 붉은 홍색실과 같습니다. 뺨은 석류 한 쪽처럼 붉고 예쁩니다.

털 깎인 양 : 양이 털을 깎으며 모양새는 좋지 않으나, 4일이 지나 씻
어주면 눈과 같이 흰색을 띤다고 합니다.
쌍태 : 한 태에 있는 두 새끼 즉, 쌍둥이를 칭합니다.

솔로몬은 신부의 치아를 양에 비교하면서 털 깎인 후 눈처럼 희고, 고르고, 가지런함을 칭송합니다. 입술은 붉고 숨겨진 비밀을 복음에 담고 있습니다.

여러분!
술람미 여인의 치아는 목욕탕에서 나온 양처럼 정결합니다. 성도는 말씀과 기도로 영적 치아를 잘 닦아서 정결을 유지해야 합니다. 이가 균형이 있고, 튼튼하면 무슨 음식이든지 잘 씹어서 먹고 소화할 수 있습니다. 그러므로 영적 치아가 튼튼하고 건강해서 하나님 말씀을 잘 먹고 소화할 수 있어야 합니다.

털 깎인 암양처럼 나의 방법과 의지를 버리고 주님 뜻에 순복하는 것입니다. 나의 육적인 생각을 버리고 주님 뜻에 따르는 것입니다. 내 수단을 억제시키고 주님 뜻에 따르는 것입니다. 내 성정을 억제시키고 주님 뜻에 순복하는 것입니다.

내 모습에서 세상적이고, 정욕적인 육신의 털을 깎아내야 합니다.

3절 "네 입술은 홍색실 같고 네 입은 어여쁘고 너울 속의 네 뺨은 석류 한 쪽 같구나"

입술 : 생명력을 의미합니다(이상근).

홍색실 : 실에다 심홍(琛紅)의 물감을 들인 것입니다. 성막(출 25:4, 26:1), 휘장, 안장, 제사장의 의복(출 28:5), 정결의식(레 14:4) 등에 다양하게 사용되었습니다.

홍색 : 예수님의 속죄의, 피의 복음을 나타낸다고 하였습니다(박윤선).

입술의 홍색 : 입이 붉고 생기 있는 모습입니다.

술람미 여인은 입술이 진홍색으로 유난히 붉은 것은 건강미가 있고, 생명력이 넘침을 의미합니다. 즉, 성도의 말은 아름답고 생명력이 넘쳐 나야 함을 의미합니다. 여자들이 화장을 할 때 먼저 기초화장을 하고, 눈썹을 그리고, 마지막으로 입술을 그립니다. 얼굴에 파운데이션을 바르고 눈에 아이섀도를 칠하여도 루주(rouge)로 입술을 그리지 않으면 안 되지요. 술람미 여인은 "입술은 홍색실 같고, 네 입은 어여쁘고"라고 했습니다. 여기서 그의 입은 그의 입 모양과 더 나아가서 그의 말을 의미합니다. 입술도 예쁘지만 그의 입에서 나오는 말이 더 예뻤다는 것입니다. 입술이 복되게 하려면 그 말이 복되어야 합니다. "너울 속의 네 뺨은 석류 한 쪽 같구나." 술람미 여인은 뺨이 석류 한 쪽처럼 예뻤다는 것입니다. 곱고 매력적인 모습입니다. 뺨은 부끄러움을 나타내는 부분이지만 복음적으로 순결을 의미합니다. 성도는 순결한 신앙을 가져야 함을 뜻합니다. 석류는 그 속에 알맹이가 수없이 껍질 안에 총총히 박혀있습니다. 그 속 알맹이는 참으로 투명하고 붉은 보석이 가득 담긴 모습입니다. 신앙의 풍요롭고, 아름다움을 암시합니다. 술람미 여인의 아름답고 풍요로운 뺨을 살짝 가려서 연인 솔로몬만이 볼 수 있도록 하는 암시로, 너울 속의 은은한 아름다움을 묘사하고 있습니다. 성도의 신앙도 순결하고, 말씀과 기도로 어여쁘고 아름다워지기를 주의 이름으로 축원합니다.

3. 목과 가슴

4-5절 "네 목은 군기를 두려고 건축한 다윗의 망대 곧 일천 방패, 용사의 모든 방패가 달린 망대 같고 네 두 유방은 백합화 가운데서 꼴을 먹는 쌍태 노루 새끼 같구나"

망대는 구약시대에 들판의 포도원 가장자리 또는 성벽 모퉁이 등에 높게 세운 탑을 가리킵니다. 포도원이나, 성읍을 침입하는 도적이나 대적을 감시하는 곳이기도 하며, 무기를 보관하는 장소이기도 합니다. 이는 견고한 신앙의 모습을 상징합니다. 백합화는 아름다운 향기를 내뿜는 꽃입니다. 그 가운데 꼴을 먹는 한 태에서 난 두 마리 노루 새끼 모습처럼 감추어진 두 가슴을 시적으로 표현한 것입니다.

목 : 믿음을 의미합니다(이상근).

망대 : 일반적으로 망루를 뜻합니다(여인의 긴 목을 상징합니다).

일천 방패 : 방패는 창이나 칼을 막는 쇠로된 방어막입니다. 일천은 수 많음을 의미합니다.

두 유방 : 두 젖가슴으로 생명을 의미합니다(이상근).

노루 새끼 : 성도를 의미합니다(박윤선). 복음을 전하기 위해 부지런히 뛰는 모습을 상징합니다.

우리 모두 믿음으로 말씀의 검과 의의 병기로도 전도하는 삶을 살아야 함을 의미합니다.

여러분!

많은 주석가들이 목은 인품이나 성품을 나타낸다고 합니다. 그 사람의 품성이나 인격을 의미한다고 합니다. 특별히 여인의 긴 목은 가냘프면서도 고상하고 우아합니다. 그리고 긴 목은 단아하고 아름답습니다. 목이 긴 여인을 사슴에 비유하기도 합니다. 곧은 목은 신앙의 절개가 곧고 견고함을 나타냅니다. 술람미 여인의 목을 다윗의 망대에 비유하고 있습니다. 망대가 하는 역할은 사방을 감시하고 경계하는 것입니다. 그러므로 망대는 견고하고 높아야 합니다. 우리의 영적 신앙도 굳건하고 견고해야 함을 뜻합니다. 사탄의 궤계를 물리치려면 신앙에 굳게 서있어야 합니다. 높고 숭고한 망대 같은 믿음을 소유하시기를 바랍니다.

단 3:17-18 "만일 그럴 것이면 왕이여 우리가 섬기는 우리 하나님이 우리를 극렬히 타는 풀무 가운데서 능히 건져 내시겠고 왕의 손에서도 건져 내시리이다 그리 아니하실지라도 왕이여 우리가 왕의 신들을 섬기지도 아니하고 왕의 세우신 금 신상에게 절하지도 아니할 줄을 아옵소서"

신앙에는 죽으면 죽으리라는 굳건한 믿음이 있어야 합니다. 다윗의 망대는 왕궁 가까이 우뚝 솟아있습니다. 수많은 방패가 둘러쳐있고, 군기들이 나열되어 있습니다. 신앙의 굳건한 모습을 나타냅니다. 어떠한 대적에도 물러서지 않는 믿음입니다. 견고하고 굳건한 믿음을 가지시기를 바랍니다.

5절 "네 두 유방은 백합화 가운데서 꼴을 먹는 쌍태 노루 새끼 같구나"

술람미 여인의 우아하고 아름다운 유방을 백합화 가운데 꼴을 먹는 쌍태 노루 새끼에 비유하고 있습니다. 술람미 여인의 아름다운 목아래 감추어진 아담하고 우아한 두 유방을 시적으로 표현한 것입니다.

꼴 : 짐승의 먹이풀입니다. 말씀을 상징합니다.
노루 새끼 : 영양을 가리킵니다. 모양이 우아하고 쉽게 놀라지만, 빨리 달리는 짐승입니다. 복음을 부지런히 전하는 모습의 성도를 의미합니다(박윤선).

성도가 전도하며 복음을 전하는 부지런한 모습을 의미합니다.

여러분!
성도는 교회에서 하나님 말씀을 잘 듣고, 잘 먹어서 모든 사람에게 전도하는 일을 하여야 합니다. 성도는 사명을 잘 감당해야 합니다. 말씀과 기도로, 믿음과 소망으로, 사랑으로 복음을 잘 전파하여야 합니다.

엄마 젖을 먹는 아이

영국의 정신의학자인 메라니 클라인은 모유를 먹고 자라는 아이와 우유를 먹고 자라는 갓 태어난 아이에게는 엄마의 젖이 가장 소중합니다. 하나님의 말씀도 살아있는 말씀, 역동적인 말씀, 생명력이 있는 건강한 젖으로 잘 먹어야 합니다.

벧전 2:2 "갓난아이들같이 순전하고 신령한 젖을 사모하라 이는 이로 말미암아 너희로 구원에 이르도록 자라게 하려함이라"

갓난아이같이 순전하고 신령한 젖 곧 말씀을 사모하여야 합니다.

여러분!

온유하고 순종과 겸양의 덕을 가지시기를 바랍니다. 그리고 갓난아이같이 순전하고 신령한 젖을 사모하기 바랍니다. 치아가 가지런하고 튼튼하여 어떤 음식이든 잘 먹듯이, 때로는 난해한 말씀도 잘 먹고 소화하십시오. 그리하여 말씀으로 풍성하기 바랍니다. 풍성한 말씀으로 전도하며, 선교하시기 바랍니다. 그리하여 주님이 기뻐하시는 전도자의 삶을 살아가시기를 주의 이름으로 축원합니다.

날이 기울고 그림자 갈 때

날이 기울고 그림자가 갈 때에 내가 몰약산과 유향의 작은 산으로 가리라

하루의 시작으로 아침이 오고 낮이 지나면 하루의 끝으로 밤이 옵니다. 인생도 태어나 어린 시절과 청장년이 지나면 노년기가 찾아옵니다. 그리고 인생은 언젠가는 죽음이 있습니다. 인생의 끝이 있듯이 시대 종말이 있는 것입니다. 지금은 종말의 때입니다. 몰약산은 순교적 신앙이라면, 유황산은 희생과 고난의 신앙입니다. 우리가 젊을 때 신앙생활을 잘하여 열심 있고 충성하고, 늙어도 종려나무처럼 올 곧은 믿음으로 지켜가야 합니다. 어떤 상황이라도 흔들리지 아니하는 그런 신앙이어야 합니다.

1. 낮이 지나고 밤이 옴

6절 "날이 기울고 그림자가 갈 때에 …"

아침이 되고 긴 한낮이 지나며, 석양이 지고 밤이 옵니다. 인생도 이와 같습니다. 인생의 종말과 시대의 종말이 있습니다.

날이 기울고 : 해가 지고 밤이 오는 때, 즉 영적으로는 종말의 때입니

다(2:17).

그림자 갈 때에 : 밤이 오는 것으로 때가 다 되어가는 것을 의미합니다. 해가 지고 밤이 오듯 시대의 종말이 있음을 의미합니다.

여러분!

우리의 인생은 아침이슬처럼 쉬이 없어집니다.

한순간 있다가 없어지는 안개와 같습니다.

시 90:10 "우리의 년 수가 칠십이요 강건하면 팔십이라도 그 년 수의 자랑은 수고와 슬픔뿐이요 신속히 가니 우리가 날아가나이다"

인생은 날아가듯 신속히 지나간다는 것입니다. 뜬 구름처럼 있다가 없어지는 것과 같습니다. 옛말에 화무십일 권불십년(花無十日 權不十年)이라는 말이 있습니다. 아무리 아름다운 꽃도 열흘이 지나면 지고, 아무리 높은 권세라도 십년 이상 지나면 기우는 것입니다. "풀은 아침에 꽃이 피어 자라다가 저녁에는 벤 바 되어 마르나이다"(시 90:6)고 했습니다. 영원이란 관점에서 보면 인생은 너무나 짧고 유한합니다. 짧은 인생이기에 불신앙으로 살아가지 말고, 하나님을 섬기고 경외하며 살아가야 합니다.

전 12:1 "너는 청년의 때 곧 곤고한 날이 이르기 전, 나는 아무 낙이 없다고 할 때가 가깝기 전에 너의 창조자를 기억하라"

청년의 때에 신앙생활을 잘하여야 합니다. 늙어지면 모든 것이 곤고해집니다. 우리는 나그네 같은 인생들입니다. 잠시 머물 이 땅에 지나치게 집착하지 마시고, 저 천성을 향해 날마다 나아가기 바랍니다.

너무 늦기전에 신앙생활 하여야 합니다.

해가 뜨고 한 낮이 지나 저녁이 올 때면 해는 서산에 기울고 산 그림자가 길게 드리웁니다. 6절 상반 절 "날이 기울고 그림자 갈 때에…." 날이 기울다는 것은 종말을 의미하지만, 날이 기울면 곧 새날(재림)이 옵니다. 그러므로 날이 기울 때 새 날을 소망해야 합니다. 그림자 갈 때는 시대적 종말이 있음을 말합니다. 종말이 지나면 주의 재림이 있음를 의미합니다.

시 102:11 "내 날이 기울어지는 그림자 같고 내가 풀의 쇠잔함 같으니이다"

시 109:23 "나의 가는 것은 석양 그림자 같고 …"

히 8:5 "저희가 섬기는 것은 하늘에 있는 것의 모형과 그림자라 …"

이 땅의 육신적인 삶은 그림자 같고 허상(虛像)이지만, 실체(實體)이신 예수님이 다시 오실 때는 모든 것이 실상(實像)으로 나타납니다. 이때는 우리의 육신도 변화체가 됩니다. 진정한 의미의 참모습입니다. 그러므로 예수 안에 있게 되면 그분의 실상 안에 영원히 있게 되는 것입니다.

벧전 1:24-25 "그러므로 모든 육체는 꽃과 같고 그 모든 영광이 풀과 같으니 풀은 마르고 꽃
은 떨어지되 오직 주의 말씀은 세세토록 있도다 하였으니 너희에게 전한 복음
이 곧 이 말씀이니라"

모든 육체는 꽃과 풀이 마르는 것과 같지만, 하나님의 말씀은 세세토록 있게 되는 것입니다.

계 1:8 "주 하나님이 가라사대 나는 알파와 오메가라 이제도 있고 전에도 있었고 장차 올 자

다시 오실 주님을 소망하며 믿음으로 살아갈 때 하나님 나라가 현세에도, 미래에도 임하실 줄 믿으시기 바랍니다. 이러한 참 소망 가운데 살아가기를 주의 이름으로 축원합니다.

2. 고난의 몰약산

6절 "… 내가 몰약산과 …"

몰약은 고귀한 향품으로 동방박사들이 아기예수께 드린 예물 중 하나였습니다(마 2:11). 몰약은 관유를 제조(출 30:23)하는 데 사용되었고, 향기가 좋아 옷이나 침상에 뿌렸습니다. 아 1:13에서는 향주머니에 넣어 여인들의 품에 간직하기도 하였습니다. 또 여인의 몸을 정결케 하는데 사용(에 2:12)했습니다.

내가 : 솔로몬을 가리킵니다(예수님을 의미).

몰약 : 나무의 껍질을 벗겨서 얻어내는 액으로 쓴맛이 있으나, 향료로 사용됩니다. 이는 예수 그리스도의 십자가의 수난과 죽음을 의미합니다.

여러분!

몰약은 쓰고 향료로 사용되는 향품입니다. 때로는 방부제로 포도주에 섞어 진통제로 사용하기도 합니다. 마 2:11에서 아기예수 탄생 때 동방박사들이 선물로 가져왔습니다. 요 19:39에서 예수님이 십자가에 못 박혀 피 흘려 죽으시고 장사되었을 때 니고데모가 시체의 보존을 위해 가져왔습니다.

본문에서 솔로몬은 몰약산으로 갔습니다. 예수님께서는 죄 없이 갈보리산으로 십자가를 지시고 가셨습니다.

예수님은 갈보리산 언덕위에서 십자가에 못 박혀 죽으셨습니다. 온 인류의 죄를 속량하시기 위해 십자가에서 죽으셨습니다.

인류의 구원을 위해 십자가에서 피 흘려 죽으셨습니다. 그 십자가는 인류의 구원이요, 또한 하나님의 능력입니다.

고전 1:18 "십자가의 도가 멸망하는 자들에게는 미련한 것이요 구원을 얻는 우리에게는 하나님의 능력이라"

죄 없으신 예수님께서 죄인의 자리까지 내려오셔서 십자가에 피 흘려 죽으시고, 온 인류를 구원하셨습니다.

찬송가 281장 1절

아무 흠도 없고 거룩 거룩하신
하나님의 어린양이 죽임을 당했네.

마 27:28-31 : "그의 옷을 벗기고 홍포를 입히며 가시 면류관을 엮어 그 머리에 씌우고 갈대를 그 오른손에 들리고 그 앞에서 무릎을 꿇고 희롱하며 가로되 유대인의 왕이며 평안 할찌어다 하며 그에게 침 뱉고 갈대를 빼앗아 그의 머리를 치더라 희롱을 다한 후 홍포를 벗기고 도로 그의 옷을 입혀 십자가에 못 박으려고 끌고 나가니라"

주님의 몸은 온통의 피로 범벅이 되셨습니다. 머리에서부터 발까지 피로 얼룩졌습니다. 왜 주님은 이러한 큰 고통을 받으셔야만 했나요? 죄로 말미암아 죽을 수밖에 없고 지옥 고통을 받을 수밖에 없는 인간들을 구원하시기 위하여 저주의 십자가에서 고통을 당하시고 죽으셔야만 했습니다.

솔로몬은 몰약산으로 갔습니다. 예수님께서 인간의 고통을 대신 짊어지시고 갈보리산으로 가셨습니다. 예수님께서는 우리를 죄에서, 죽음에서, 사망에서 건지시기 위해 몰약산, 그 갈보리산으로 가셨습니다.

찬송가 135장 1절

갈보리산 위에 십자가 섰으니 주가 고난을 당한 표라. 험한 십자가를 내가 사랑함은 주가 보혈을 흘림일세.

최후 승리를 얻기까지 주의 십자가 사랑하리. 빛난 면류관 받기까지 험한 십자가 붙들겠네.

주님은 지금 갈보리 산(몰약산) 언덕의 골고다에서 우리를 만나기를 원하십니다. 그분이 몸소 어린양 제물이 되신 그 고난의 산에서 우리와 같이 은밀한 교제를 나누시기를 원하십니다. 날이 기울어가고 땅거미처럼 어둠이 깔린 이 세상은 점점 어두워 갑니다. 우리 모두 십자가 앞에 나아가 새 창조의 삶을 살아야 빛 가운데 거합니다. 지금은 종말의 때입니다. 기름을 준비한 지혜로운 다섯 처녀와 같이 신랑 되신 주님을 맞이할 준비를 해야 할때 입니다. 어서 기름을 준비하고, 등불을 준비해야 할 때입니다.

벧전 4:7 "만물의 마지막이 가까웠으니 그러므로 너희는 정신을 차리고 근신하여 기도하라"

벧후 3:12 "하나님의 날이 임하기를 바라보고 간절히 사모하다 …"

본문에서 날이 기울고 그림자가 갈 때에 몰약산으로 가리라 하였습니다. 몰약산은 내 자신을 포기하고, 내 자신을 희생하는 삶을 말합니다. 솔로몬이 몰약산으로 갔습니다. 예수님께서 갈보리산으로 가셨습니다. 우리는 이제 갈보리산을 향해 가야 합니다. 각자의 십자가를 지고 그 길을 가야 합니다.

3. 유향의 작은 산

6절 "… 유향의 작은 산으로 가리라"

성경에 나오는 유향은 홍해연변의 유향나무에서 진액을 채취한 향료입니다. 주산지는 스바나 길르앗입니다. 강한 향기가 있는 귀한 향료입니다. 유향은 기도의 상징으로 표현하기도 합니다(시 141:2, 계 8:3).

유향 : 감람과의 상록교목인 유향 나무 줄기에서 채취한 우윳빛 수지의 향료입니다.
산 : 교회를 의미합니다(이상근, 풀빛 주석).

성도가 한적한 교회에서 기도함을 의미합니다.

여러분!

성도는 예수님과 항상 교제의 삶을 가져야 합니다. 교회는 주님의 몸된 곳입니다. 교회는 기도의 처소입니다. 교회는 예배의 처소입니다. 주님과 교제의 삶을 원한다면 기도와 말씀 그리고 찬양을 드리기 바랍니다. 성도는 십자가 그늘 아래 쉼을 얻고, 새 창조의 삶을 살아가야 합니다. 그리고 하나님 나라에 합당한 삶을 살아가기 위해, 기도의 삶, 찬양의 삶, 말씀묵상의 삶, 교회 중심의 삶을 살아가야 합니다.

솔로몬은 유향 산으로 갔습니다. 우리는 늘 가까이 계시는 예수님을 바라보며 그에게 나아가야 합니다. 마 8:23-27에서 예수님은 제자들과 한 배를 타고 있었습니다. 예수님은 자고 있었고, 갑자기 큰 풍랑이 일었습니다. 큰 위기를 만난 것입니다. 제자들은 "주여, 구원하소서. 우리가 죽겠나이다." 그때 예수님은 일어나셔서 바람과 바다를 꾸짖었습니다. 그러자 곧 잔잔해졌습니다. 제자들은 죽음의 고비에서 살아났습니다. 이 세상은 언제나 크고 작은 풍랑이 입니다. 큰 풍랑은 큰 위기들입니다. 이럴 때 우린 어떻게 해야만 합니까? 예수님께 구해야 합니다. 예수님만이 우리 길을 평탄케 해주십니다. 어떤 풍랑이라도 잔잔케 하시는 주님을 의지하기 바랍니다.

행 3:6-8에 성전미문에서 구걸하는 앉은뱅이가 나옵니다. 베드로와 요한이 성전미문 앞에서 구걸하는 그에게 베드로가 "… 은과 금은 내게 없거니와 내게 있는 것으로 네게 주노니 곧 나사렛 예수 그리스도의 이름으로 걸어라" 하였더니 곧 일어나 뛰고 걸었습니다. 지금도 예수 이름으로 기도하는 자에게 응답해 주십니다.

요 6:1-15에 큰 무리가 예수께 나아와 말씀을 들었습니다. 그런데 먹을 것이 없습니다. 큰 위기 앞에 제자들은 걱정만 합니다. 예수님은 어린 아이가 가지고 온 보리떡 다섯 개와 물고기 두 마리로 축사하시고 나누어주니 5천명을 먹이고도, 12광주리가 남는 이적을 베푸셨습니다.

주께서는 우리의 형편을 아시고, 지키시고, 보호하시고, 도와주십니다. 솔로몬은 술람미를 위해 유향 산으로 갔습니다. 예수님은 죽음을 앞두고 겟세마네 동산으로 가셨습니다. 우리를 구원하시기 위해 땀방울이 핏방울이 되도록 밤새 기도하셨습니다.

본문을 통해 솔로몬은 우리를 구원하신 예수 그리스도의 예표성을 나타냅니다. 우리의 신앙은 오직 예수님만 바라보며 나아가야 합니다. 그리하면 우리를 고통에서 해결해 주시고, 보호하시고 지켜주십니다. 그러므로 전심으로 기도하며 예수 중심의 삶을 살기를 바랍니다.

주님을 만나려면 갈보리산 십자가 앞으로 나아가야 합니다. 주님을 뵈려면 기도의 향을 피워야 합니다.

살전 5:17 "… 쉬지 말고 기도하라 …"

성도는 주께 항상 기도하며 찬양의 삶을 살아가야 합니다. 바로 이러한 삶이 주님과 동행하는 삶입니다. 주님과 교제하는 삶입니다. 주님과 함께하는 삶입니다. 곧 연합의 삶입니다. 주님 다시 오시는 그날까지 몰약산과 유향의 작은 산과 같은 고난을 이기고 주님과 영육간 교제를 나누며, 그 사랑 안에서 온전히 거하시기를 주의 이름으로 축원합니다.

사랑의 동행

나의 사랑 너는 순전히 어여뻐서 아무 흠이 없구나 나의 신부야 너는 레바논에서부터 나와 함께 하고 레바논에서부터 나와 함께 가자 아마나와 스닐과 헤르몬 꼭대기에서 사자 굴과 표범 산에서 내려다보아라 나의 누이, 나의 신부야 네가 내 마음을 빼앗았구나 네 눈으로 한 번 보는 것과 네 목의 구슬 한 꿰미로 내 마음을 빼앗았구나

솔로몬은 술람미 여인에 대한 호칭을 나의 사랑(1:7), 내 사랑(1:9, 4:1), 나의 비둘기라고 불렀습니다. 본문에 이르러 나의 신부라는 호칭을 사용합니다. 솔로몬은 술람미 신부를 너무 사랑하며, 강도 높은 칭찬을 아끼지 않습니다. 그리고 이제는 결혼을 하여 한몸이 되었으니 몸과 마음뿐만 아니라 모든 것에서 옛것을 잊어버리고 오직 자신과 함께하기를 원합니다. 혹자는 본문을 신혼여행으로 묘사합니다. 사랑의 동반을 함께하는 마음으로 살펴보면서 은혜를 나누고자 합니다.

1. 순전한 사랑의 동행

7절 "나의 사랑 너는 순전히 어여뻐서 아무 흠이 없구나"

1-5절에서 술람미 여인의 얼굴과 목과 가슴의 아름다움을 칭찬하였습니다. 본문에서는 그녀 전체가 아름답고, 어여쁘다고 표현합니다. 솔로몬은 신부 술람미의 아름다움에 그 마음이 완전히 **빼앗겨버린** 상태입니다.

나의 사랑 : 내 사랑아(KJV), 내 귀여운 짝이여(공동번역)로 번역되었습니다.

순전히 : 원문의 뜻은 ('콜라크'), '모든', '전부'를 뜻합니다. '그녀 전체가', '그녀 전부가', '그녀 모든 것'을 의미합니다.

어여뻐서 : 원문의 뜻은('아파'), '매력적이다', '아름답다'의 뜻입니다. 성도의 신앙의 아름다움을 시적으로 표현한 것입니다.

아무 흠이 없구나 : 흠과 티가 없는 신앙의 모습입니다.

신앙의 아름다운 모습이 흠과 티가 없어서 성결함을 의미합니다.

여러분!

솔로몬은 술람미 여인의 빼어난 미모의 아름다움과 풍겨나는 외모의 모든 것의 어여쁨과 그 마음의 아름다움이 온통 솔로몬의 마음을 사로잡아 버렸습니다. 그리고는 신부의 모습에 아무 흠과 티가 없어 어여쁘다고 합니다. 예수님은 죄인이었던 보잘것없는 우리를 십자가에 죽기까지 사랑하셨습니다. 회개의 신앙으로 살아가는 모습을 보시고 순전하고 아무 흠이 없다고 하십니다. 성결한 모습을 보시고 성도를 너무너무 사랑하십니다.

롬 3:24 "그리스도 예수 안에 있는 구속으로 말미암아 하나님의 은혜로 값없이 의롭다 하심을 얻은 자가 되었느니라"

예수님은 우리를 구속하여 주시고 하나님 백성으로 살아가게 하셨습니다. 값없이 의롭다 하시고 인정해 주신 것입니다.

예수님은 우리의 학벌을 보시지 아니하시고, 우리의 재력을 보시지 아니하시고, 화려한 세상 경력과 명예와 지위를 보시지 아니하십니다. 흠 없고 순전한 믿음을 보십니다.

이 세상의 삶은 어떻게 보면 남에게 잘 보이려고 꾸미고 화장을 하는 삶입니다. 여인은 얼굴에 주름이나 티를 없애려고 애를 씁니다.

외모에다 온통 신경을 씁니다. 반찬 값을 줄이더라도 화장품은 삽니다. 사실은 얼굴을 가꾸는 것보다 더 중요한 것은 마음을 가꾸는 것입니다. 날마다 우리 마음을 정결케 하고 흠과 티가 없는 모습을 주님은 기뻐하십니다. 술람미 여인의 흠과 티가 없는 얼굴은 육적 화장을 해서가 아닙니다.

술람미 여인의 내외적 모습이 아름답듯이 성도는 영적 화장을 날마다 해야 합니다. 기도의 화장, 찬양의 화장, 말씀 읽기 화장, 전도 화장, 교회봉사 화장을 하면 주님이 우리 모습을 보시고 더욱 더 예뻐하십니다. 영육간 날마다 흠과 티가 없는 신앙의 삶을 살아가시기를 바랍니다.

여러분!

우리는 주님 앞에 날마다 회개하고 정결한 삶을 살아가야 합니다. 본문에서 솔로몬이 감탄조로 말합니다. "나의 사랑 너는 순전히 어여뻐서 아무 흠이 없구나"라고 하였습니다. 너무너무 어여뻐서 아무 흠이 없다는 것입니다. 성도는 신부 단장 잘하여 주님 다시 오시는 그날까지 경건의 내외적 모습으로 살아가야 합니다.

엡 5:27 "자기 앞에 영광스런 교회로 세우사 티나 주름 잡힌 것이나 이런 것들이 없이 거룩하고 흠이 없게 하려 하심이니라"

예수님 앞에 영광스런 교회를 세우사 티나 흠이 없게 하려하십니다. 성도는 티나 주름 잡힌 것이 없게 하고 성화되어야 합니다. 신앙의 흠과 티와 주름이 없도록 성결하고 경건하여야 합니다. 아무 흠 없고 순전한 참된 신앙인들이 되기를 주의 이름으로 축원합니다.

2. 함께 가는 높은 산

8절 "나의 신부야 너는 레바논에서부터 나와 함께하고 레바논에서부터 나와 함께 가자 아마나와 스닐과 헤르몬 꼭대기에서 사자굴과 표범 산에서 내려다보아라"

레바논은 팔라스틴 북부에 자리하고 있는 거대한 산악지대를 가리킵니다. 동쪽으로 시리아, 서쪽으로는 지중해, 남쪽으로는 팔레스틴 지역을 경계합니다. 이 절에서는 예루살렘 북쪽에 있는 수넴 곧 술람미 여인의 거주지를 암시적으로 나타냅니다. 이전에 살던 수넴의 산악지대를 더 이상 그리워하지 말고 그와 함께 왕도 예루살렘에서 함께 거하자고 하는 것입니다.

레바논산 : 어원인 라벤은 '희다', '깨끗하다', '성결', '승리'의 뜻입니다. 레바논 산정에는 일 년 내내 '백설'이 뒤덮여 있습니다. 상봉에 '하얀 석회암'과 조화를 이룹니다.

아마나 : '끊임없이 흐름'이란 뜻입니다. 레바논산에서 흐르는 강 중의 하나입니다(왕하 5:12). 오늘날의 바라다 강(차가운 강의 뜻)으로 제바디 남쪽 고원에서 발원하여 다메섹 성읍까지 흐릅니다. 어원의 뜻은 견고, 확고, 항구성입니다.

스닐 : '흰 산'이란 뜻입니다. 헤르몬산의 별칭으로 쓰이기도 합니다 (신 3:9). 갑옷 또는 무장의 뜻으로 쓰입니다. 팔레스틴 북부 수리아 접경에 위치한 산으로 헤르몬의 맥이기도 합니다. 여기서는 헤르몬산의 한 정상 봉우리를 가리키는 것 같습니다(대상 5:23).

헤르몬산 : '거룩한 산'이란 뜻입니다. 팔레스틴 북쪽에 위치한 해발 2,850m의 레바논의 높은 산입니다. 요단강의 수원(水源)이기도 합니다.

성도는 주님과 동행하며, 높은 신앙적 차원에서 천성을 바라보며 나아감을 의미합니다.

여러분!

우리는 구원받은 백성으로 이 땅의 삶을 살아도, 육신을 가지고 있음으로 순간순간마다 육으로 돌아가려는 욕구가 언제나 있습니다. 결혼생활은 서로가 서로를 이해하고 새 삶을 적응해야 하지만, 옛 습관과 옛 타성으로 뒤돌아가려합니다. 때로는 나태와 타성에 젖어 있습니다.

엡 4:22-24 "너희는 유혹의 욕심을 따라 썩어져가는 구습을 좇는 옛사람을 벗어버리고, 오 직 심령으로 새롭게 되어 하나님을 따라 의와 진리의 거룩함으로 지으심을 받은 새 사람을 입으라"

우리는 구원받은 하나님의 백성이 되었으므로 썩어져가는 구습과 옛 사람의 성품을 벗어버리고, 의와 진리의 거룩함으로 새 사람의 삶을 살 아가야 합니다. 레바논 흰 산으로 가는 사랑의 노정은 새로운 삶을 살아 가는 모습입니다. 경건하고 성결한 삶을 살아가는 성도의 모습입니다. 영을 좇다가 육을 좇지 말아야 하고, 주님을 섬기다가 세상을 섬기면 안 되는 것입니다. 주님 뜻대로 살다가 내 뜻대로 살아가면 안 되는 것입니 다. 주께 충성 봉사하다가 세상 열락에 빠지면 안 되는 것입니다.

갈 5:24 "그리스도 예수의 사람들은 육체와 함께 그 정과 욕심을 십자가에 못 박았느니라"

우리는 이제 육적인 것은 십자가에 못 박았으므로 육체의 소욕을 따라 살아가면 안 되는 것입니다.

롬 8:5-6 "육신을 좇는 자는 육신의 일을, 영을 좇는 자는 영의 일을 생각하나니 육신의 생 각은 사망이요 영의 생각은 생명과 평안이니라"

육신의 일은 죽음이요, 영의 생각은 생명입니다. 세상을 좇지 말고 하 늘 소망으로 살아가야 합니다.

8절 하반 절에 "… 아마나와 스닐과 헤르몬 꼭대기에서 사자굴과 표범 산에서 내려다보아라"

아마나는 견고, 확고, 아멘이라는 뜻입니다. 흔들림이 없는 변치 않는 믿음, 좌로나 우로나 치우치지 않은 믿음을 의미합니다. 성도의 신앙은 오직 예수만 바라보아야 합니다. 좌로나 우로나 치우치지 말고, 뒤도 돌아보지 말고 저 천성을 향해 전진만 해야 합니다. 소돔과 고모라의 불 심판에서 롯의 아내는 뒤돌아보다가 그만 소금기둥이 되어버렸습니다.

스닐은 레바논 지역의 가장 높은 산입니다. 헤르몬산의 별칭이기도 합니다(신 3:9). 갑옷이란 의미를 지니고 있습니다. 성도는 마귀와 싸우기 위해 하나님의 전신갑주를 입어야 합니다. 엡 6:10-17에서 마귀를 대적하기 위해서 하나님의 전신갑주를 입으라 하셨고, 취하라 하셨습니다. 그리고 하나님의 말씀을 가져라 하셨습니다. 아마나와 스닐과 헤르몬 산 꼭대기의 신앙은 높은 수준의 신앙입니다.

사자굴과 표범 산은 험준하고 위험한 지역입니다. 과거 술람미 여인이 살았던 곳입니다. 사자들은 솔로몬 시대에 요단강 계곡이나 북부 산간지방에서 자주 볼 수 있었고, 표범은 레바논산에 지금도 서식하고 있습니다.

아마나와 스닐과 헤르몬 꼭대기는 험산준령으로 사자굴과 표범 산이 있습니다. "내려다보아라"는 것은 높은 산꼭대기에 올라가면 이 세상이 내려다보입니다. 세상을 떠나고 악에서 떠나는 신앙의 정도를 나타냅니다. 이 세상은 마귀가 우는 사자같이, 포악한 표범같이 간교한 여우같이 음흉한 곰처럼 울부짖습니다. 성도의 신앙은 육적인 것, 탐욕적인 것을 끊고 주의 사랑 안에 온전히 거해야 합니다. 육체의 정욕과 안목의 정욕과 이생의 자랑으로부터 떠나 높은 수준의 신앙으로 주님과 동행하는 믿음을 소유하시기를 축원합니다.

3. 마음을 빼앗는 사랑

9절 "나의 누이, 나의 신부야 네가 내 마음을 빼앗았구나 네 눈으로 한 번 보는 것과 네 목의 구슬 한 꿰미로 내 마음을 빼앗았구나"

근동에서는 '누이' 라는 표현은 사랑하는 연인 사이의 친근한 관계를 나타낼 때 자주 쓰이는 말이며, 예표론적 의미에서 신랑 되신 그리스도와 신도 되는 성도와의 친근한 관계임을 암시합니다. '마음을 빼앗았구나' 는 솔로몬 왕이 술람미 여인의 아름다움에 그 마음이 압도당한 상태를 의미합니다.

내 마음 : 솔로몬 왕의 마음, 곧 예수님의 마음입니다.
빼앗았구나 : 원문의 뜻('라바브')은 문자적으로 '압박하다', '정신 없게 하다' 는 뜻입니다.

술람미 신부가 솔로몬 왕의 마음을 사로잡은 것처럼 성도가 예수님의 마음을 사로잡는 것을 의미합니다.

여러분!
예수님의 사랑은 십자가에 피 흘려 죽으시기까지의 사랑입니다. 예수님은 하늘 영광을 버리고 인간의 몸을 입고 이 땅에 오셨습니다. 하나님의 본체이시나 낮아지시며, 인간과 같이 되시어 갖가지 고난과 멸시천대를 받으셨습니다. 십자가에서 죽으시기까지 고난의 연속이었습니다. 왜 그렇습니까? 우리를 살리셔야 하기 때문입니다. 죄악 가운데 죽을 수밖에 없는 인간을 구원하시기 위함이었습니다.

9절 중반 절 "… 네 눈으로 한 번 보는 것과 …"

여기서 네 눈은 애정이 가득 찬 눈이요, 애정의 호소의 눈이요, 고백의 눈입니다. 주님만 의지하고 바라보는 눈, 이 눈은 신랑의 마음을 빼앗는 순전한 눈이요, 신앙의 믿음를 지키는 눈입니다. 이러한 모습을 보시고 주님은 한없이 기뻐하시는 것입니다. 신부가 신랑의 마음을 빼앗듯이 성도는 예수님의 마음을 빼앗아야 합니다. 성도의 눈은 육의 눈이 아닌 영적인 눈을 가져야 합니다. 신령한 눈을 떠서 사모하는 마음으로 예수님을 바라볼 때 주님의 마음을 빼앗습니다.

"… 네 목의 구슬 한 꿰미로 내 마음을 빼앗았구나"

목은 생명이요, 구슬은 믿음을 뜻합니다. 한 꿰미는 예수 안에 공동체요, 신앙의 열매들입니다. 목의 구슬은 성도들의 믿음과 선행과 순종의 삶을 의미합니다. 성도들은 교회의 한 지체로 공동체를 이룹니다. 신앙의 열매들을 주렁주렁 맺는 생명력 있는 믿음의 생활입니다. 주님은 교회에서 충성하는 신앙, 순교하는 신앙을 보시고 사랑하십니다. 외모가 아니라 그 마음의 중심에 온유와 순종과 겸손을 보시고 사랑하시는 것입니다. 주님의 사랑은 변치 않는 사랑입니다. 끝까지 사랑입니다. 갈보리 언덕의 십자가의 피 흘려 죽기까지의 사랑입니다.

주님의 사람은 한 없이 크고, 우리 영혼에 한 줄기 빛입니다. 그러므로 이 세상 부귀와 바꿀 수 없는 무엇보다 귀한 사랑입니다. 솔로몬은 술람미를 사랑했습니다. 성도와 주님과의 사랑도 이와 같습니다. 사랑의 눈빛으로 예수님을 바로 보고, 예수님 사랑 안에 거하시기 바랍니다. 예수님만을 사랑하고 순종하는 성도에게 함께하시고 동행해 주십니다. 오직 예수님만 의지하고 동행하는 여러분이 되시기를 주의 이름으로 축원합니다.

신부의 미덕과 정절

아가서 4:10-12

나의 누이, 나의 신부야 네 사랑이 어찌 그리 아름다운지 네 사랑은 포도주에 지나고
네 기름의 향기는 각양 향품보다 승하구나 내 신부야 네 입술에서는 꿀 방울이 떨어지
고 네 혀 밑에는 꿀과 젖이 있고 네 의복의 향기는 레바논의 향기 같구나 나의 누이,
나의 신부는 잠근 동산이요 덮은 우물이요 봉한 샘이로구나

술람미의 사랑은 어느 것과 비교할 수 없음을 솔로몬의 사랑의 고백이
계속됩니다. 그 사랑은 각양 향품보다 승함을 나타냅니다. 이어서 아무
나 출입하지 않는 동산이요, 아무나 마시지 않는 우물이요, 통제된 샘과
같음을 노래합니다.

1. 신부의 매력

10절 "나의 누이, 나의 신부야 네 사랑이 어찌 그리 아름다운지 네 사랑은 포도주에 지나고,
네 기름의 향기는 각양 향품보다 승하구나"

물이 귀한 근동지방에서는 포도주는 음료수와 같습니다. 그리고 향기
롭고 감미롭습니다. 감람나무 열매의 기름은 향유로 쓰이며, 여인에게
꼭 필요한 향품입니다. 솔로몬은 그 어떤 향품보다 술람미의 사랑이 제

일이라는 것입니다.

지나고 : 더 좋음을 의미합니다.

네 사랑 : 술람미의 사랑입니다. 곧 성도의 사랑을 의미합니다.

기름 : 성령님을 상징(요일 2:27), 성도(교회) 가운데 임하신 성령의 역
사를 암시하고 있습니다.

성도가 성령 충만한 삶을 살아갈 때 그리스도의 향기가 풍겨 남을 의
미합니다.

여러분!

포도주는 감미롭고 향기도 좋습니다. 연인끼리 사랑에 빠지면 마치 포
도주처럼 감미롭습니다. 때로는 포도주를 세상 재미에 비유하기도 합니
다. 성도는 세상 재미에 빠지지 말고 예수님만 사랑해야 합니다. 세상의
그 어떤 것보다 더욱 예수님만 사랑해야 합니다. 그리고 교회를 사랑하
고, 목자를 사랑하고, 형제자매와 이웃을 사랑해야 합니다. 복음송에 '예
수 사랑 나의 사랑 내 마음속에 넘쳐 형제를 사랑해' 라고 하였습니다.

10절 "… 네 기름의 향기는 각양 향품보다 승하구나"

기름과 향은 술람미 여인의 순수하고 착한 마음씨를 나타내며, 모습
전체에서 풍겨나는 인격과 품성은 어떤 향품보다 좋다고 칭찬합니다.

기름의 향기 : 성령님의 역사를 의미합니다(박윤선).

엡 5:18 "오직 성령의 충만함을 받으라"

성도는 성령의 충만함으로 신앙의 향기를 발하는 것입니다.

요1 2:27 "너희는 주께 받은 바 기름부음이 너희 안에 거하나니 아무도 너희를 가르칠 필요가 없고 오직 그의 기름부음이 모든 것을 너희에게 가르치며 또 참되고 거짓이 없으니 너희를 가르치신 그대로 주 안에 거하라"

주께서 받은 바 기름부음이 우리 안에 있어 가르치신 그대로 주 안에 거하라고 합니다. 기름의 향기는 성도(교회) 가운데 임하신 성령의 역사를 나타냅니다. 기름은 성령의 사역이며, 향기는 기도하는 성도의 모습입니다.

고후 2:14-15 "항상 우리를 그리스도 안에서 이기게 하시고 우리로 말미암아 각처에서 그리스도를 아는 냄새를 나타내시는 하나님께 감사하노라 우리는 구원 얻는 자들에게나 망하는 자들에게나 하나님 앞에서 그리스도의 향기니"

성도는 그리스도 안에서 이기며, 모든 사람에게 그리스도의 향기를 풍겨나게 해야 합니다.

10절(하) "… 각양 향품보다 승하구나"

그리스도의 향기는 그 어떤 향품에 비교할 수 없습니다. 성도는 그리스도의 향기로 세상을 이기며 승리하는 것입니다.

고후 2:14(상) "항상 우리를 그리스도 안에서 이기게 하시고 …"

성도는 예수 안에서 선한 싸움에서 이기며, 승리하며 살아갈 수 있습니다. 항상 육신의 소욕을 이기고 성령의 충만함으로 그리스도의 향기를 발하며, 악에서 이기고 승리하시기를 바랍니다.

성도는 그리스도의 사랑을 공급받아 선을 행하며, 그 인격에서 흘러나오는 향기로 세상을 변화시키며, 하나님 나라를 확장해 가는 것입니다.

술람미 여인의 사랑은 어떤 향품보다 뛰어난 향기를 소유하고 있었습니다. 그러므로 솔로몬이 "나의 누이, 나의 신부야, 네 사랑이 어찌 그리 아름다운지…"라고 고백합니다. 우리는 기름부음 받은 성도가 되어야 합니다. 성령 충만한 성도가 되어야 합니다. 우리는 주님으로부터 이 세상 어떤 것보다 사랑받는 성도가 되어야 합니다. 이 세상의 어떤 것과도 바꿀 수 없는 귀한 성도가 되어야 합니다. 아름다운 신앙으로 주님을 기쁘시게 하는 믿음을 소유하시기를 주의 이름으로 축원합니다.

2. 신부의 미덕

11절 "내 신부야 네 입술에서는 꿀방울이 떨어지고 네 혀 밑에는 꿀과 젖이 있고, 네 의복의 향기는 레바논의 향기 같구나"

술람미 여인의 말이 진실로 아름답고 선하여 솔로몬에게 기쁨을 줍니다. 성도의 신앙고백과 진리의 말씀으로 복음을 전파할 때 하나님께서 보시기에 아름답고 사랑스러운 모습입니다. 성도의 의복은 신앙의 옳은 행실입니다. 그 옷으로 백향목 향기처럼 향기를 발하기를 바랍니다.

입술 : 말을 의미합니다(이상근).
꿀 : 하나님의 말씀입니다. 복음을 의미합니다(박윤선).

성도는 신앙의 고백과 복음전파의 삶을 살아갈 때, 향기 발함을 의미합니다.

여러분!

입술에서 나오는 진리의 말씀은 꿀방울이 떨어지듯 합니다. 성도는 언제나 믿음의 언어, 생명의 언어, 진리의 언어로 복음을 전할 때 사람들에게 생명과 소망과 믿음을 주는 언어가 되어지는 것입니다. 꿀방울 같은 소망의 말, 믿음의 말, 사랑의 말을 하십시오. 성도의 사명은 복음전파에 있습니다. 이것은 예수님의 지상명령이요, 유언이기도 합니다.

막 16:15 "너희는 온 천하에 다니며 만민에게 복음을 전파하라"

딤후 4:2 "너는 말씀을 전파하라 때를 얻든지 못 얻든지 항상 힘쓰라"

꿀은 하나님 말씀을 가리킵니다.

시 119:103 "주의 말씀의 맛이 내게 어찌 그리 단지요 내 입에 꿀보다 더하나이다"

잠 16:24 "선한 말은 꿀 송이 같아서 마음에 달고 뼈에 양약이 되느니라"

잠 24:13-14 "내 아들아 꿀을 먹으라 이것이 좋으니라 송이 꿀을 먹으라 이것이 네 입에 다니라 지혜가 네 영혼에게 이와 같은 줄을 알라 이것을 얻으면 정녕히 네 장래가 있겠고 네 소망이 끊어지지 아니하리라"

하나님의 말씀은 지혜와 총명과 지식을 더하여 주시는 꿀과 젖과 같습니다.

삼상 14:27 "요나단은 그 아비가 맹세로 백성에게 명할 때에 듣지 못하였으므로 손에 가진 지팡이 끝을 내밀어 꿀을 찍고 그 손을 돌이켜 입에 대매 눈이 밝아졌더라"

꿀 송이 같은 말씀을 많이 먹어 영적 지혜의 눈이 떠지기 바랍니다.

11절(중) **"네 혀 밑에는 꿀과 젖이 있고 …"**

혀 밑에는 침샘이 있어 음식의 맛을 알게 합니다. 혀 밑에 꿀과 젖이 있다는 것은 성도의 혀 밑에서 말씀이 축적되어 나옴을 상징합니다.

여러분!

사람의 입에서 나오는 말은 마음에서 축적된 말이 되어 나오는 것입니다. 모든 말은 목구멍을 통해 혀 밑에서 시작되어 나옵니다. 술람미 여인의 혀 밑에 꿀과 젖이 있음은 곧 진리 말씀이 있음을 의미합니다.

겔 3:3 **"내가 네게 주는 이 두루마리로 네 배에 넣으며 네 창자에 채우라 하시기에 내가 먹으니 그것이 내 입에 달기가 꿀 같더라"**

계 10:9 **"작은 책을 … 갖다 먹어버리라"**

사람의 입에서 나오는 말은 마음에서부터 나오는 것입니다. 술람미 여인의 혀 밑에 꿀과 젖이 있어 솔로몬의 마음을 빼앗습니다. 그 말에 기쁨이 있고, 생명이 있고, 덕이 있고, 진실이 있고, 소망이 있고, 은혜가 있는 말입니다. 이러한 말들을 마음 안에 새겨 간직하였다가 혀 밑에서 표현되어 나옵니다. 진실 된 말은 인생의 등불이 되고, 길이 되고, 생명이 되는 것입니다. 술람미 여인의 꿀과 젖이 혀 밑에 있듯이 하나님의 말씀으로 잘 교훈되고 양육되어서 참 미덕을 갖추시기를 바랍니다.

11절(하) **"… 네 의복의 향기는 레바논의 향기 같구나"**

의복의 향기는 레바논의 백향목 향기 같습니다(호 14:6). 또 성도들의
선한 행실을 의미합니다.

깨끗한 세마포 옷은 성도들의 옳은 행실을 말합니다.

신부의 의복은 믿음으로 의롭다 함을 얻고, 깨끗하고, 옳은 행실로 주
의 일을 빛나게 하는 것입니다.

레바논의 향기는 백향목과 잣나무에서 풍겨나오는 아름다운 향기입니
다. 호크마 주석에는 예수님의 향기라 표현합니다. 성도는 옳은 행실로
옷 입고 예수님의 향기를 풍겨나게 해야 함을 의미합니다.

일상에서 쓰는 말과 행동 하나하나가 레바논 백향목의 향기처럼 예수
님의 향기가 묻어나야겠습니다. 성도의 입과 행실은 향기가 풍겨나는 아
름다운 신앙이 되어야겠습니다. 이제부터 아름다운 미덕으로 신앙하시
기를 주의 이름으로 축원합니다.

3. 신부의 정절

12절 "나의 누이, 나의 신부는 잠근 동산이요 덮은 우물이요 봉한 샘이로구나"

술람미 여인을 잠근 동산, 덮은 우물, 봉한 샘으로 표현합니다. 잠그
고, 덮고, 봉한 상태입니다. 술람미 여인의 정절을 이렇게 표현하고 있
습니다. 신부는 신랑만을 위해 순결과 정절의 지킴을 나타냅니다.

잠근 동산은 신랑 솔로몬만이 출입하는 곳입니다.

잠근 동산 : 원어적으로 '담으로 둘러싸인 땅' 이라는 뜻입니다. 복음
　　　　　적으로 성도가 거하는 교회임을 뜻합니다.

우물, 샘 : 아내를 지칭하는 상징적 표현입니다(잠 5:15-18). 곧 성도
　　　　　를 의미합니다.

성도는 예수님 안에 거하고, 교회 안에 거하는 의미입니다.

여러분!

성도는 신앙의 정절을 생명처럼 지키는 것입니다. 성도는 순교의 신앙
을 가져야 합니다. 죽으면 죽으리라는 신앙을 소유해야 합니다.

본문의 동산은 히브리어로 '간(גַּן)' 입니다. '비원', '정원' 의 뜻입니다.
영어로는 garden(정원)입니다. 잠근 동산은 주님과 영교(출입)하는 제한된
장소입니다. 잠근 동산은 주님과 비밀히 만나는 장소입니다. 교제하는 장
소입니다. 교통하는 장소입니다.

창덕궁에는 '비원' 이 있습니다. 그 비원에는 왕만이 들어가서 거니는
정원입니다. 아주 아담하고, 조용하고, 아름답고, 비밀스런 장소입니다.

이 비원은 마치 술람미 여인의 잠근 동산과 같습니다. 솔로몬 왕만 들
어가는 곳입니다. 잠근 동산은 비밀스럽고, 은밀한 곳입니다. 사랑의 장
소입니다. 성도의 심령 깊은 곳에 잠근 동산이 있어 주님과 교제합니다.
교회에 거하는 성도는 잠근 동산 안에 있는 것과 같습니다.

에덴동산은 잠근 동산과 같았습니다. 하나님께서 거니시는 곳이었습
니다. 에덴동산은 낙원과 같았습니다. 하나님께서 다스리며 지키게 하셨
습니다(창 2:15). 그런데 사탄이 뱀의 모양으로 살며시 와서 하와를 미
혹하여 하나님의 법을 어기게 하였습니다. 아담과 하와는 동산으로부터
추방되었고, 동산은 두루도는 화염검으로 둘러막았던 것입니다.

우리는 세상의 악한 요소들과 타협하지 말고, 미혹당하지 말고, 끝까

지 믿음의 정절을 지켜나가는 것입니다.

잠 4:23 "무릇 지킬만한 것보다 네 마음을 지키라 생명의 근원이 이에서 남이니라"

12절(중) "… 덮은 우물이요 …"

우물은 파서 나오는 물로 채워집니다. 덮지 않으면 불결해지기 쉬우므로 깨끗한 물을 유지하려면 우물은 덮는 것이 좋습니다.

덮은 우물 : 술람미의 내적 상태를 가리킵니다. 교회, 성도를 의미합니다(박윤선).

깨끗한 우물, 덮은 우물은 선별된 성도, 교회를 의미합니다.

여러분!

과거 우리나라에도 수돗물이 있기 전에 동네 어귀에 큰 우물을 파고 공동으로 식수로 사용하였습니다. 보통 마을 입구에는 동네우물이 있습니다. 시골의 우물은 덮개로 덮지 않고 사용하기도 했지만, 도시에서는 먼지가 많아 우물을 파면 덮개를 꼭 덮어 사용했습니다. 고대에는 황제나 귀인들의 전용 식수 우물을 파고 은장보호대로 덮고, 열쇠를 채웠다가 물을 길을 때만 열고 사용했습니다.

12절(하) "… 봉한 샘이로구나"

샘은 자연적으로 솟아나는 것으로 그대로 흐릅니다. 봉한 샘은 원천을 덮어 더럽히지 않도록 보호한 것입니다. 이는 진리의 샘은 언제나 청결을 유지해야 함을 뜻합니다. 성도는 오직 예수 신앙으로 정결하며 순결해야 합니다.

여러분!

술람미 여인의 사랑은 순수하고 깨끗하며, 정절을 지니고 있습니다. 오직 솔로몬 왕만 향한 일편단심으로 깊은 산속 옹달샘 물과 같습니다.

사 12:3 "그러므로 너희가 기쁨으로 구원의 우물들에서 물을 길으리로다"

요 4:14 "내가 주는 물을 먹는 자는 영원히 목마르지 아니하리니 나의 주는 물은 그 속에서
영생하도록 솟아나는 샘물이 되리라"

주께서 주는 물은 영원히 마르지 아니하며, 그 속에 영생하는 샘물입니다.

복음송 '누구든지 목마르거든' 1절

누구든지 목마르거든 내게로 와서 마셔라.

나를 믿는 자는 성경에 이름과 같이 그 배에서 생수의 강이 흘러나리라.

여러분!

성령 충만함으로 그리스도 향기를 풍기며, 신앙생활을 하고, 옳은 행실로 옷 입어 복음을 전파하며, 백향목 향기처럼 믿음의 절개를 지켜 주님께 인정받는 성도가 되기를 바랍니다. 잠근 동산과 덮은 우물, 봉한 샘과 같이 순결과 정결함으로 신앙을 지켜 주님이 기뻐하시는 성도들이 되시기를 주의 이름으로 축원합니다.

목화와 향품과 생수

네게서 나는 것은 석류나무와 각종 아름다운 과수와 고벨화와 나도초와 나도와 번홍
화와 창포와 계수와 각종 유향목과 몰약과 침향과 모든 귀한 향품이요 너는 동산의 샘
이요 생수의 우물이요 레바논에서부터 흐르는 시내로구나

석류나무가 있는 과원과 귀한 향품들은 신부의 순결한 인격과 성품을
나타내고 있습니다. 술람미 여인의 사랑의 표현들을 은유적으로 나타내
고 있습니다. 그녀의 사랑은 아름다운 열매를 맺습니다. 생명수가 흘러
납니다.

1. 아름다운 과수와 향초

13절 "네게서 나는 것은 석류나무와 각종 아름다운 과수와 고벨화와 나도초와"

술람미 여인의 사랑을 아름다운 나무 꽃, 향기, 열매로 나타납니다.
그중에서 석류나무 그 각종 아름다운 과수와 고벨화와 나도초로 노래
합니다.

네게서 나는 것 : 술람미 여인은 움이 터고 싹이 나는 여러 식물들처럼

생명력이 있음을 나타냅니다.

석류나무 : 생명의 활력을 상징합니다. 항아리 모양의 붉은 빛 껍질 안에 총총한 열매는 붉고 백색 보호막에 싸여 마치 보석처럼 아름답습니다. 백색은 순결한 사랑, 회개된 마음을, 홍색은 예수 그리스도의 보혈과 사랑을 상징합니다.

아름다운 과수 : 열매 맺는 각종 나무들의 어울림입니다. '과수원' 으로 표현할 수 있습니다.

고벨화 : 인도 원산지로 적황색 꽃이 피며 향기가 있어 부녀들이 손, 발톱에 물들입니다. 아라비아나 팔레스틴 등 중동지역에 자생하는 관목입니다. 봉선화과로 2~3m 자라며 약재로도 쓰입니다(유대인들에게 절제력과 마음의 평안을 주는 향료).

나도초 : 히말리야산이 원산지로 약 70cm 크기로 자라는 방향성 식물입니다. 잎이 넓고 다발 형식의 꽃으로 피며, 뿌리가 굵습니다. 향유로 쓰입니다.

성도의 생명력 있는 풍성한 사랑과 향기 나는 삶을 의미합니다.

여러분!

석류나무는 붉은 꽃이 피며, 붉은색 원형 열매가 독특합니다. 석류는 생명에 활력을 주는 열매입니다. 그래서인지 요사이는 석류열매를 건강식품으로 아주 인기가 높습니다. 알알이 박힌 붉은색 석류 알은 보석처럼 아름답습니다. 그 맛이 또한 좋습니다. 석류열매처럼, 주의 십자가 사랑과 구원의 백성으로 삶을 살아가야 합니다. '각종 아름다운 과수와' 술람미 여인의 동산에는 갖가지 좋은 과목나무가 있습니다. 그 나무들은 아름다운 꽃을 피우고 열매를 맺습니다. 성도의 심령에 언제나 신앙의 열매가 풍성해야 합니다.

갈 5:22-23 "오직 성령의 열매로 사랑과 희락과 화평과 오래 참음과 자비와 양선과 충성과
온유와 절제니 이 같은 것을 금지할 법이 없느니라"

9가지 성령의 열매는 금지할 법이 없을 정도로 합당한 열매들입니다.
성령 충만으로 이러한 열매들이 풍성하여 결실하길 바랍니다.

요 15:5 "나는 포도나무요 너희는 가지니 저가 내 안에 있으면 이 사람은 과실을 많이 맺나
니 나를 떠나서는 너희가 아무것도 할 수 없음이라"

나무의 생명을 잉태하고 있는 것은 열매입니다. 이러한 열매는 외적인
결실로도 나타냅니다. 성도는 믿음의 열매가 주렁주렁 맺혀야 될 줄 믿
습니다. 특히 석류는 보석처럼 붉고 아름답습니다. 이처럼 성도의 신앙
에도 아름다운 열매가 있어야 합니다.

13절 하반 절 "… 고벨화와 나도초와"

현대인의 성경에는 "그대는 석류와 같은 각종 아름다운 과일—헤너"로
되어 있습니다. 헤너(henna)는 부처꽃과에 속하는 머리를 붉게 물들이
는 데 쓰이는 적갈색 꽃을 말합니다. 고벨화는 영어로 헨나(henna)이
고, 히브리어는 '코페르'라고 합니다. 개역성경에는 히브리어의 어원을
따라 고벨화로 되어 있습니다. 고벨화는 봉선화류의 꽃으로 처녀들이 손
톱과 발톱에 물들이는 꽃으로, 그 빛은 적황색으로 보기에도 심히 아름

답고 향기롭습니다. 붉은 부분의 꽃 색은 사랑을 상징하고, 누런 부분의 꽃색은 평화를 상징합니다.

나도초는 나도향을 지닌 향초입니다. KJV 성경에는 "네 나무들은 아름다운 열매 열린 석류 밭이요, 감송향을 지는 켐퍼와"로 되어 있습니다. 나도가 켐퍼와로 표현합니다. 나도향은 여러 가지로 널리 쓰이는 값진 향유입니다. 왕이나 존귀한 사람들에게 접대하기도 하고, 부어 예를 표하기도 합니다.

막 14:3에서 예수님께서 베다니 문둥이 시몬의 집에서 식사하실 때 한 여자가 매우 값진 향유 곧 순전한 나드 한 옥합을 가지고 와서 그 옥합을 깨뜨려 예수님의 머리에 부었습니다. 그것은 매우 값진 것으로 자기의 가장 값진 것을 드렸습니다. 그러므로 나드는 감사와 헌신을 나타냅니다.

엡 5:9 "빛의 열매는 모든 착함과 의로움과 진실함에 있느니라"

성도는 신앙의 열매를 맺어야 합니다. 석류처럼 생명의 활력이 넘쳐야 합니다. 각종 아름다운 과수처럼 열매를 맺어야 합니다. 성령의 아홉 가지 열매를 주 안에서 풍성히 맺으시기를 바랍니다. 고벨화처럼, 나도처럼 향기 나는 신앙이 되기를 주의 이름으로 축원합니다.

2. 모든 귀한 향품

14절 "나도와 번홍화와 창포와 계수와 각종 유향목과 몰약과 침향과 모든 귀한 향품이요"

신령한 영적 생활은 신령한 꽃이 피고, 신령한 열매를 맺는 것입니다. 귀한 향품처럼 향기로워야 합니다. 성도의 신앙은 그리스도 향기를 날리고, 귀한 열매를 많이 맺어가야 합니다.

나도 : 원산지는 히말라야입니다. 여자의 향기를 상징하는 여랑화(女郞花)과 식물입니다. 다년생초본의 감송향(달콤한 향기)으로 줄기와 뿌리에서 향유를 취합니다. 나드 향유는 값이 매우 비싼 향품입니다.

번홍화 : 인도가 원산지입니다. 샤론 평야에 많고, 30cm 정도 자라는 붓꽃과의 다년초 식물입니다. 꽃은 자주색과 흰색, 보라색을 띱니다. 뿌리는 마늘과 비슷하고, 잎은 난초와 비슷하며, 꽃은 튤립처럼 생겼습니다. 꽃줄기는 방향 약으로 쓰이고, 꽃은 염색이나 맛을 내는 데 쓰입니다. 뿌리는 강심제로 쓰입니다.

창포 : 아라비아가 원산지며 다년초 습지식물입니다. 잎이 뾰족하며 담황색, 녹백색 꽃이 핍니다. 기름과 향수로 사용됩니다.

계수 : 아프리카 동해안이 원산지로 육계로 번역됩니다. 약 6~10m 정도 자라며, 잎은 광택이 나고 꽃은 녹색으로 향기가 좋습니다. 껍질을 벗겨 말려 방향재료나 음식물의 향료로 쓰입니다.

침향 : 팥꽃나무과에 속하는 상록수입니다. 13~20m 정도 자라는 나무로 수지나 목재는 방향재료 또는 약제로 쓰입니다.

모든 귀한 향품 : 다양하고, 귀한 향 제품입니다.

참된 성도는 고루 갖춘 성숙한 신앙인격이어야 함을 의미합니다.

여러분!

술람미 여인의 동산에는 진기한 나무와 향기 나는 수목이 많습니다. 신앙생활에도 진리의 풍성함과 기도의 향기가 풍겨남을 암시합니다. 나도의 의미처럼 헌신과 감사가 있고 번홍화처럼 화목이 있으며, 창포처럼 거룩하고 구별된 신앙이 뒤따라야 합니다. 계수처럼 자아를 깨뜨려 회개의 고백이 있어야 합니다. 유향은 씨가 백색무명임으로 지극한 백색의 순수한 색입니다. 신앙의 순수성, 순결성을 나타냅니다. 몰약은 방부제로 사용됩니다. 침향도 주로 시체 위에 발랐습니다. 몰약과 침향은 희생적인 삶을 의미합니다. 술람미 여인은 자신을 죽이고, 모든 영광은 솔로몬에게 돌리는 삶이었습니다. 우리도 멸시와 천대를 받아도 오직 주님께 영광을 돌리는 삶이 되어야겠습니다.

14절 하반 절 "… 모든 귀한 향품이요"

귀한 것은 아주 소중히 취급합니다. 제일 좋고 최고급은 누구나 갖기를 원합니다. 세상에서 제일 좋은 것은 아주 희귀하기 때문입니다. 술람미 여인은 그의 마음속에 가장 귀한 솔로몬의 사랑을 간직하고 있습니다. 모든 귀한 향품을 지닌 술람미처럼 성도는 가장 좋은 성품을 가슴에 품고 살아가야 합니다. 여러 가지 헌신적인 삶을 살아가야 합니다. 봉사하고 희생의 삶을 살아가야 합니다. 순교적인 삶을 살아가야 합니다. 성도는 부패한 세상에 아름다운 향기를 발하는 자들입니다. 술람미 여인과 솔로몬 사이에 사랑의 결실들을 맺어가는 것처럼 성도는 예수님과 완전한 연합을 이루며, 그리스도 향기로 신앙의 열매를 맺어가야 합니다. 술람미 여인의 순결한 인격과 삶을 통해 나타난 풍성한 기쁨과 사랑처럼 성도와 교회는 주 안에서 기쁨과 평화와 사랑을 누리며 살아가야 할 줄 믿습니다.

예수님의 향기로 이웃에게 사랑을 베풀고, 이 세상을 향해 변화시키는 복음전파의 삶이 되어야겠습니다.

고후 2:15 "우리는 구원 얻은 자들에게나 망하는 자들에게나 하나님 앞에서 그리스도 향기니"

이 땅에 그리스도 향기를 발하기 위해서 최선을 다하고, 헌신하며, 믿음의 열매로 주님께 영광 돌려야 합니다.

요 15:8 "너희가 과실을 많이 맺으면 내 아버지께서 영광을 받으실 것이요 …"

술람미 여인의 동산에 각종 실과와 향기로 신랑을 기쁘게 한 것처럼 성도인 우리도 신앙의 열매가 풍성하여 주님을 기쁘시게 하고, 영광을 돌리시기를 주의 이름으로 축원합니다.

3. 생명수 흐르는 시내

15절 "너는 동산의 샘이요 생수의 우물이요 레바논에서부터 흐르는 시내로구나"

샘과 우물, 흐르는 시내는 동산에 있는 각종 나무와 꽃들에게 수분을 공급하는 원천입니다. 술람미 여인의 동산은 메마르지 않는 샘물과 우물이 있습니다. 눈 덮인 높은 산으로부터 흘러나오는 깨끗한 시냇물이 흐르는 곳입니다.

동산의 샘 : 동산 안에 흐르는 맑은 물입니다.

생수의 우물 : 마르지 않고 계속 솟아오르는 깨끗한 물을 말합니다.

레바논에서부터 : 레바논의 산들은 높기 때문에 언제나 눈이 덮여있어
　　　　　　　　아래로 맑은 물이 흐릅니다.

흐르는 시내로구나 : 레바논산의 눈이 녹아 흘러내리거나 또는 지면에
　　　　　　　　녹아들어 변함없이 흘러내려 시내들을 이룸을 의
　　　　　　　　미합니다.

샘이나 우물 : 맑은 물의 공급원입니다. 술람미 여인의 성품과 넘치는
　　　　　　　사랑의 분출입니다. 성도의 심령 속에 끊이지 않는 생명
　　　　　　　수가 흐름을 뜻합니다.

여러분!

술람미 여인의 동산에는 꽃들이나 과목들에게 물을 공급해 주는 샘과
언제든지 사용할 수 있는 우물이 있고, 흐르는 시내도 있습니다. 하나님
께서 최초에 창조하신 에덴동산에서 흘러나오는 물이 동산을 적시고 거
기서부터 발원하여 네 근원이 되었습니다.

창 2:10-14 "강이 에덴에서 발원하여 동산을 적시고 거기서부터 갈라져 네 근원이 되었으니
첫째의 이름은 비손이라 금이 있는 하윌라 온 땅에 둘렀으며 그 땅의 금은 정금
이요 그곳에는 베델리엄과 호마노도 있으며 둘째 강의 이름은 기혼이라 구스 온
땅에 둘렸고 셋째 강의 이름은 힛데겔이라 앗수르 동편으로 흐르며 넷째 강은 유
브라데더라"

　비손은 "풍성하게 흐른다"의 뜻입니다. 그곳은 금이 많습니다. 호마노
는 '녹주석 또는 홍옥수' 라고도 합니다. 정금은 믿음을 상징합니다. 기
혼은 차고 넘치도록 흐른다는 뜻입니다. 존귀와 왕권을 의미합니다. 힛
데겔은 굽이굽이 흐른다의 뜻입니다. 풍부함을 의미합니다. 유브라데는

큰물로써 상쾌하고 단맛이 난다는 뜻입니다. 아주 긴 강을 의미합니다.

술람미 여인의 동산은 메마르지 않는 샘물과 우물과 시내가 끊임없이 흐르는 물이 풍부한 동산입니다. 초목이 자라고, 꽃피고, 열매 맺으려면 물이 절대적으로 필요합니다. 성도의 신앙의 성장에는 생수와 같은 물이 필요합니다. 자라고, 꽃피고, 열매 맺게 하는 생명수 강이 있어야 합니다.

계 22:1-2 "또 저가 수정같이 맑은 생명수 강을 내게 보이니 하나님과 및 어린양의 보좌로부터 나서 길 가운데로 흐르더라 강 좌우에 생명나무가 있어 열두 가지 실과를 맺히되 달마다 그 실과를 맺히고 그 나무 잎사귀들은 만국을 소성(蘇醒)하기 위하여 있더라"

우리의 심령이 성령의 생수가 흘러야 합니다. 은혜의 물, 사랑의 물, 생명의 물, 신유의 물, 응답의 물, 감격의 물, 화목의 물, 소망의 물, 믿음의 물, 인내의 물, 자비의 물이 흘러나야 합니다.

예수님은 샘 근원이 되시는 분입니다. 영적인 삶을 주는 샘, 영적인 성장을 주는 샘, 영적인 생명을 주는 샘입니다. 이 샘의 물을 마시면, 기쁨이 샘솟음, 믿음이 샘솟음, 생명이 샘솟음, 영적인 새 힘의 샘솟음이 있습니다. 예수님은 새 생명을 주시는 생명의 원천입니다. 은혜의 강이 흘러넘치는 원천입니다. 생명수가 흘러넘치는 풍성한 원천입니다.

사 35:6-8 "그때에 저는 자는 사슴같이 뛸 것이며 벙어리의 혀는 노래하리니 이는 광야에서 물이 솟겠고 사막에서 시내가 흐를 것임이라 뜨거운 사막이 변하여 못이 될 것이며 메마른 땅이 변하여 원천이 될 것이며 사랑의 눕던 곳에 풀과 갈대와 부들이 날 것이며 거기 대로가 있어 그 길을 거룩한 길이라 일컫는 바 되리니 깨끗지 못한 자는 지나지 못하겠고 오직 구속함을 입은 자들을 위하여 있게 된 것이라 우매한 행인은 그 길을 범치 못할 것이며"

겔 47:6-9 "그가 내게 이르시되 인자야 네가 이것을 보았느냐 하시고 나를 인도하여 강가로 돌아가게 하시기로 내가 돌아간즉 강 좌우편에 나무가 심히 많더라 그가 내게 이르시되 이 물이 동방으로 향하여 흘러 아라바로 내려가서 바다에 이르리니 이 흘러내리는 물로 그 바다의 물이 소성함을 얻을지라 이 강물이 이르는 곳마다 번성하는 모든 생물이 살고 또 고기가 심히 많으리니 이 물이 흘러들어 가므로 바닷물이 소성함을 얻겠고 이 강이 이르는 각처에 모든 것이 살 것이며"

강물이 흐르는 곳마다 번성하고 모든 생물이 살고, 바닷물이 소성함을 얻고, 이 강이 이르는 곳에 각처에 모든 것이 산다고 하였습니다. 주의 보좌에서 나오는 생명수는 생명의 원천입니다.

복음송 '생명수가 흐르는 강변'

생명수 흐르는 강변, 나의 임금 예수께서 계신 곳,

정금 빛 찬란한 성에 만왕의 왕 예수 계시니 내 가는 길,

내 가는 길 험하고 곤해도 나는 꼭 가네.

생명수 맑게 흐르는 동산으로 나는 가리라.

하나님 말씀은 영원히 마르지 않는 생명수 강입니다. 생명수 맑게 흐르는 동산으로 가야 합니다.

여러분!

신앙생활에는 생명의 활력이 넘쳐야 하며, 성령의 열매들이 맺어야 합니다. 기쁨과 사랑이 넘쳐나고 언제나 그리스도의 향기가 풍겨나야 합니다. 풍성한 은혜 가운데 언제나 생명수 흐르는 강가에서 생명을 얻되 풍성히 얻고 누리며 살아갈 수 있기를 주의 이름으로 축원합니다.

바람에 실린 향기와 실과

북풍아 일어나라 남풍아 오라 나의 동산에 불어서 향기를 날리라 나의 사랑하는 자가

그 동산에 들어가서 그 아름다운 실과 먹기를 원하노라

신부가 신랑을 초청하고 영접합니다. 신부의 동산에 북풍과 남풍이 불어서 향기를 날리기를 원합니다. 신랑이 그 동산에 들어가서 아름다운 실과를 먹길 원합니다. 성도의 신앙이 향기를 날리고 믿음의 열매, 성령의 열매가 주렁주렁 맺기를 원합니다.

1. 북풍과 남풍이 불어옴

16절 "북풍아 일어나라 남풍아 오라 …"

북풍은 찬바람을, 남풍은 온화하고 훈훈한 바람을 의미합니다. 이러한 바람이 교차할 때 동산의 나무가 성장하고, 열매가 풍성히 맺는 것입니다(Delitzsch). 성도의 보다 풍요로운 삶, 성숙된 삶을 위해 여러 연단의 시련과 더불어 사랑과 은총이 있음을 상징합니다(호크마).

북풍 : 찬바람으로 역경과 시련, 환란과 핍박, 고난과 시험을 나타냅니다.

남풍 : 더운 바람(따뜻한)으로 순경과 평안, 태평과 안정, 풍부와 풍성
        을 나타냅니다.

성도의 삶이 어려울 때나, 좋을 때나 한결같은 변함없는 믿음으로 나
아감을 의미합니다.

여러분!

북풍은 찬바람을 의미하고, 남풍은 따뜻한 바람을 의미합니다. 신앙에
는 고난과 시련이 있고 또한 평안과 안정이 있습니다. 어떠한 환경에 처
하더라도 믿음으로 살아가는 것입니다.

복음송 '내겐 만족함이 없었네' (후렴)

동남풍아 불어라 서북풍아 불어라. 가시밭에 백합화 예수 향기 날리니, 할렐루야 아멘.

이러한 바람이 불어 동산에 향기를 날리라는 것입니다. 성도의 신앙은
언제나 예수 향기를 널리 날리는 것입니다. 이 세상의 삶의 현장은 복잡
하고, 시끄럽고, 어두운 삶으로 안정이 없고, 평강이 없습니다. 인간만사
에 세찬 북풍이 불어올 때가 있고, 훈훈한 남풍이 불어올 때도 있습니다.

전 7:14 *"형통한 날에는 기뻐하고, 곤고한 날에는 생각하라 하나님이 이 두 가지를 병행하게*
하사 사람으로 그 장래 일을 능히 헤아려 알지 못하게 하셨느니라"

인생에게 형통한 날이 있고, 곤고한 날이 있음을 말씀합니다. 인간의
생사화복은 하나님 손에 달려있습니다. 그러므로 좋을 때나, 나쁠 때나,
기쁠 때나, 슬플 때나 순응하며 사는 것입니다.

신앙은 환란과 시험이 있고, 때로는 시련과 고난이 있습니다. 성도는

연단 가운데 정금 같은 신앙으로 단련되어지는 것입니다. 초대 교인들은 순교의 신앙을 가졌습니다. 로마의 핍박으로 세찬 북풍을 만났을 때 지하 카타콤에 들어가서 끝까지 신앙을 지켰습니다.

우리의 믿음도 역경을 만나든지, 순경을 만나든지 언제나 신앙의 성숙이 있어야 합니다. 역경일 때 기도하고, 인내하고, 순경일 때 더욱더 믿음으로 기도하고 나아가야 합니다. 어떠한 형편에 처하든지 주 안에 기뻐하고 자족하여야 합니다.

성령의 바람이 성도의 심령 위에 불어서, 교회와 가정과 국가와 민족 위에와 모든 삶의 영역에서 충만히 불어 더 나은 믿음으로 나아가기 바랍니다. 어떠한 환란과 어려움이 닥쳐와도, 시련과 고통이 와도 인내하며 이겨나가야 합니다. 반석 같은 믿음으로 지켜나가기 바랍니다.

롬 5:3-4 "… 우리가 환란 중에도 즐거워하나니 이는 환란은 인내를, 인내는 연단을, 연단은 소망을 이루는 줄 앎이로다"

바람의 유익

일 년 내내 땀 흘려 농사를 지었지만 수확이 시원치 않자 농부는 불평을 했습니다. "태풍만 불지 않았더라도 풍년이었을 텐데. 하나님은 너무 농사에 대해 모르신단 말이야." 이 말을 들은 하나님께서는 농부에게 날씨를 마음대로 다스릴 수 있는 권한을 주셨습니다. 농부는 신이 나서 1년 동안 적절한 햇볕과 비를 내리게 했습니다.

가을이 되어 추수하러 논으로 나간 농부는 가슴이 철렁 내려앉았습니다. 논에는 속이 텅 빈 쭉정이뿐이었습니다. 그때 하나님께서 말씀하셨습니다. "너는 거센 바람이 곡식의 뿌리를 튼튼하게 해주고 저항력을 길러주는 것을 모르고 있었구나. 너는 햇볕과 적당한 비만 원했기 때문에 벼 뿌리가 약해져 열매로 가져갈 자양분이 모자라 모두가 쭉정이가 됐다."

종종 우리 인생에 거센 바람이 불어올 때 우리는 불평하곤 합니다. 그러나 바람이 주는 유익을 한번쯤 생각해보아야 할 것입니다.

성도의 신앙은 어려울 때 더더욱 굳건한 믿음으로 나아가야 하며, 좋을 때 그 좋은 것으로 교만치 말고 더욱더 삼가 믿음을 지키는 것입니다.

평범한 술람미 여인은 왕을 사랑하게 됨으로 인해 여러 가지 어려움이 있었습니다. 역경을 이기므로 좋은 일이 더 많았습니다. 신부 술람미는 신랑 솔로몬 왕의 사랑을 받았습니다. 신부인 성도는 신랑 예수 한 분을 사랑해야 합니다. 오직 예수만 사랑하고 살아가기 바랍니다.

> **빌 4:11-12** "… 어떠한 형편에든지 내가 자족하기를 배웠노니 내가 비천에 처할 줄도 알고 풍부에 처할 줄도 알아 모든 일에 배부르며 배고픔과 풍부와 궁핍에도 일체의 비결을 배웠노라"

우리는 어떠한 환경이라도 예수 한 분 사랑하고, 자족하며, 기뻐하며 살아갈 수 있기를 주의 이름으로 축원합니다.

2. 동산에 불어온 향기

> **16절** "… 나의 동산에 불어서 향기를 날리라 …"

본문은 신부의 내적 모습이 잘 나타나 있습니다. 신부는 어떠한 바람이 불어와도 변함없는 마음으로 향기를 날립니다. 자신의 동산(마음)에 바람이 불어 향기를 솔로몬에게 날리기를 원합니다.

동산 : 술람미를 가리키며, 여기서는 성도의 마음을 상징합니다.

향기 : 향의 냄새, 복음적으로 그리스도의 향기를 의미합니다.

불어서 : 히브리어 '푸아흐(פוּחַ)'로 '내뿜다', '발산하다', '갈망하

다' 입니다.

성도는 예수 그리스도의 향기를 내뿜으며 신앙하여야 함을 의미합니다.

여러분!

성도는 예수의 향기가 풍겨나야 합니다. 내 형편이 곤고할 때 기도하며 인내하는 모습으로, 내 형편이 형통할 때 감사하며 찬양하는 모습으로 예수 향기를 은은히 뿜어내야 합니다. 북풍아, 불어라. 남풍아, 불어라. 어떠한 환경에서도 예수 향기를 날리는 것입니다. 그리하면 우리의 모습을 보고 사람들이 예수 그리스도를 가까이하게 될 것입니다. 뿐만 아니라 내가 아름다운 향기를 날릴 때 주님은 기뻐하십니다.

고후 2:15 "우리는 … 하나님 앞에서 그리스도의 향기니"

향기로 내 마음을 주님께 풍겨나게 하고, 향기로 내 중심을 주님께 드리며, 향기로 내 모든 것을 주님께 날려 보내며, 우리의 심령 속에 향기 가득히 주님께 모든 것을 드릴 수 있기를 바랍니다. 술람미 여인은 자신의 아름다움과 사랑을 솔로몬 왕이 누릴 수 있도록 향기로 날려 보냈습니다. 우리도 예수 그리스도의 향기가 되어 모든 사람에게 향기를 발산해야겠습니다. 우리는 날마다 기도의 향기, 찬양의 향기, 복음전파의 향기를 어떠한 형편이든지 날려야겠습니다.

계 8:4 "향연이 … 하나님 앞에 올라가는지라"

향기 나는 연기가 하나님 앞에 올리워집니다. 성도는 기도의 향기를 주님께 날마다 올려 보내야 될 줄 믿습니다.

하나님은 깊은 밤을 통과한 사람에게 보다 성숙한 믿음과 아름다운 신앙의 향기를 발하게 하십니다. 내 생명의 참 사랑의 향기로 간 데마다 예수 그리스도의 향기를 풍겨내는 신앙을 소유하기를 축원합니다.

3. 동산에 아름다운 실과

16절 "… 나의 사랑하는 자가 그 동산에 들어가서 그 아름다운 실과 먹기를 원하노라"

술람미 여인은 사랑하는 솔로몬을 위한 마음의 동산으로 들어가서 아름다운 열매 먹기를 원합니다. 이것은 술람미 여인의 아름다운 믿음과 사랑을 암시하며, 성도의 신앙 가운데 있는 '성령의 열매'를 뜻합니다.

그 동산에 들어가서 : 술람미 자신의 마음의 정원입니다.

아름다운 실과 : 잘 익은 열매를 의미합니다(갈 5:22에 '성령의 열매'들이 있음).

성도의 믿음의 열매가 풍성한 신앙을 의미합니다.

여러분!

사랑하는 자는 늘 마음에 간직하고 소중히 여깁니다. 우리는 주님의 신부입니다. 그러므로 신랑 예수님을 늘 마음에 담고 있어야 합니다. 예수님이 나의 마음속에 들어와 계실 때 복이 되는 것입니다.

> **찬송가 298장 '주 예수 내 맘에 들어와'**
>
> 주 예수 내 마음에 들어와 계신 후 변하여 새 사람 되고
> 내가 늘 바라던 참 빛을 찾음도 주 예수 내 맘에 오심.
> 주 예수 내 맘에 오심. 주 예수 내 맘에 오심.
> 물밀듯 내 맘에 기쁨이 넘침은 주 예수 내 맘에 오심.

계 3:20 "내가 문밖에 서서 두드리노니 누구든지 내 음성을 듣고 문을 열면 내가 그에게로 들어가 그로 더불어 먹고 그는 나로 더불어 먹으리라"

술람미는 사랑하는 솔로몬이 그 동산(자기 마음)에 들어와서 함께 먹고 마시기를 원하고 있습니다. 우리도 술람미처럼 사랑하는 주님이 내 마음에 들어오셔서 나와 함께 먹고 마시기를 원해야 합니다. 그렇게 되려면 연합되어 있어야 합니다. 주 안에서 열매를 많이 맺어야 합니다.

사마리아 여인은 우물을 길으러 왔다가 예수님을 만나고 영접합니다. 물동이를 버려두고 동네에 들어가 예수님을 전했습니다. 그리하여 아주 귀한 전도의 열매를 맺혔습니다.

예수님을 마음속에 모시면, 그 자체로 이미 열매를 맺어갑니다. 북풍이 불어도, 남풍이 불어도, 어떠한 환경에 처해도 예수 안에 거하게 되면 많은 열매를 맺혀지게 되어 있습니다.

요 15:16 "… 너희로 가서 과실을 맺게 하고 또 너희 과실이 항상 있게 하며 …"

마 3:8 회개의 열매, 엡 5:9 빛의 열매, 약 3:17 선한 열매, 빌 1:11 의의 열매, 히 12:11 평강의 열매, 갈 5:22-23에는 성령의 9가지 열매가 있습니다.

참된 성도는 좋은 열매를 많이 맺습니다. 반면 열매 맺지 못한 믿음은 주님께 상급이 없습니다.

마 3:10 "이미 도끼가 나무뿌리에 놓였으니 좋은 열매 맺지 아니하는 나무마다 찍어 불에 던지우리라"

좋은 열매를 맺지 아니하는 자는 심판받음을 의미합니다.

마 3:12 "손에 키를 들고 자기의 타작마당을 정하게 하사 알곡을 모아 곳간에 들이고, 쭉정이는 꺼지지 않는 불에 태우시리라"

알곡은 모아 곳간에 들임은 알곡 신자만이 천국에 들어감을 뜻합니다. 쭉정이는 꺼지지 않는 불에 태워집니다. 쭉정이는 지옥에 들어가 세세토록 불로 태움을 받는다는 것입니다. 우리 모두는 알곡 신자가 되어야 합니다.

히 13:15 "이러므로 우리가 예수로 말미암아 항상 찬미의 제사를 하나님께 드리자 이는 그 입술의 열매는 찬양의 열매이며, 믿음의 열매이며, 신앙의 열매입니다. 아가서는 맑고 청아한 노래라는 뜻입니다. 신앙의 노래, 믿음의 노래를 많이 드려지기를 바랍니다. 성도는 믿음의 열매, 성령의 열매를 맺어갈 때 영적 낙원이 있는 신앙입니다. 지금은 영적 추수 때입니다. 우리 모두는 알곡 신자가 되어 천국을 소유해야 합니다.

우리 모두는 믿음이 성숙되고 장성한 분량까지 자라서 아름다운 신앙의 열매를 맺고 예수 그리스도의 향기를 날리기를 부탁드립니다.

그분이 나의 중심(동산)에 오셔 아름다운 실과 먹기를 원하실 때에는 언제든지 드릴 수 있는 믿음의 준비가 되어 있어야 합니다. 신앙의 좋은 열매를 풍성히 맺어 하나님의 나라를 소유하기를 주의 이름으로 축원합니다.

제5장 결혼 초에 닥친 시련

나의 누이, 나의 신부야 내가 내 동산에 들어와서 나의 몰약과 향 재료를 거두고 나의 꿀송이와 꿀을 먹고 내 포도주와 내 젖을 마셨으니 나의 친구들아 먹으라 나의 사랑하는 사람들아 마시고 많이 마시라

내가 잘지라도 마음은 깨었는데 나의 사랑하는 자의 소리가 들리는구나 문을 두드려 이르기를 나의 누이, 나의 사랑, 나의 비둘기, 나의 완전한 자야 문 열어다고 내 머리에는 이슬이, 내 머리털에는 밤 이슬이 가득하였다 하는구나
내가 옷을 벗었으니 어찌 다시 입겠으며 내가 발을 씻었으니 어찌 다시 더럽히랴마는 나의 사랑하는 자가 문틈으로 손을 들이밀매 내 마음이 동하여서 일어나서 나의 사랑하는 자 위하여 문을 열 때 몰약이 내 손에서, 몰약의 즙이 내 손가락에서 문빗장에 듣는구나
내가 나의 사랑하는 자 위하여 문을 열었으나 그가 벌써 물러갔네 그가 말할 때에 내 혼이 나갔구나 내가 그를 찾아도 못 만났고 불러도 응답이 없었구나
성중에서 행순하는 자들이 나를 만나매 나를 쳐서 상하게 하였고 성벽을 파수하는 자들이 나의 웃옷을 벗겨 취하였구나
예루살렘 여자들아 너희에게 내가 부탁한다

너희가 나의 사랑하는 자를 만나거든 내가 사랑하므로 병이 났다고 하려무나
여자 중 극히 어여쁜 자야 너의 사랑하는 자가 남의 사랑하는 자보다 나은 것이 무엇인가 너의 사랑하는 자가 남의 사랑하는 자보다 나은 것이 무엇이기에 이같이 우리에게 부탁하는가

나의 사랑하는 자는 희고도 붉어 만 사람에 뛰어난다

머리는 정금 같고 머리털은 고불고불하고 까마귀같이 검구나
눈은 시냇가의 비둘기 같은데 젖으로 씻은 듯하고 아름답게도 박혔구나
뺨은 향기로운 꽃밭 같고 향기로운 풀언덕과도 같고 입술은 백합화 같고 몰약의 즙이 뚝뚝 떨어진다
손은 황옥을 물린 황금 노리개 같고 몸은 아로새긴 상아에 청옥을 입힌 듯하구나
다리는 정금 받침에 세운 화반석 기둥 같고 형상은 레바논 같고 백향목처럼 보기 좋고 입은 심히 다니 그 전체가 사랑스럽구나 예루살렘 여자들아 이는 나의 사랑하는 자요 나의 친구일다

동산 안, 그 누림

아가서 5:1

나의 누이, 나의 신부야 내가 내 동산에 들어와서 나의 몰약과 향 재료를 거두고 나의

꿀송이와 꿀을 먹고 내 포도주와 내 젖을 마셨으니 나의 친구들아 먹으라 나의 사랑하

는 사람들아 마시고 많이 마시라

솔로몬 왕이 신부 술람미의 초청에 응하고, 그 사랑의 품안에서 사랑과 기쁨을 누립니다. 풍요로운 동산에 거하며 몰약과 향 재료를 거두고 꿀 송이와 꿀을 먹고, 포도주와 젖을 마십니다. 신령한 양식과 음료를 먹고 마십니다. 혼인잔치에 청함을 받은 자들도 모두 먹고 마시는 기쁨을 누립니다.

1. 내 동산에 몰약과 향 재료를 거둠

1절(상) "나의 누이, 나의 신부야 내가 내 동산에 들어와서 나의 몰약과 향 재료를 거두고
…"

신랑은 신부를 친근히 부르고 신부의 동산에 들어갑니다. 그리고 자신의 몰약과 향 재료를 거둡니다. 향 재료는 향유로 남아라비아에서 자라는 방향나무에서 채취된 것입니다.

내가 : 솔로몬을 가리킵니다. 예수님을 의미합니다.

내 동산 : 술람미 여인의 정원을 가리킵니다.

성도는 주님의 사랑 안에서 기쁨과 평강을 누림을 의미합니다.

여러분!

신부인 술람미 여인의 모든 것이 신랑 솔로몬의 소유이듯이, 신부된 성도는 모든 것이 신랑 되시는 예수님의 것입니다. 솔로몬은 "내가 내 동산에 들어와서"라고 말합니다. 솔로몬은 술람미의 마음(동산)에 들어온 것입니다. 다시 말씀드리면 솔로몬과 술람미의 마음이 연합(하나)되었음을 뜻합니다. 술람미 여인의 행복하고 기쁨은 솔로몬이 자기 마음속에 들어와 있기 때문에 그러합니다. 솔로몬이 그의 동산(마음)에 들어와서 무엇을 거둔다고 합니까? "나의 몰약과 향 재료를 거두고…." 솔로몬은 술람미에게 아주 귀한 것을 거둡니다. 몰약과 향 재료를 거두었다는 것은 회개와 기도의 향기를 거두는 것입니다.

> **잠 8:17** "나를 사랑하는 자들이 나의 사랑을 입으며 나를 간절히 찾는 자가 나를 만날 것이니라"

하나님의 사랑을 받고 사는 자들은 항상 간절한 마음, 사모하는 마음으로 그분께 나아갑니다.

> **사 26:9** "밤에 내 영혼이 주를 사모하였사온즉 내 중심이 주를 간절히 구하오리니 이는 주께서 땅에서 심판하시는 때에 세계의 거민이 의를 배움이니이다"

몰약은 향 재료로 쓰이며 주로 썩지 않게 하는 방부제로 사용합니다.

몰약은 상한 심령을 의미하기도 합니다. 향 재료는 성도의 기도코자 하는 마음과 같습니다.

솔로몬은 술람미의 마음을 내 동산이라고 합니다. 아내의 마음은 남편의 동산이어야 하고, 남편의 마음은 아내의 동산이어야 합니다. 예수님은 우리의 동산이어야 하고, 우리의 마음은 주님의 동산이어야 합니다. 솔로몬의 마음이 술람미의 마음과 같을 때 행복한 것처럼 부부는 몸과 마음도 하나가 될 때 행복합니다. 성도는 주님과 하나 될 때 기쁨이 있고 희열이 있습니다. 우리 모두의 마음이 술람미의 마음과 같이 아름다운 동산이 되기를 바랍니다. 그리하여 몰약과 향 재료 같이 순교적 신앙과 기도의 향기를 언제나 주님께 올려드리기 바랍니다.

본문의 동산은 성도의 심령 속을 가리킵니다. 성도의 심령 속은 예수님이 거하는 성전이요, 동산입니다. 성도가 영적 세계에 들어가서 주님과 교통하면, 성령 충만한 상태가 됩니다. 예수님은 그 동산에 들어와 몰약과 향 재료를 거두십니다. 주님은 상한 심령을 위로하고, 회개하고, 기도하는 향기를 거두십니다. 아름다운 신앙으로 향기 나는 기도와 말씀으로 살아가기를 주의 이름으로 축원합니다.

2. 꿀을 먹고 포도주와 젖을 마심

1절(중) "… 나의 꿀 송이와 꿀을 먹고 내 포도주와 내 젖을 마셨으니 …"

꿀 송이와 꿀을 먹고 포도주와 젖을 마신다는 것은 말씀을 풍성히 먹고, 기쁨이 가득한 모습입니다. 주님은 사람의 외모보다 중심을 보시고, 그 마음이 순결하고 아름다울 때 그 안에서 더불어 먹고 함께하시기를 기뻐하십니다.

나, 내 : 소유격인 자신을 10회나 나타냅니다. 자신이 술람미 여인의 것임을 뜻합니다. 성도가 예수님의 것임을 의미합니다.

꿀 송이 : 히브리어로 '야아르(יער)'로 벌집, 덤불, 수풀을 뜻합니다.

꿀 : 히브리어로 '띠브쉬(דבש)'로 벌꿀을 가리킵니다. 꿀은 말씀으로 비유되기도 합니다.

꿀 송이와 꿀 : 진리의 말씀대로 사는 삶을 의미합니다.

포도주와 젖 : 구속의 은혜와 신령한 양식(말씀)을 의미합니다.

성도는 구속의 은혜, 신령한 말씀으로 살아갈 때 예수님의 진정한 소유이심을 의미합니다.

여러분!

술람미의 모든 것은 신랑 솔로몬의 것임을 소유격으로 계속 나타냅니다. 신랑은 신부의 아름다운 것을 취합니다. 몰약과 향 재료를 취하고, 꿀 송이와 꿀을, 포도주와 젖을 먹습니다. 회개의 기도와 신령한 진리의 말씀, 구속의 은혜에 감사하는 것입니다. 이러한 기도와 말씀 사모함을 주님이 기뻐하시는 것입니다. 성도는 주님 안에 온전히 거해야 합니다. 영육간에 하나 되어야 합니다. 주의 일에 최선을 다해야 합니다.

행 20:24 "나의 달려갈 길과 주께서 받은 사명 곧 하나님의 은혜의 복음 증거하는 일을 마치려 함에는 나의 생명을 조금도 귀한 것으로 여기지 아니하노라"

여러분!

우리의 모든 것 주님을 위해 헌신하고, 봉사하고, 충성하며, 신앙하기를 간절히 바랍니다. 우리는 예배를 생명처럼 여기고 말씀 가운데 거해야 합니다. 하나님 말씀을 바로 읽고, 바로 이해하고, 바로 묵상해야 합니다.

여호와께서 나의 목을…

경북 어느 산골 예배당에서의 일입니다. 목사님이 계시지 않아 집사님이 성도들 앞에서
예배를 인도했습니다. 성경 봉독 순서에서, 집사님은 시편 23편을 봉독했습니다. 어두침
침한 등잔불 아래서 두꺼운 돋보기를 끼고 겨우겨우 읽어 내려갑니다. 그나마 한글 성경
에는 띄어쓰기가 전혀 되어 있지 않았고, 집사님의 한글 실력도 모자라는지라 힘들게 읽
어내려 갔습니다.

"여호와는 나…의…목…자이시…니 내…가 부족…함이 없으리로…다." 겨우겨우 성경
봉독을 마친 집사님과 성도들은 그만 본문을 이렇게 이해하고 말았습니다. "여호와는 나
의 목 자르시니 내가 부족함이 없으리로다." 집사님은 성경을 내려놓고 참으로 비장한
얼굴이 되어 설교를 시작하며 "여호와가 내 목을 자르셔도 내가 부족함이 없습네다!" 하
고 외쳤습니다. 그러자 성도들이 두 손을 들고 "내두! 내두!" 하고 함께 외쳤습니다. 성경
을 틀리게 읽어도 무방하다는 뜻이 아닙니다. 그의 믿음과 신앙이 중요하다는 것입니다.

"나의 꿀 송이와 꿀을 먹고 …"

진리의 말씀대로 사는 영적인 삶입니다. 진리의 말씀대로 사는 참신앙
의 삶입니다.

잠 16:24 "선한 말은 꿀 송이 같아서 마음에 달고 뼈에 양약이 되느니라"

입술에 선한 말은 꿀 송이 같아 그 맛이 달고 몸에 구조적인 역할을 하
는 뼈에 양약이 된다고 하였습니다. 선한 말, 좋은 말, 양약이 되는 말을
사용하여야겠습니다.

“… 내 포도주와 내 젖을 마셨으니 …”

구약성경에 나타나는 포도주는 젖과 같이 사람의 일상생활에 없어서는 안 되는 귀중한 음료입니다. 포도주는 구속의 은혜로 성령 충만을 나타냅니다.

엡 6:18 “모든 기도와 간구로 하되 무시로 성령 안에서 기도하고 이를 위하여 깨어구하기를 항상 힘쓰며 여러 성도를 위하여 구하고”

롬 8:26-27 “이와 같이 성령도 우리의 연약함을 도우시나니 우리가 마땅히 빌 바를 알지 못하나 오직 성령이 말할 수 없는 탄식으로 우리를 위하여 친히 간구하시느니라 마음을 감찰하시는 이가 성령의 생각을 아시나니 이는 성령이 하나님의 뜻대로 성도를 위하여 간구하심이니라”

“내 젖을 마셨으니”

젖은 번영과 다산을 상징합니다. 이는 영적으로 말씀의 풍요로움을 의미합니다. 오직 기도와 말씀 가운데 살아가기를 바랍니다.

벧전 2:2 “갓난아이들같이 순전하고 신령한 젖을 사모하라 이는 이로 말미암아 너희로 구원에 이르도록 자라게 하려함이라”

순전하고 신령한 젖을 사모하기 바랍니다. 그리하여 믿음에 덕을 더하고 성장하기를 바랍니다.

사 55:1-3 “너희 목마른 자들아 물로 나아오라 돈 없는 자도 오라 너희는 와서 사먹되 돈 없이 값없이 와서 포도주와 젖을 사라 너희가 어찌하여 양식 아닌 것을 위하여 은을 닦아주며 배부르지 못한 것을 위하여 수고하느냐 나를 청종하라 그리하면 너희가 좋은 것을 먹을 것이며, 너희 마음이 기름진 것으로 즐거움을 얻으리라 너희는 귀를 기울이고 내게 나아와 들으라 그리하면 너희 영혼이 살리라 …"

돈 없이, 값없이 와서 포도주와 젖을 마시라는 것입니다. 양식 아닌 것을 위하여 수고하지 말고 영적 양식을 많이 먹어야 함을 말합니다. 그리하여 내 영혼이 살아 움직여 만족하기 바랍니다. 꿀 송이와 꿀을 먹으시기 바랍니다. 진리의 말씀을 많이 먹기 바랍니다. 포도주와 젖을 마시기 바랍니다. 성령 충만한 삶을 살기를 바랍니다. 그리하여 풍성한 믿음을 가지시기를 주의 이름으로 축원합니다.

3. 초청되어 먹고 마심

1절(하) "… 나의 친구들아 먹으라 나의 사랑하는 사람들아 마시고 많이 마시라"

솔로몬은 자신의 즐거움을 함께 나누고자 자신의 친구들을 초청합니다. 결혼잔치에 친구들과 사랑하는 사람들이 축복하고 먹고 마시기를 원합니다. 실제로 근동지방의 잔치는 서로간의 확증과 하나 되는 기쁨을 나눕니다. 예수님과 신부된 교회와의 혼인잔치에 청한 자들이 먹고 마시는 기쁨입니다.

나의 친구들 : 결혼잔치에 참석한 친한 벗들입니다.
나의 사랑하는 사람들 : 결혼잔치에 참석한 사랑하는 하객들입니다.

혼인잔치에 청함을 받은 자는 축복된 사람들임을 의미합니다.

여러분!

솔로몬은 자신의 혼인잔치를 풍성하게 준비하여 잔치에 모인 많은 사람들에게 기쁨을 주고 싶었습니다. 혼인잔치의 기쁨을 모든 사람들과 나누고 싶었습니다. 솔로몬 왕의 결혼잔치에 청함을 받은 자들은 먹고 마시며 기뻐했습니다. 풍족히 먹고, 마음껏 마십니다. 예수님은 성도가 모든 즐거움을 같이 누리기를 원합니다. 사랑하는 모든 성도들이 다 같이 누리기를 원하십니다.

마 22:1-14 '혼인 잔치의 비유'

천국은 마치 자기 아들을 위하여 혼인잔치를 베푼 어떤 임금과 같다고 하였습니다. 종들을 보내서 청한 사람들에게 모든 것이 잘 준비되었으니 혼인잔치에 오라고 하였습니다. 청하였지만, 돌아보지도 않고 자기 밭으로, 자기 상업차로 갑니다. 남은 자들에게 또 보냈습니다. 그랬더니 능욕하고 죽입니다. 임금이 노하여 군대를 보내어 살인한 자들을 죽이고 동네를 불사릅니다. 그 후 종들에게 다시 사거리 길에 가서 사람을 만나는 대로 혼인잔치에 오도록 합니다. 악한 자나, 선한 자나 만나는 사람들을 몽땅 데려옵니다. 그러다보니 혼인 자리에 손님이 가득합니다. 임금이 손님들을 보려오는데 예복을 입지 않은 한 사람을 보고 책망하고, 수족을 묶어 바깥 어두움에 내어던집니다. 청함을 받은 자는 많되 택함을 입은 자는 적다고 하였습니다.

솔로몬 왕은 특별히 사랑하는 신부, 단 하나밖에 없는 은밀한 비둘기 같은 어여쁜 여인을 위해 최선을 다해 성대히 베푼 잔치이므로 초청한 친구들, 사랑하는 사람들에게 마음껏 먹고 마시기를 원합니다. 혼인잔치에 초대받은 사람들은 복된 자들입니다.

계 19:9 "… 어린양의 혼인잔치에 청함을 입은 자들이 복이 있도다 …"

어린양은 예수님이시며, 혼인잔치는 주의 재림을 의미합니다. 어린양 되신 예수님의 혼인잔치에 청함을 받은 자들은 복 있는 자입니다.

어린양의 혼인기약이 가까워오고 있습니다. 성도는 신부 단장 잘하고 항상 깨어있어 신랑 맞을 준비를 해야 합니다.

찬송가 166장 '주 예수 믿는 자여' 1절

주 예수 믿는 자여 등불을 가지고

저 신랑 영접하려 다함께 나가세.

주 오실 때가 되고 밤이 깊어 가는데

곧 깨어 예비하라. 주 속히 오신다.

항상 깨어 기도하며 준비하시기 바랍니다. 언제고 천국잔치에 초대되어 주와 함께 영원히 거하시기를 주의 이름으로 축원합니다.

C.S. 루이스는 말합니다

"천국을 지향하면 세상을 덤으로 얻을 것이다. 그러나 세상을 지향하면 둘 다 잃을 것이다"라고 했습니다. 우리는 세상이 아니라 천국을 지향하고 얻어야 합니다. 미련한 사람은 둘 다 얻으려고 합니다. 그러나 성경은 분명히 한 사람이 두 주인을 섬길 수 없다고 했습니다. 두 주인을 섬기면 두 주인에게서 배반을 당합니다. 한쪽을 선택하는 것이 현명한 일입니다. 다윗은 내 마음을 확정했다고 기뻐합니다. 주님 한 분만으로 내 마음을 확정한 기쁨이 있기를 바랍니다.

여러분!

우리의 마음은 과연 어떤 동산입니까? 말씀이 충만하고, 기쁨이 충만한 그런 아름다운 동산입니까? 거칠고 황량한 동산과 같은 마음은 아닙니까? 그런 심령으로 천국갈 수 없습니다. 술람미의 동산 같은 아름다운 동산이 되어 주님을 내 중심에 모시고 살다가 천국잔치에 반드시 초청되기를 바랍니다. 내 중심 전심으로 주님을 모시고 살아가시기 바랍니다! 순교적인 신앙과 기도로, 진리의 말씀과 성령 충만함으로 소망 가운데 신앙하여 천국잔치에 모두 초대받으시기를 주의 이름으로 축원합니다.

방심은 금물

아가서 5:2-9

내가 잘지라도 마음은 깨었는데 나의 사랑하는 자의 소리가 들리는구나 문을 두드려 이르기를 나의 누이, 나의 사랑, 나의 비둘기, 나의 완전한 자야 문 열어다고 내 머리에는 이슬이, 내 머리털에는 밤 이슬이 가득하였다 하는구나 내가 옷을 벗었으니 어찌 다시 입겠으며 내가 발을 씻었으니 어찌 다시 더럽히랴마는 나의 사랑하는 자가 문 틈으로 손을 들이밀매 내 마음이 동하여서 일어나서 나의 사랑하는 자 위하여 문을 열 때 몰약이 내 손에서, 몰약의 즙이 내 손가락에서 문빗장에 듣는구나 내가 나의 사랑하는 자 위하여 문을 열었으나 그가 벌써 물러갔네 그가 말할 때에 내 혼이 나갔구나 내가 그를 찾아도 못 만났고 불러도 응답이 없었구나 성중에서 행순하는 자들이 나를 만나매 나를 쳐서 상하게 하였고 성벽을 파수하는 자들이 나의 웃옷을 벗겨 취하였구나 예루살렘 여자들아 너희에게 내가 부탁한다 너희가 나의 사랑하는 자를 만나거든 내가 사랑하므로 병이 났다고 하려무나 여자 중 극히 어여쁜 자야 너의 사랑하는 자가 남의 사랑하는 자보다 나은 것이 무엇인가 너의 사랑하는 자가 남의 사랑하는 자보다 나은 것이 무엇이기에 이같이 우리에게 부탁하는가

애정이 깊어만 가던 솔로몬과 술람미는 이제 분위기가 반전되어 갈등으로 전개됩니다. 신부는 결혼 초야를 지낸 후 신랑에 대해 소홀해지기 시작합니다. 이러한 방심과 나태와 안일 가운데 사랑은 새로운 국면을 맞게 됩니다. 한쪽은 변함없는 사랑을 요청하고 있고, 한쪽은 방심과 태

만과 안일한 모습에서 거절합니다. 급기야 신부는 신랑이 떠난 후에야 후회하며 찾기를 시작합니다. 성 안을 두루 찾습니다. 찾지도 못하고, 상하고 수치까지 당합니다. 이제는 부탁할 처지가 아닌 사람들에까지 신랑을 찾아주기를 부탁하게 되는 안타까운 상황입니다. 본문을 통하여 사랑의 방심과 회복에 대해 살펴보면서 은혜를 나누고자 합니다.

1. 방심과 태만에서 보는 것

2-4절 "내가 잘지라도 마음은 깨었는데 나의 사랑하는 자의 소리가 들리는구나 문을 두드려 이르기를 나의 누이, 나의 사랑, 나의 비둘기, 나의 완전한 자야 문 열어다고 내 머리에는 이슬이, 내 머리털에는 밤이슬이 가득하였다 하는구나 내가 옷을 벗었으니 어찌 다시 입겠으며 내가 발을 씻었으니 어찌 다시 더럽히랴마는 나의 사랑하는 자가 문틈으로 손을 들이밀매 내 마음이 동하여서"

금슬이 좋은 부부라도 때로는 조금 소원해질 때가 있습니다. 그렇다고 지나치면 안 됩니다. 솔로몬이 술람미 여인을 찾아가나 옷을 다시 입기 싫고 발을 다시 씻어야 한다는 이유로 문을 열어주지 않았습니다.

내가 : 술람미 여인입니다. 복음적으로 성도를 의미합니다.

잘지라도 : 잠을 자는 것은 영적 수면상태를 의미합니다.

밤이슬 : 팔레스틴 지역에 여름의 건조기동안 밤에는 이슬이 내립니다. 이 이슬은 곡식이나 과일에 수분을 제공합니다.

옷을 벗었다 : 잠자리에 들은 것을 의미합니다. 복음적으로 직분에 충실하지 못함을 뜻합니다.

발을 씻었으나 : 활동을 멈춘 상태입니다. 성도가 봉사와 헌신을 하지

않는 상태를 의미합니다.

내 마음이 동함 : 마음이 움직이는 것입니다. 창자가 끊기듯 함을 의미합니다(이상근).

성도가 믿음의 잠을 자게 되면 신앙이 나태해짐을 의미합니다.

여러분!

신혼 때는 마냥 좋기만 하던 상대가 어느 때가 되면 별로로 바뀝니다. 세월이 지나 권태기가 찾아오면 꼴도 보기 싫어합니다. 이렇게 되면 상대에 대한 관심은 점점 없게 됩니다.

아내의 마음에 권태기가 찾아오면 남편에 대한 애정이 식어지고 관심이 없어집니다. 아침에 출근할 때 밥도 제대로 챙겨주지 않고, 저녁에 퇴근해서 와도 별로 반가워하지도 않고, 마냥 늘어져서 잠을 자든지, 아니면 거울만 들여다보고 주름살을 세며 한숨만 짓든지, 아니면 이유 없이 짜증을 부리게 됩니다. 아내의 마음에 권태기가 찾아오면 남편의 마음도 피곤해지고 그러다보면 귀가가 늦어지기 시작합니다. 그러다 술과 외도에 빠지기도 합니다.

본문의 술람미 여인은 잠자리에 들어 누워서 솔로몬이 문 두드리는 소리를 듣고도 문을 열어주지 않습니다. 솔로몬이 머리에 밤이슬이 내려서 다 젖도록 문을 두드리고 기다렸지만 핑계를 대면서 문을 열어주지 않습니다. 지금 술람미가 무슨 핑계를 대고 있습니까? 내가 옷을 다 벗고 발을 씻고 잠자리에 들었기 때문에 일어서기 귀찮다는 것입니다. 아무리 발을 씻고 잠자리에 들었어도 그렇지 사랑하는 연인이 찾아왔는데 문도 안 열어주는 것은 이해가 되지 않습니다.

우리의 영적인 상태가 술람미처럼 되어서는 안 됩니다. 영적 침체가 바로 신앙생활의 권태기라고 할 수 있습니다. 처음에 예수님을 믿을 때는 예수님 이름만 들어도 가슴이 두근거렸는데 이제는 아무리 그 귀하신 이름을 불러도 아무런 설렘이 없다면, 영적인 권태기가 온 것입니다. 처음에는 교회 나올 때 기쁨이 있었고 감사가 있었는데 이제는 기쁨도 없고, 감사도 없고, 그저 마지못해서 나온다면 신앙생활에 권태기가 온 것입니다.

전에는 맡겨진 직분을 귀하게 여기고 기쁜 마음으로 봉사를 했는데 지금은 직분이 짐스럽게 느껴지고, 귀찮게 느껴진다면 권태기가 온 것입니다. 봉헌도 정성이 담겨져 있었는데 지금은 자꾸 아까운 마음이 든다면 영적인 권태기가 찾아온 것입니다. 이런 영적 권태기를 잘 극복해야 합니다. 오래가면 안 됩니다. 그러면 큰일 납니다.

본문의 술람미 여인의 잠은 영적인 잠을 자고 있었던 것입니다. 왜냐하면 2절(상) "내가 잘지라도 마음은 깨었는데 나의 사랑하는 자의 소리가 들리는구나…"라고 하였기 때문입니다. 우리도 영적 잠을 자게 되면 마귀가 그 틈을 비집고 들어옵니다. 신앙의 잠을 자게 합니다.

마 13:25에서는 잠잘 때 원수마귀가 와서 가라지를 덧뿌리고 간다고 하였습니다.

행 20:7-12에서는 유두고는 초대교회 성도입니다. 바울이 밤늦게까지 설교를 하자 졸다가 3층에서 떨어져죽었습니다.

삿 13-14장에서 삼손은 향락의 잠을 자다가 눈이 빼이고 비참한 최후를 맞았습니다.

마 26:36-46에서 베드로, 야고보, 요한이 깨어 기도하지 못하다가 시험에 빠졌습니다.

롬 13:11 "또한 너희가 이 시기를 알거니와 자다가 깰 때가 벌써 되었으니 이는 이제 우리의 구원이 처음 믿을 때보다 가까웠음이니라"

지금은 믿음의 잠을 잘 때가 아닙니다. 깨어 근신할 때입니다. 신랑 되

시는 예수님이 언제 다시 오실 줄 모르기 때문입니다. 주님은 지금 상황
적으로 오시고 계십니다.

2절(하) "… 나의 완전한 자야, 문 열어다고 내 머리에는 이슬이, 내 머리털에는 밤이슬이 가
　　　득하였다 하는구나"

솔로몬이 밤이슬이 머리에 가득히 내리도록 기다려 문을 열어달라고
하였지만 즉시 일어나 열어주지 않는 술람미 여인의 안타까운 모습입니
다. 우리 신앙의 모습도 뒤돌아봐야 하겠습니다.

3절 "내가 옷을 벗었으니 어찌 다시 입겠으며 내가 발을 씻었으니 어찌 다시 더럽히랴마는"

옷을 벗었다 함은 잠을 자기 위한 것이지만 안일과 나태를 나타냅니
다. 이는 깨어서 신랑을 기다리지 아니하고 안일한 상태에 있는 것입니
다. 발 씻을 정도의 수고가 싫어서 문밖에 기다리는 신랑을 영접하지 아
니한다는 것은 말도 되지 않습니다. 이것은 무심하고 방심한 것이 아니
겠습니까? 믿음이 육신주의에 빠지면 안 됩니다. 안일과 방종에 빠져있
으면 안 되는 것입니다.

4절 "나의 사랑하는 자가 문틈으로 손을 들이밀매 내 마음이 동하여서"

신랑은 인내로 기다리다가 문을 열어주지 않자, 손을 문틈으로 들어
넣어 열려고 합니다. 애쓰는 모습입니다. 예수님은 성도가 나태와 안일
한 신앙일 때 이렇게 적극적으로 간섭하십니다. 이럴 때 마음 문을 열고
속히 문을 열어 그를 영접해야 합니다.

계 3:20 "볼지어다 내가 문밖에 서서 두드리노니 누구든지 내 음성을 듣고 문을 열면 내가
그에게로 들어가 그로 더불어 먹고, 그는 나로 더불어 먹으리라"

우리는 마음의 문을 열어놓고 언제나 주님을 맞이할 수 있어야 합니다. 깨어있는 신앙으로 언제나 문을 열어줄 수 있기를 바랍니다.

2. 기회의 상실과 난관

5-7절 "일어나서 나의 사랑하는 자 위하여 문을 열 때 몰약이 내 손에서, 몰약의 즙이 내 손
가락에서 문빗장에 듣는구나 내가 나의 사랑하는 자 위하여 문을 열었으나 그가 벌써
물러갔네 그가 말할 때에 내 혼이 나갔구나 내가 그를 찾아도 못 만났고 불러도 응답
이 없었구나 성중에서 행순하는 자들이 나를 만나매 나를 쳐서 상하게 하였고 성벽을
파수하는 자들이 나의 웃옷을 벗겨 취하였구나

솔로몬 왕은 신부 술람미를 만나기 위해 밤이슬을 맞아가며 문을 열어
주기를 기다렸습니다. 그러나 술람미 여인은 이상하리마치 지체합니다.
기다려도 문을 열어주지 않자, 문틈으로 자기의 손을 넣기도 합니다. 그
러다 떠납니다. 술람미는 후회하고 문빗장을 잡고 열려고 하는데 기름이
묻어있습니다. 그런데 이미 신랑은 떠나간 후입니다. 깜짝 놀라 혼이 나
찾기 시작합니다. 그러나 기회의 상실로 어려움이 닥치고 맙니다.

문빗장 : 문이 열려지지 않도록 가로지른 가로대입니다.

벌써 물러갔네 : 신랑이 떠난 상태입니다(기회가 지나가버린 것).

행순하는 자 : 주위를 살펴 다니는 자입니다.

파수하는 자 : 살펴 지키는 자입니다.

쳐서 상하게 함 : 육적인 고통입니다.

웃옷을 벗김 : 육적인 수치를 당한 것입니다.

성도가 예수님을 잃어버렸을 때 영육간에 고통과 수치가 따름을 의미합니다.

여러분!

솔로몬이 문을 열어주기를 간청하였지만, 술람미 여인은 지체했습니다. 신랑이 문틈으로 손을 들이밀기도 합니다. 이런 와중에 마음이 동하여서 문을 열려고 할 때, 술람미 여인의 손에서 몰약의 즙이 손가락에서 뚝뚝 떨어졌습니다.

술람미 여인이 문을 열었을 때는 솔로몬은 이미 떠난 후였습니다. 후회해 본들 아무 소용이 없었습니다. 그의 이름을 애타게 불러보았지만 이미 떠난 님은 응답이 없었습니다.

여러분!

주님은 우리의 마음의 문을 열어주기를 간절히 원하십니다. 아무리 문을 두드려도 열어주지 않으면 주님이 떠나십니다.

고후 6:2 "… 보라 지금은 은혜 받을만한 때요 보라 지금은 구원의 날이로다"

신랑 예수님이 찾아왔을 때 우리는 즉시 일어나서 맞이해야 합니다.

곧 영접해야 합니다. 마음의 문을 두드릴 때 재빨리 열어드려야 합니다. 지금 문을 두드리시는 주님의 음성을 듣고 있습니까? 마음의 문을 여시기 바랍니다.

술람미 여인처럼 문을 열지 않고 지체하면 아니 됩니다. 그러다보면 솔로몬이 떠나듯 주님이 떠나시고 맙니다. 신부가 신랑을 잃어버린다는 것은 전부를 잃어버린 것입니다. 한 번 기회를 놓치면 잡기가 힘이 듭니다.

전도하다보면 나중에 믿겠다고 합니다. 나중에 믿겠다는 것은 기회를 잃어버리는 것입니다. 솔로몬이 신부를 찾아오는 모습이 예수님이 우리들에게 찾아오시는 모습입니다.

눅 12:20 "… 어리석은 자여 오늘밤에 네 영혼을 도로 찾으리니 그러면 네 예비한 것이 뉘 것이 되겠느냐"

술람미 여인이 잠시 안일에 빠져있을 때 솔로몬이 떠난 것과 같이 우리의 심령은 주의 것인데 안일에 빠져 있으면 안 되는 것입니다. 나중에 후회하지 않도록 단단히 그 줄을 잡아야 할 줄 믿습니다.

막 10:46-52에서 소경 바디매오는 소리쳐 예수님을 찾고 잡자, 눈이 뜨였습니다. 우리에게 주어진 기회를 잘 포착해야 합니다. 지금이 바로 그런 때입니다. 사마리아 우물가의 여인처럼, 소경 바디매오처럼, 뽕나무 위에 올라간 삭개오처럼 예수님을 만나고 영접하여야 합니다. 그러하지 않으면 기회를 놓치게 되는 것입니다.

본문에서 술람미 여인은 하소연을 합니다.

6절 "… 내가 그를 찾아도 못 만났고 불러도 응답이 없었구나"

그리하여 술람미 여인은 허겁지겁 솔로몬을 찾으려고 돌아다니다가 성중에서 행순하는 자들과 성벽을 파수하는 자들을 만나 물어보고 찾으려 하였으나, 도리어 그들에게 상처만 받고 웃옷을 빼앗기는 수모를 당합니다.

옷은 성도들의 행실입니다. 영적인 잠을 자면 이러한 결과를 만나는 것입니다. 그것은 첫째 주님과 영적인 교제가 끊어지는 고통이며, 둘째 수치의 대상이 될 수 있다는 사실이며, 셋째 주님과의 교통을 다시 회복하기까지 상당한 진통의 기간이 따른다는 것입니다. 그러므로 이러한 영적인 잠을 자지 않도록 항상 깨어있어야 합니다. 노아의 방주 문이 닫히면 구원의 문이 닫히듯이 그날이 이르기 전에 깨어 기다리고 준비하시기를 주의 이름으로 축원합니다.

3. 사랑하는 자의 참모습

술람미는 예루살렘 여자들(시온 성에 사는 처녀들)에게 내가 솔로몬을 너무너무 사랑하므로 병이 났음을 전해달라고 합니다. 이 여인들은 술람미 여인의 사랑하는 자가 도대체 어떠하기에 이렇게 부탁하는가 의아해

합니다.

예루살렘 여자들 : 예루살렘에 사는 여인들입니다(솔로몬을 사랑하는 여자들).

여자 중 극히 어여쁜 자 : 뛰어난 미모와 마음을 지닌 여인입니다. 참 성도의 모형입니다.

나의 사랑하는 자 : 솔로몬입니다. 예수님을 예표합니다.

병이 났다 : 사랑의 병이 난 것입니다.

성도가 예수님과 교제를 떠나 병이 났음을 의미합니다.

여러분!

술람미 여인은 성중 곳곳을 찾아다녔지만 신랑을 찾지 못하고, 고통과 수치를 당하고, 종래는 예루살렘 여자들에게 자기가 사랑하는 자를 찾아 헤매다가 병이 났음을, 만나면 이 사실을 말해줄 것을 부탁까지 합니다. 우리도 영적 침체, 신앙생활의 나태를 빨리 극복하지 못하면 이와 같은 어려운 일을 당할 수 있습니다. 신앙의 잠을 자면 영적으로 낭패를 보게 됩니다. 갖은 수모를 당하기도 합니다. 또한 되는 일이 없습니다. 이러 할 때 신앙을 빨리 회복해야 합니다. 영적인 문제가 해결되면, 다른 것은 자연 해결됩니다. 나의 모든 문제 해결의 열쇠는 예수님뿐입니다. 예수 님과의 바른 관계가 중요합니다.

요 21:15 "저희가 조반 먹은 후에 예수께서 시몬 베드로에게 이르시되 요한의 아들 시몬아 네가 이 사람들보다 나를 더 사랑하느냐 …"

16절 두 번째 똑같이 질문하십니다.

17절 세 번째 똑같이 질문하십니다.

베드로는 대답합니다. "내가 주를 사랑하는 줄 주께서 아시나이다."

이와 같이 믿음의 선진들처럼 예수님을 사랑하고, 뜻을 다하고, 성품을 다하고, 목숨 바쳐 예수님을 사랑하십시다!

9절 "… 너의 사랑하는 자가 남의 사랑하는 자보다 나은 것이 무엇인가 …"

예루살렘 여자들도 솔로몬을 사랑했습니다. 그러나 형식적이고 외형적인 사랑이었습니다. "당신이 사랑하는 그 솔로몬이 어떤 분이기에 그렇게 병이 날 정도로 간절히 찾는 것입니까?" 묻고 있습니다.

여러분!

예수님은 도대체 어떤 분이십니까? 예수님은 가이사랴 빌립보 지방에 가시면서 제자들에게 "사람들이 인자를 누구라 하느냐(마 16:13)"고 묻습니다. 제자들도 예수님이 누구인지 확실히 몰라서 "다른 사람이 이렇게 말합니다" 하고, "더러는 세례 요한, 더러는 엘리야, 어떤 이는 예레미야나 선지자 중의 하나라 하나이다(14절)"라고 합니다. 이에 다시 주께서 제자들에게 직접 "너희는 나를 누구라 하느냐(15절)"고 질문하셨을 때, 시몬 베드로가 "주는 그리스도시오. 살아계신 하나님의 아들이시니이다(16절)." 이런 신앙고백을 하자, 주님께서는 "바요나 시몬아, 네가 복이 있도다. 이를 네게 알게 한 이는 혈육이 아니요, 하늘에 계신 내 아버지이시니라(17절)"라고 칭찬하셨습니다.

예수님은 인류의 구원자이십니다(눅 2:29-32).

예수님은 근본 하나님의 본체이십니다(빌 2:6).

예수님은 하나님의 창조의 근본이십니다(계 3:14).

예수님은 하나님의 형상이요, 영광의 광체이신 분입니다(고후 4:4).

예수님은 만왕의 왕이요, 만주의 주이십니다(계 17:14).

마 28:20에서 "내가 세상 끝 날까지 항상 함께 있으리라" 하신 분입니다.

요 14:27, 16:24에서 "평안을 주겠다, 기쁨이 충만하리라" 하신 분입니다.

메시아이신 예수님은 이와 같이 밀씀하고 있습니다.

행 1:11에서 "하늘로 가심을 본 그대로 오시리라" 하셨습니다.

계 22:7, 12에서 "보라, 내가 속히 오리니…"라고 하셨습니다.

그 예수님은 속히 오셔서 새 땅과 새 하늘을 이루실 분입니다.

여러분!

성도는 예수님만 바라고, 소망하고 사랑해야 합니다. 오직 예수님만 내 중심에 모시고 살아가기를 바랍니다.

찬송가 102장
주 예수보다 더 귀한 것은 없네.
이 세상 부귀와 바꿀 수 없네.

예루살렘 여자들은 솔로몬은 단지 우월한 왕으로 알고 있었습니다. 술람미 여인이 알고 있는 솔로몬은 그것과 차원이 다릅니다. 참된 성도는 예수님을 지극히 사랑하고, 사모하며, 그 말씀대로 살아가는 자입니다. 똑같이 구원받고 주님을 사랑하는 자라 할지라도, 예수님을 넓이와 길이와 높이를 아는 폭은 다릅니다. 신앙의 성숙한 자들이 되어 그분과 영교하며 동행하기 바랍니다. 이러한 영적 신앙을 소유하시기를 바랍니다.

여러분!

우리는 주님의 영적 신부이므로 신랑 되시는 주님을 항상 사랑하여야 합니다. 그분 안에 온전히 거해야 합니다. 주님과의 사랑의 관계가 소원해짐은 외부적 환경이나 조건이 아닙니다. 우리의 신실한 믿음입니다. 뜻을 다하고, 성품을 다하고, 목숨을 다하여 일심으로 주를 사랑하는 것입니다. 나의 중심에 오직 예수 한분만으로 만족하고 전심전력을 다하시기를 주의 이름으로 축원합니다.

만사람에 뛰어난 분

아가서 5:10

나의 사랑하는 자는 희고도 붉어 만사람에 뛰어난다

술람미 여인이 사랑하는 솔로몬은 희고도 붉어 만사람에 뛰어나다고 하였습니다. 도대체 어떠하기에 그러한가를 알아보고자 합니다. 이것은 우리 주 예수님을 더 깊이 이해하고 아는 것에 초점이 맞추어져 있습니다. 세 가지 모습을 구체적으로 살펴보고자 합니다.

1. 흰 모습임

10절(상) "나의 사랑하는 자는 희고도 …"

술람미 여인이 사랑하는 솔로몬에 대해 희다고 하였습니다. 희다는 것은 깨끗하고 순결함을 말합니다. 예수님의 신성을 나타내주고 있습니다.

희고 : '쟈크(צַח)' 는 '눈부시게 희다' 는 뜻입니다. 희다는 것은 깨끗하고 순결한 것입니다. 신성을 의미합니다(이상근).

예수님의 신성을 나타내는 의미입니다.

여러분!

술람미 여인이 사랑하는 솔로몬을 희다고 하였습니다. 예부터 희다는 것은 순결성, 정결성을 의미합니다. 예부터 우리 민족은 흰옷 입기를 좋아했습니다. 그래서 백의민족이라고 하지 않습니까? 흰옷을 입음은 깨끗하고 순결한 모습입니다. 예수님은 베드로와 야고보와 그 형제 요한을 데리고 따로 높은 산에 올라가셨습니다. 그런데 보십시요! 예수님이 변형이 되십니다.

마 17:2 "저희 앞에서 변형되사 그 얼굴이 해같이 빛나며 옷이 빛과 같이 희어졌더라"

예수님 얼굴이 해같이 빛나며, 옷이 빛과 같이 희어졌다고 하였습니다. 예수님이 모세와 엘리야로 더불어 말씀하는 것을 보았습니다. 베드로가 여기가 좋사오니 모세와 엘리야 그리고 주를 위해 초막 셋을 짓겠다고 합니다. 여기 눌러 살겠다는 것입니다. 그때 홀연히 빛난 구름이 저희를 덮으며 구름 속에서 하나님께서 "이는 내 사랑하는 아들이요, 내 기뻐하는 자니 너희는 저희 말을 들어라"라고 하십니다. 제자들이 심히 두려워하며 엎드려 있는데, 예수님이 손을 대시며 두려워말라고 하십니다. 제자들이 눈을 들어보니 오직 예수님 외에는 아무도 보이지 않았습니다.

바울이 대제사장으로부터 공문을 받아 다메섹에 가서 예수 믿는 자들을 무른 남녀라고 결박하려가던 중, 홀연히 하늘로서 빛이 저를 둘러 비췄습니다. 예수님이 흰 빛 가운데서 나타나시어 말씀하십니다. 그 빛으로 인해 사흘 동안 보지 못하고 식음을 전폐하였습니다.

단 10:4-6 "정월 이십사일에 내가 힛데겔이라 하는 큰 강가에 있었는데 그때에 내가 눈을 들어 바라본즉 한사람이 세마포 옷을 입었고 허리에는 우바스 정금 띠를 띠었고 그

> 몸은 황옥 같고 그 얼굴은 번개 빛 같고 그 눈은 횃불 같고 그 팔과 발은 빛난 놋
> 과 같고 그 말소리는 우뢰의 소리와 같더라"

예수님이 세마포 흰옷을 입었고, 허리에 우바스 정금 띠를 띠었습니다. 몸은 황옥 같고, 그 얼굴은 번개 빛 같고, 그 눈은 횃불 같았습니다.

계 1:13-16 "촛대 사이에 인자 같은 이가 발에 끌리는 옷을 입고 가슴에 금띠를 띠고, 그 머리와 털의 회기가 흰 양털 같고 눈 같으며 그의 눈은 불꽃같고 그의 발은 풀무에 단련한 빛난 주석 같고 그의 음성은 많은 물소리와 같으며 그 오른손에 일곱 별이 있고 그 입에서 좌우에 날선 검이 나오고 그 얼굴은 해가 힘 있게 비취는 것 같더라"

예수님은 촛대 사이에 발에 끌리는 옷을 입었습니다. 이 옷은 세마포 흰옷입니다. 머리가 희기가 흰 양털 같다고 하였습니다. 그 얼굴은 해가 힘 있게 비취는 것 같다고 하였습니다. 예수님의 신성의 모습입니다.

본문에 희다는 것은 '눈부시게 희다'는 어원을 갖고 있습니다. 이는 깨끗하고 빛나는 모습의 예수님의 신성을 의미합니다. 옳습니다. 예수님은 인성과 신성을 동시에 가지신 분입니다. 술람미 여인은 솔로몬의 모습을 먼저 희다고 하였습니다. 솔로몬의 순결성을 칭송하고 있는 것입니다. 솔로몬은 예수님을 예표합니다. 우리 모두는 예수님의 순결하시고 정결하신 고결한 모습을 바라보며 다시 오실 예수님을 소망하기를 주의 이름으로 축원합니다.

2. 붉은 모습임

술람미 여인이 사랑하는 자가 먼저 희다고 하고, 다음으로 붉다고 합니다. 붉다는 것은 생동감 넘치는 모습입니다. 예수님의 인성을 나타내 주고 있습니다.

붉어 : '웨아돔(□"דֹֽ＾דֹ)'은 붉다는 어원이며, 의미상으로는 혈색이 좋음을 뜻합니다. 인성을 의미합니다(이상근). 붉다는 것은 십자가에서 붉은 피를 흘리는 모습입니다. 다른 한편으로는 영광의 모습을 의미하기도 합니다.

예수님의 십자가에서 피 흘려 죽으심을 의미합니다.

여러분!

술람미 여인이 사랑하는 솔로몬을 처음에는 희다 하고, 그 다음으로 붉다고 하였습니다. 예수님은 인간의 죄를 담당하시기 위해 인간과 동일한 육체로 오셨습니다. 초림의 예수님은 죽으러 오신 것입니다.

사 53:2-3 "그는 주 앞에서 자라나기를 연한 순 같고 마른 땅에서 나온 줄기(싹) 같아서 고운 모양도 없고 풍채도 없은즉 우리의 보기에 흠모할만한 아름다운 것이 없도다 그는 멸시를 받아서 사람에게 싫어 버린 바 되었으며 간고를 많이 겪었으며 질고를 아는 자라 마치 사람들에게 얼굴을 가리우고 보지 않음을 받는 자 같아서 멸시를 당하였고 우리도 그를 귀히 여기지 아니하였도다"

주님은 마른 땅에서 나온 줄기(또는 싹) 같아서 고운 모양도 없고, 풍채도 없어 흠모할만한 아름다운 것이 없고, 풍채도 없다고 하셨습니다. 멸시를 받고 싫어 버린 바 되고 간고를 많이 겪어 질고를 안다고 하였습니다. 초림으로 오시는 예수님의 모습을 나타내주고 있습니다.

주님은 십자가에 곤욕을 당하여도, 괴로울 때에도 그 입을 열지 않았다고 하였습니다. 마치 도수장으로 끌려가는 어린양 같았고, 털 깎는 자 앞에 잠잠한 양 같이 그 입을 열지 아니하였다 했습니다. 예수님은 이 땅에 유월절 어린양이 되시어 죽으러 오셨던 것입니다. 인류를 죄에서 구원하시기 위해 이 땅에 오셨습니다. 십자가의 붉은 피는 우리 모든 죄를 사하여 주셨습니다.

예수님은 죄가 없으신 분으로 우리를 구원하시기 위해 속죄제물이 되시어 십자가에서 피 흘려 죽어 산제물이 되셨던 것입니다. 그러므로 우리는 이제 죽은 행실, 옛 성품을 십자가에 못 박고 새 사람, 새 생명으로 새 삶을 살아가야 합니다.

본문에서 술람미 여인은 신랑 솔로몬을 희고 붉다고 하였습니다. 예수님의 신성과 인성을 나타내주고 있습니다. 예수 안에 성결하고 정결한 삶을 살아가기를 주의 이름으로 축원합니다.

3. 만사람에 뛰어남

10절(하) "나의 사랑하는 자는 … 만사람에 뛰어난다"

술람미 여인이 사랑하는 자는 첫째 희고, 둘째 붉으며, 셋째 만사람에 뛰어나다고 했습니다. 예수님은 모든 사람이 흠모하는 탁월한 분입니다. 만물 위에 뛰어나신 분입니다.

만사람에 뛰어남 : 용모와 인격이 탁월하여 뭇사람의 시선을 끌고 있

음을 뜻합니다.

예수님은 인성과 신성을 가지신 분이며, 만물 위에 뛰어난 분임을 의미합니다.

여러분!

예루살렘 여자들은 술람미 여인에게 그렇게도 그분이 좋으냐고 묻습니다. 술람미 여인은 조금도 주저하거나 부끄러움 없이 말합니다. 그분은 희고도 붉어 만사람에 뛰어나는 분이라고 합니다. 성결하고 고결하신 분이며, 모든 사람에 뛰어남을 칭송합니다. 예수님은 신성으로 고결하시며, 인성으로 성결하신 분입니다. 예수님은 모든 사람에 뛰어나시며, 만물 위에 뛰어나십니다.

빌 2:9-10 "이러므로 하나님이 그를 지극히 높여 모든 이름 위에 뛰어난 이름을 주사 하늘에 있는 자들과 땅에 있는 자들과 땅 아래 있는 자들로 모든 무릎을 예수의 이름에 꿇게 하시고"

복음송 '모든 이름 위에 뛰어난 이름'

모든 이름 위에 뛰어난 이름 예수는,
주 예수는 주 모두 무릎 꿇고 경배를 드리세.
예수는, 만유의 주님 예수는,
주 예수는 주 온 천하 만물 우러러 그 보좌 앞 영광을 돌리세.
예수, 예수, 예수는 주

예수님은 모든 이름 위에 뛰어난 이름을 하나님께서 주셨습니다. 예수님은 만유의 주이십니다. 모두 예수 이름에 무릎을 꿇어야 합니다. 술람미 여인이 솔로몬을 만사람에 뛰어나다고 한 것 같이 성도는 만물 위에 뛰어난 그분의 이름을 찬양하며, 높여야 될 줄 믿습니다.

골 1:16-17 "만물이 그에게 창조되되 하늘과 땅에서 보이는 것들과 보이지 않는 것들과 혹은 보좌들이나 주관들이나, 정사들이나 권세들이나 만물이 다 그로 말미암고 그를 위하여 창조되었고 또한 그가 만물보다 먼저 계시고 만물이 그 안에 함께 섰느니라"

천지와 만물이 아들로 창조되매 하늘과 땅에서 보이는 것들과 보이지 않는 것들과 세상의 모든 것이 다 그로 말미암고 그를 위해 창조되었다고 하였습니다. 만물보다 먼저 계시고, 만물이 그 안에 함께 섰다고 하였습니다.

골 8:6 "그러나 우리에게는 한 하나님 곧 아버지가 계시니 만물이 그에게서 났고 우리도 그를 위하여 또한 한 주 예수 그리스도께서 계시니 만물이 그로 말미암고 우리도 그로 말미암았느니라"

요 1:2-3 "그가 태초에 하나님과 함께 계셨고 만물이 그로 말미암아 지은 바 되었으니 지은 것이 하나도 그가 없이는 된 것이 없느니라"

예수님은 태초에 하나님과 함께 계셨고, 만물이 그로 말미암아 지은 바 되었습니다. 우리는 만유의 주시며 근본이신 예수님을 높이 찬양해야 합니다.

히 1:3 "이는 하나님의 영광의 광채시오 그 본체의 형상이시라 그의 능력의 말씀으로 만물을 붙드시며 죄를 정결케 하는 일을 하시고 높은 곳에 계신 위엄의 우편에 앉으셨느니라"

  예수님은 하나님의 영광의 본체시며, 형상이며, 광채이십니다. 예수님은 높은 곳에 계신 위엄의 우편에 계셔 우리를 중보하십니다.

  술람미 여인은 솔로몬의 모습을 희고도 붉어 만사람 위에 뛰어나다고 하였습니다. 예수님은 이 땅에 육의 모습으로 오시어 십자가에서 피 흘려 죽으셨습니다. 죄로 말미암아 고통 받는 인간을 구원하시기 위해서였습니다. 예수님은 근본 하나님의 본체이시나 낮아져 비하의 형상으로 이 땅에 오신 것입니다. 예수님은 사람이시며 또한 살아계신 하나님이십니다. 예수님은 인성과 신성을 동시에 지니신 분이십니다. 예수님은 모든 이름 위에 뛰어난 분이며, 만물 위에 뛰어난 분입니다. 예수님은 만유의 주가 되시며 또한 선한 목자가 되십니다. 하나님의 보좌 우편에 앉으사 우리를 중보하시고 계시는 그분께 감사와 찬양과 영광을 돌려야 될 줄 믿습니다. 예수 안에 새 생명으로 삶을 살아가기를 주의 이름으로 축원합니다.

신랑을 찬미하는 신부

아가서 5:11-16

머리는 정금 같고 머리털은 고불고불하고 까마귀같이 검구나 눈은 시냇가의 비둘기 같은데 젖으로 씻은 듯하고 아름답게도 박혔구나 뺨은 향기로운 꽃밭 같고 향기로운 풀언덕과도 같고 입술은 백합화 같고 몰약의 즙이 뚝뚝 떨어진다 손은 황옥을 물린 황금 노리개 같고 몸은 아로새긴 상아에 청옥을 입힌 듯하구나 다리는 정금 받침에 세운 화반석 기둥 같고 형상은 레바논 같고 백향목처럼 보기 좋고 입은 심히 다니 그 전체가 사랑스럽구나 예루살렘 여자들아 이는 나의 사랑하는 자요 나의 친구일다

술람미 여인의 나태와 안일과 방심이 시련을 겪기는 했지만 더욱더 성숙한 사랑으로 나아가게 됐습니다. 솔로몬을 좀 더 이해하고 그 모습을 좀 더 바로 알게 되었습니다. 그녀는 솔로몬 왕을 머리로부터 발끝까지 탁월함을 찬미하고 있습니다. 성도는 고난과 시련의 터널이 지나면 정금 같은 신앙으로 나아가게 되고, 더욱 성숙되어 감을 뜻합니다. 예수님을 좀 더 깊이 알고 그 모습을 바로 알아가기를 바랍니다.

신랑을 찬미하는 신부의 모습을 살펴봅니다.

1. 머리는 정금 같고 머리털은 검음

11절 "머리는 정금 같고 머리털은 고불고불하고 까마귀같이 검구나"

예루살렘 여자들이 말합니다. 너의 신랑이 다른 사람보다 나은 것이 무엇이기에, 그토록 병이 날 정도가 되어 만나기를 부탁하느냐고 묻습니다. 이에 술람미 여인은 신랑의 모습을 머리는 정금 같이 빛나고, 지혜와 총명이 넘치고, 출렁거리는 머리카락은 젊고 활력이 넘침을 예찬합니다.

머리는 정금 같고 : 정금 '케뎀파즈(כתם פז)'는 잘 정련된 순금을 뜻합니다. 금은 하나님의 신성을 상징합니다(예수님의 신성이 거하심).

머리털 : 아름다움과 젊음을 상징합니다(이상근).

까마귀같이 검다 : 생동감 있고 활력이 넘치는 모습을 의미합니다.

솔로몬의 강건함과 생명 넘친 모습을 나타내고 있습니다.

여러분!

예루살렘 여자들은 술람미 여인에게 왜 그토록 그분이 좋으냐, 그렇게 미칠 만큼 그분이 좋으냐는 것입니다. 그렇게 병이 날 정도로 그분이 좋으냐고 묻습니다. 술람미 여인은 조금도 주저하거나 부끄러움 없이 말합니다. 그분은 만사람 가운데서도 뛰어나게 탁월한 분이요, 고귀하고 영광스러운 분임을 기탄없이 말합니다.

11절 "머리는 정금 같고 머리털은 고불고불하고 까마귀같이 검구나"

술람미 여인은 솔로몬 왕을 먼저 머리 부분에 대해 칭송합니다. 머리털이 고불고불함은 바람에 물결치는 마치 종려나무가지처럼 비유하여 승리와 평화를 나타냅니다. 까마귀같이 검다는 것은 젊음이 넘침을 말합니다. 그것은 곧 생명력을 의미합니다. 본문은 곧 예수님의 능력은 영원불변함을 나타냅니다.

히 13:8 "예수 그리스도는 어제나 오늘이나 영원토록 동일하시니라"

히 1:12 "의복처럼 갈아입을 것이요 그것들이 옷과 같이 변할 것이나 주는 여전하여 연대가
　　　　다함이 없으리라"

세상 권세 영화는 쉽게 변하지만, 예수님의 능력은 영원불변합니다.

찬송가 133장 '어저께나 오늘이나'

어저께나, 오늘이나, 아무 때든지 영원토록 변함없는 거룩한 말씀 믿고 순종하는 이의 생명 되시며, 한량없이 아름다운 기쁜 말일세. 어저께나, 오늘이나, 영원 무궁히 한결같은 주 예수께 찬양합시다. 세상 지나고 변할지라도 영원하신 주 예수 찬양합시다.

주께서는 어제나, 오늘이나, 영원토록 동일하시며, 우리와 함께하십니다.

사 9:7 "그 나라를 굳게 세우고 지금 이후 영원토록 공평과 정의로 그것을 보존하실 것이라"

예수님은 영원토록 불변하십니다.

11절(상) "머리는 정금 같고 …"

솔로몬 왕은 황금으로 된 면류관을 쓰고 있는 모습을 연상한 것 같습

니다. '금'은 하나님의 신성을 상징한다는 점에서 이는 솔로몬으로 예표된 그리스도께서 신성의 모든 충만이 육체로 거하시는(골 2:9) 분이심을 나타냅니다.

골 2:9-10 "그 안에 신성의 모든 충만이 육체로 거하시고 너희도 그 안에 충만하여졌으니 그는 모든 정사와 권세의 머리시라"

11절(중하) "… 머리털은 고불고불하고 까마귀같이 검구나"

머리카락은 고대 세계에서 생명의 상징이며 영원한 존재의 상징이었습니다. 고대 왕들은 그 나라의 풍속에 따라 머리의 모양은 다르게 하였어도 대부분의 왕들은 권력의 상징으로 긴 머리를 하였습니다. 이스라엘 사람들도 머리카락을 대체로 길게 길렀습니다. 나실인이 서원을 하였을 경우에는 머리털을 자르는 것이 금지되었습니다(민 6:5, 삿 13:5, 16:17). 삼손은 머리털을 지키지 못해 옥중에서 맷돌을 돌리는 신세가 되었습니다. 검은 머리털은 아름다움의 상징으로, 백발은 장수의 복을 나타냅니다. '까마귀같이 검구나'는 그 머리털이 칠흑같이 검은 것을 말합니다. 이것은 솔로몬 왕의 머리털이 생동감이 있고 젊음이 넘침을 뜻합니다. 그리고 예표론적인 의미에서 그리스도께서 어제나, 오늘이나, 영원토록 동일하신 분임이 묘사됩니다. 그분 안에 활력과 생명력 넘치는 신앙으로 살아가기를 주의 이름으로 축원합니다.

2. 눈, 뺨, 입술의 아름다움과 향기

12-13절 "눈은 시냇가의 비둘기 같은데 젖으로 씻은 듯하고 아름답게도 박혔구나 뺨은 향기

244 왜, 그리도 사랑하시는지요?

로운 꽃밭 같고 향기로운 풀언덕과도 같고 입술은 백합화 같고 몰약의 즙이 뚝뚝
떨어진다"

솔로몬 왕의 눈은 맑고 순결하며, 마치 보석을 박은 듯 아름답고, 뺨은
향기로운 꽃밭과 풀언덕처럼 생동감 있으며, 평화롭습니다. 그의 입술은
백합화처럼 화사하고, 몰약의 진액처럼 향기가 넘칩니다.

눈 : 전지성을 의미합니다.
비둘기 : 성령의 역사에 비유합니다(계 5:6). 순결성을 의미합니다.
아름답게 박혔구나 : 왕의 눈이 마치 보석을 박은 것처럼 아름답다는
　　　　　　　　　　것입니다.
뺨 : 순결하고 수줍은 모습입니다. 면전(독대)의 의미도 있습니다.
꽃밭 : 안식과 평화의 모습(호크마), 생명의 약동이 흘러넘치는 곳입니다.
풀언덕 : 생명의 풍성함이 넘치는 곳입니다.
백합화 : 참나리 계통의 꽃으로 순백색의 향기 나는 꽃입니다.
몰약 즙 : 몰약은 방향성 수지이며, 즙은 진액입니다. 썩지 않은 영생
　　　　　의 말씀으로 은혜의 단비 같은 진액입니다.

예수님은 안식과 평화를 주시며 영생의 말씀은 은혜의 단비 같음을 의
미합니다.

여러분!
술람미 여인은 솔로몬 왕의 눈을 시냇가의 비둘기 같은 눈이라고 합니
다. 눈은 모든 것을 보는 것입니다. 눈은 마음의 창이라고 합니다. 눈이
맑으면 마음도 깨끗하고 정결합니다.
본문에서 "눈은 시냇가의 비둘기 같은데…." '시냇가의 비둘기'라는

것은 눈의 맑음과 순결함과 아름다움을 나타냅니다. 그리고 "젖으로 씻은 듯하고…." 벧전 2:2에서 "갓난아이들같이 순전하고 신령한 젖을 사모하라." 순전하고 신령한 눈은 말씀으로 씻어진 눈입니다. 술람미 여인의 눈도 비둘기 같다고 하였습니다. 아 1:15에서 "내 사랑아, 너는 어여쁘고 어여쁘다. 네 눈이 비둘기 같구나"라고 하였습니다. 이와 못지않게 솔로몬 왕의 눈도 깨끗하고, 순전하고, 신령한 눈을 가졌습니다.

솔로몬 왕은 예수님을 예표합니다. 그러므로 예수님의 눈은 정결함 자체입니다. 사랑으로 가득 찬 순결한 눈입니다. 그에다 빛나는 눈이요, 불꽃같은 눈입니다.

계 1:14 "그 머리와 털의 희기가 흰 양털 같고 눈 같으며 그의 눈은 불꽃같고"
잠 15:3 "여호와의 눈은 어디서든지 악인과 선인을 감찰하시느니라"

하나님의 눈은 전지전능하신 눈으로 만물을 감찰하십니다. 예수님의 눈은 불꽃같은 눈으로 선악을 감찰하십니다.

13절 "뺨은 향기로운 꽃밭 같고 향기로운 풀언덕과도 같고 …"

솔로몬의 뺨은 안식과 평화가 깃든, 생명이 넘치는 모습을 나타내고 있습니다. 향기로운 꽃밭은 생명의 약동이 흘러넘치고 향기로운 풀언덕은 안식과 평안이 깃드는 곳입니다. 아름다운 꽃밭 같고, 아름다운 풀언덕 같은 뺨을 가진 솔로몬은 평화의 왕입니다. 예수님은 평화의 왕으로 이 땅에 오셨습니다. 성도는 예수님 안에 평안이 있어야 합니다.

우리의 얼굴 표정이 아름다운 꽃밭 같고, 향기로운 꽃밭 같고, 풀언덕 같으며, 우리는 그리스도로 말미암아 평강을 얻습니다. 그리스도의 평강이 우리 마음을 지배하면 얼굴 표정은 삶의 환경도 아름다운 꽃밭같이 생동감이 있고, 향기로운 풀언덕같이, 화평한 동산같이 됩니다.

13절(하) "… 입술은 백합화 같고 몰약의 즙이 뚝뚝 떨어진다"

입술이 백합화 같다는 것은 백합화처럼 향기롭고 순결함을 뜻합니다.

시 45:2 "왕은 인생보다 아름다워 은혜를 입술에 머금으니 …"

술람미 여인은 신랑의 입술이 백합화 같이 향기롭고 몰약의 즙이 뚝뚝 떨어진다고 합니다. 예수님의 말씀은 몰약 즙처럼 은혜의 단비같이 계속적으로 곤핍한 영혼에게 풍족히 내려주시는 단비와 같습니다.

예수님 입에서 나오는 말씀은 영생의 말씀입니다. 몰약의 즙처럼 썩지 않는 생명의 말씀입니다. 이 말씀은 곧, 살아 역사하는 말씀입니다. 그리고 기쁨과 소망과 생명을 주시는 분입니다.

> **찬송가 82장**
>
> 나의 기쁨 나의 소망되시며, 나의 생명이 되신 주
>
> 밤낮 불러서 찬송을 드려도 늘 아쉬운 마음뿐일세.

우리 모두는 사죄와 칭의와 새 생명으로 인도하시는 예수님 앞으로 나아갈 수 있기를 주의 이름으로 축원합니다.

3. 손과 몸과 다리의 모습

14-16절 "손은 황옥을 물린 황금 노리개 같고, 몸은 아로새긴 상아에 청옥을 입힌 듯하구나

다리는 정금 받침에 세운 화반석 기둥 같고 형상은 레바논 같고 백향목처럼 보기 좋고 입은 심히 다니 그 전체가 사랑스럽구나 예루살렘 여자들아 이는 나의 사랑하는 자요 나의 친구일다”

술람미 여인이 계속적으로 솔로몬 왕의 모습을 예찬합니다. 본문은 손과 몸과 다리를 예찬하는 장면이 나옵니다. 솔로몬 왕의 손은 황옥을 물린 황금노리개 같고, 몸은 아로새긴 상아에 청옥을 입힌 듯하고, 다리는 대리석기둥 모양이 백향목처럼 튼튼하다는 것입니다. 그의 몸 전체가 균형지고 자랑스럽다는 것입니다.

황옥 : 황색의 투명한 보석입니다. 벽옥으로 불리기도 합니다. 완전성을 상징합니다.

황금노리개 : 금가락지를 가리킵니다. 영원불변성을 상징합니다.

몸 : 히브리어 ‘메에(מֵעֶה)’는 특히 복부를 가리킵니다. 심장, 마음이라는 뜻도 있습니다.

아로새긴 상아 : 상아는 코끼리의 앞니로 희고, 아름답고, 결이 좋아 조각으로 쓰입니다. 솔로몬의 왕좌도 상아로 만들어졌습니다(왕상 10:18).

청옥 : 푸르고 투명한 청색을 띤 보석의 일종입니다. 남보석으로도 번역됩니다(출 28:18, 계 21:19).

화반석 : 홍백석의 조그마한 무늬가 있는 곱고 푸른 돌입니다. ‘대리석’ 또는 ‘설화석고’라 하기도 합니다.

솔로몬 왕의 힘 있고, 당당하고, 고귀하고, 위엄 있고, 위풍당당한 모습을 나타냅니다. 예수님 모습의 고귀함과 아름다움과 신성을 의미합니다.

여러분!

솔로몬 왕의 손은 황옥을 물린 황금노리개 같고, 몸은 아로새긴 상아에 청옥을 입힌 듯하다고 합니다. 예수님의 손은 우리를 위해 십자가에 못 박힌 손이요, 예수님의 몸은 우리를 위해 십자가에 제물로 바쳐진 몸입니다. 사도 요한은 예수님의 모습을 계 1:16-18에서 "그 오른손에 일곱 별이 있고, 그 입에서 좌우에 낯선 검이 나오고, 그 얼굴은 해가 힘 있게 비취는 것 같더라. 내가 볼 때에 그 발 앞에 엎드러져 죽은 자 같이 되매 그가 오른손을 내게 얹고 가라사대 두려워 말라. 나는 처음이요, 나중이니 곧 산 자라…"고 기록하고 있습니다.

예수님의 손은 일곱 별을 붙잡으실 손입니다. 권위의 손입니다. 능력의 손입니다. 통치의 손입니다. 축복의 손입니다.

요 10:28 "내가 저희에게 영생을 주노니 영원히 멸망치 아니할 터이요 또 저희를 내 손에서 빼앗을 자가 없느니라"

시 111:7-8 "그 손의 행사는 진실과 공의며 그 법도는 다 확실하니 영원 무궁히 정하신 바요 진실과 정의로 행하신 바로다"

예수님의 하시는 일은 영원불변함을 말하는 것입니다.

사 54:10에서 주님의 언약은 영원불변하다고 했습니다.

히 9:12에서 주님의 속죄 사역은 영원불변하다고 했습니다.

눅 1:33에서 주님의 통치권은 영원불변하다고 했습니다.

시 117:2, 시 23:6에서 우리를 향하여 베푸신 인자와 진실하심이 영원하다고 했습니다.

솔로몬의 몸은 아로새긴 상아에 청옥을 입힌 듯하구나 하였습니다. 몸의 어원은 심장, 마음이라는 뜻을 지니고 있습니다. 아로새김은 정교성을 나타냅니다. 상아와 청옥은 순수성과 고귀성을 나타냅니다. 청옥은 계 21:20에 열두 진주 문 중의 열한 째는 청옥으로 되어 있습니다. 청옥은 영원한 생명의 뜻을 지닙니다. 예수님은 영원한 생명이십니다.

골 2:9-10 "그 안에 신성의 모든 충만이 육체로 거하시고 너희도 그 안에서 충만하여졌으니 그는 모든 정사와 권세의 머리시라"

예수님은 상아에 청옥을 입힌 듯 아름답고 고귀하신 분이십니다. 예수님은 하늘에 속한 신성을 지니신 신령하신 분이십니다.

단 10:4-6 "정월 이십사일에 내가 힛데겔이라 하는 큰 강가에 있었는데 그때에 내가 눈을 들어 바라본즉 한사람이 세마포 옷을 입었고 허리에는 우바스 정금 띠를 띠었고 그 몸은 황옥 같고 그 얼굴은 번개 빛 같고 그 눈은 횃불 같고 그 팔과 발은 빛난 놋과 같고 그 말소리는 무리의 소리와 같더라"

솔로몬의 다리는 정금 받침에 세운 화반석 기둥 같고, 형상은 흰 산 레바논 같으며, 백향목처럼 위엄 있고 웅장합니다. 고대 문학에는 다리는 기둥으로, 발은 받침대로 표현하였습니다. 솔로몬의 다리는 강하고 견고함을 나타냅니다.

왕상 7:21-22 "이 두 기둥을 전의 낭실 앞에 세우되 우편의 기둥을 세우고 그 이름을 야긴이라고 하고 좌편의 기둥을 세우고 그 이름을 보아스라 하였으며 그 두 기둥 꼭대기에 백합화 형상이 있더라 …"

계 3:12 "이기는 자는 내 하나님 성전에 기둥이 되게 하리니 그가 결코 다시 나가지 아니하리라 …"

솔로몬의 다리는 굳건한 화반석 같았습니다. 당당하고, 강인하고, 위엄 있고, 우람했습니다. 정금 받침에 세운 대리석기둥 같고 품위는 백향목처럼 아름다웠습니다. 예수님은 진리의 기둥이시며, 진리의 터의 말씀입니다.

16절 "입은 심히 다니 그 전체가 사랑스럽구나 예루살렘 여자들아 이는 나의 사랑하는 자요 나의 친구일다"

입이 심히 달다는 것은 예수님 입에서 나오는 진리의 말씀이 꿀 송이보다 더 달다는 의미입니다(시 19:10, 119:103).

찬송가 235장

달고 오묘한 그 말씀 생명의 말씀은,

귀한 그 말씀 진실로 생명의 말씀이

나의 길과 믿음 밝히 보여주네.

아름답고 귀한 말씀 생명 샘이로다.

아름답고 귀한 말씀 생명 샘이로다.

술람미 여인과 솔로몬 왕은 서로간 연인이요, 친구 사이임과 같이 예수님과 성도(교회)도 이와 같아야 합니다. 온전히 연합되어야 합니다. 오직 예수님을 사랑하고 그분의 친구가 되어 교제하며, 사랑하시기를 간곡히 바랍니다.

술람미 여인이 솔로몬의 모습을, 이렇게 칭송합니다.

첫째 머리와 머리털의 아름다움을 예찬합니다. 예수님의 신성의 모습이 충만함과 어제나, 오늘이나 동일하신 분임을 나타냅니다.

둘째 눈, 뺨, 입술의 아름다움을 찬미합니다. 예수님은 사랑이시요, 평화의 왕이시요, 생명을 주시는 분이심을 나타냅니다.

셋째 손과 몸과 다리의 모습을 칭송합니다. 힘 있고, 당당하고, 위엄 있는 모습을 나타냅니다. 예수님은 만왕의 왕이요, 만주의 주시며, 생명의 능력이시며, 진리의 터 위에 굳건히 서 계신 분입니다.

길과 진리요, 생명이신 그분께 세세토록 영광을 돌리기를 주의 이름으로 축원합니다.

제6장 사랑의 회복

여자 중 극히 어여쁜 자야 너의 사랑하는 자가
어디로 갔는가 너의 사랑하는 자가 어디로 돌
이켰는가 우리가 너와 함께 찾으리라
나의 사랑하는 자가 자기 동산으로 내려가 향
기로운 꽃밭에 이르러서 동산 가운데서 양 떼
를 먹이며 백합화를 꺾는구나
나는 나의 사랑하는 자에게 속하였고 나의 사
랑하는 자는 내게 속하였다 그가 백합화 가운
데서 그 양 떼를 먹이는구나

내 사랑아 너의 어여쁨이 디르사 같고 너의 고
움이 예루살렘 같고 엄위함이 기치를 벌인 군
대 같구나
네 눈이 나를 놀래니 돌이켜 나를 보지 말라 네
머리털은 길르앗 산 기슭에 누운 염소 떼 같고
네 이는 목욕장에서 나온 암양 떼 곧 새끼 없
는 것은 하나도 없이 각각 쌍태를 낳은 양 같
고 너울 속의 너의 뺨은 석류 한 쪽 같구나
왕후가 육십이요 비빈이 팔십이요 시녀가 무

수하되 나의 비둘기, 나의 완전한 자는 하나뿐
이로구나 그는 그 어미의 외딸이요 그 낳은 자
의 귀중히 여기는 자로구나 여자들이 그를 보
고 복된 자라 하고 왕후와 비빈들도 그를 칭찬
하는구나
아침 빛같이 뚜렷하고 달같이 아름답고 해같
이 맑고 기치를 벌인 군대같이 엄위한 여자가
누구인가

골짜기의 푸른 초목을 보려고 포도나무가 순
이 났는가 석류나무가 꽃이 피었는가 알려고
내가 호도 동산으로 내려갔을 때에 부지중에
내 마음이 나로 내 귀한 백성의 수레 가운데
이르게 하였구나
돌아오고 돌아오라 술람미 여자야 돌아오고
돌아오라 우리로 너를 보게 하라
너희가 어찌하여 마하나임의 춤추는 것을 보
는 것처럼 술람미 여자를 보려느냐

사랑의 회복

여자 중 극히 어여쁜 자야 너의 사랑하는 자가 어디로 갔는가 너의 사랑하는 자가 어디로 돌이켰는가 우리가 너와 함께 찾으리라 나의 사랑하는 자가 자기 동산으로 내려가 향기로운 꽃밭에 이르러서 동산 가운데서 양 떼를 먹이며 백합화를 꺾는구나 나는 나의 사랑하는 자에게 속하였고 나의 사랑하는 자는 내게 속하였다 그가 백합화 가운데서 그 양 떼를 먹이는구나

5장 8절에서 술람미 여인은 예루살렘 여자들에게 '나의 사랑하는 자를 만나거든 내가 찾고 찾았으나 못 찾아 병이 났다고 전해달라' 고 부탁을 합니다. 9절에서는 예루살렘 여자들이 '너의 사랑하는 자가 어떠한 분이기에 이같이 부탁하는가' 하고 묻습니다. 10-16절에서는 사랑하는 자의 모습을 말하기 시작합니다. 사랑하는 자의 모습을 이야기 듣고 난 후 그제서야 함께 찾아 나서겠다고 말합니다. 술람미 여인은 사랑하는 자가 자기 동산으로 내려가 향기로운 꽃밭에 이르러 동산 가운데서 양떼를 먹이며 백합화를 꺾는다고 합니다. 그리고 이미 사랑하는 자에게 속하여 있다고 말합니다.

1. 사랑하는 자를 함께 찾음

1절 "여자 중 극히 어여쁜 자야 너의 사랑하는 자가 어디로 갔는가 너의 사랑하는 자가 어디로 돌이켰는가 우리가 너와 함께 찾으리라"

예루살렘 여자들은 솔로몬의 모습을 자세히 듣고, 감화를 받아 함께 찾아보겠다고 합니다(5:9, 10-16). 그녀들도 그전과 달리 솔로몬 왕의 모습을 보고 싶어 하기에 이릅니다.

여자 중 극히 어여쁜 자 : 여자들 중에 최고로 아름다운 미모를 지녔음을 뜻합니다. 참 성도의 모습을 의미합니다.

우리 : 예루살렘 여자들입니다. 예수님을 표면적으로 아는 성도입니다.

참 성도는 예수님을 이면적으로 아는 것을 의미합니다.

여러분!

주님을 내 중심에 모시고 사는 자는 귀한 성도입니다. 주님의 말씀을 바로 알고 있는 성도는 VIP 성도입니다. 주님께 전적으로 기도하는 성도는 보배로운 성도입니다.

아 2:2 "여자들 중에서 내 사랑은 가시나무 가운데 백합화 같구나"

가시밭에 백합화처럼 향기 나는 성도가 되기 위해 주님을 진정으로 사랑해야 합니다. 누가 안 알아주어도, 누가 안 챙겨주어도, 누가 안 돌봐주어도 묵묵히 신앙을 지키며, 주님과 깊은 영교를 나누며 사는 성도가 되는 것입니다. 주님이 보시기에 아름다운 성도가 되십시요! 주님이 보시기에 신령한 성도가 되십시요! 주님이 보시기에 더할 나위 없이 인정받는 성도가 되십시요!

예루살렘 여자들이 "여자 중에 극히 어여쁜 자야"라고 부르듯이 성도 중에 신령한 자가 되어 이렇게 불려지기를 바랍니다.

이제 예루살렘 여자들이 술람미 여인에게 말합니다.

"너의 사랑하는 자가 어디로 돌이켰는가 우리가 너와 함께 찾으리라."

요 4:39-42에서 사마리아 여인은 예수님을 만났습니다. 말씀을 듣게 되었습니다. 그리하여 그가 누구인지 바로 알게 되었습니다. 바로 알게 될 때 동네에 들어가 증거합니다. 많은 사람들이 예수님 가까이 나아와 예수님을 믿고 구원받았습니다.

예수님을 내 중심에 모신 성도가 참 성도입니다. 예수님을 내 중심에 모신 성도가 진정한 성도입니다. 예수님을 내 중심에 모신 성도가 신실한 성도입니다. 예수님을 내 중심에 모신 성도가 충성된 성도입니다.

행 16:13-15에서 바울이 두아디라 성의 루디아에게 복음을 전할 때 성령이 그의 마음을 열었습니다. 바울이 예수님을 증거할 때 그의 말을 청종하고 예수님을 영접하였습니다. 그리하여 루디아와 그의 가족이 예수 믿고 세례를 받았습니다. 그 결과 그곳에 교회가 세워졌습니다.

여러분!

비밀 중에 가장 큰 비밀은 예수 그리스도를 바로 아는 것입니다(골 2:2). 비밀 중에 가장 큰 비밀은 예수 그리스도 안에 연합되고, 그리고 바로 구하고, 찾고, 문을 두드리는 것입니다(마 7:7).

"우리가 너와 찾으리라."

함께 찾는다는 것은 존재하는 어떤 대상을 힘을 합해 찾는 것을 말합니다. 성도는 합심하여 예수님을 구하고, 찾고, 문을 두드리는 것입니다.

에베소교회는 첫사랑을 잃어버린 것이 문제였습니다. 어디서 떨어진 것을 생각하고 회개하라는 것입니다. 전통 있는 큰 교회는 좋습니다. 여러 가지가 갖추어있고 신앙생활하기 편합니다. 많은 교인이 참여하는 다양한 프로그램도 있습니다. 많은 복지사업도 하고 선교사역도 잘합니다. 그러나 그 중심에 예수님이 계셔야 합니다. 진리의 말씀이 있어야 합니다. 마지막 때 "믿음을 보겠느냐?"라고 책망받으면 안 됩니다. 성도 각자 각자 자기 마음 가운데 예수를 잘 모시고 있느냐가 중요합니다. 주님과의 사랑의 관계가 소원했다면 다시 회복을 위해 구하고 찾아야 합니다. 그리고 문을 두드려 열린 문 안으로 들어가야 합니다. 이제는 안일에서 돌이키고, 교만과 나태에서 돌이키고, 주님보다 물질을 더 좋아했던 것 돌이키고, 주님보다 나를 더 사랑했던 것을 돌이키고 주님보다 내 가족을 사랑했던 것 돌이키고, 각종 세상적인 애착에서 돌이켜서 이제는 진정한 신앙으로 돌아가야 합니다. 주님을 날마다 사모하며, 찾고 구하십시요! 그리하면 진정으로 만나게 될 것입니다. 언제나 사모하며 기뻐 만나는 신앙이 되기를 주의 이름으로 축원합니다.

2. 사랑하는 자가 있는 동산

예루살렘 여자들이 "지금 당신 신랑이 어디 있는지 알고 있느냐?"는 질문에 술람미 여인은 주저 없이 "나의 사랑하는 자는 자기 동산으로 내려가 향기로운 꽃밭에 이르러서 양떼를 먹이며 백합화를 꺾고 있다"고 대답합니다.

자기 동산 : 문자적으로는 솔로몬의 정원입니다. 4:12, 16, 5:1에서는 술람미를 가리키기도 합니다.

향기로운 꽃밭 : 기쁨을 나누는 곳입니다. 성도의 찬양과 기도가 가득한 곳입니다.

양떼를 먹이며 : 솔로몬 왕의 다스림을 받는 자들을 돌보며 인도하는 것을 나타냅니다.

백합화를 꺾는구나 : 꺾다는 '줍다', '따다', '모으다' 라는 뜻입니다. 함께 즐거워함을 나타냅니다. 성도들의 믿음의 행위와 기도의 향취를 즐거이 받으심을 뜻합니다 (석원태).

예수님은 성도가 찬양과 기도와 말씀을 듣는 믿음을 받으심을 의미합니다.

여러분!

예수님은 자기 동산에 계십니다. 동산은 교회를 뜻합니다. 예수님은 교회 가운데 계십니다. 교회는 예수님이 피로 사신 곳이며, 몸 되시는 곳입니다. 예수님을 만나려면, 교회 동산으로 가야 합니다. 주님은 자기 동산에서 양떼를 먹이십니다. 우리는 주의 기르시는 양들입니다. 주님이 계신 곳에 진리의 말씀이 선포됩니다. 푸른 동산에서 풍성한 꼴을 먹으며 안전하게 신앙생활을 하기 바랍니다.

엡 3:17 "… 믿음으로 말미암아 그리스도께서 너희 마음에 계시게 하옵시고 너희가 사랑하
는 가운데서 뿌리가 박히고 터가 굳어져서"

주님을 내 마음 중심에 모시고 사는 자는 복이 있습니다.

롬 8:9 "만일 너희 속에 하나님의 영이 거하시면 너희가 육신에 있지 아니하고 영에 있나니
누구든지 그리스도의 영이 없으면 그리스도의 사람이 아니라"

우리는 이제 옛 사람을 벗어버리고 오직 그리스도 안에 새롭게 사는
것입니다.

갈 2:20 "내가 그리스도와 함께 십자가에 못 박혔나니 그런즉 이제는 내가 산 것이 아니요
오직 내 안에 그리스도께서 사신 것이라 이제 내가 육체 가운데 사는 것은 나를 사
랑하사 나를 위하여 자기 몸을 버리신 하나님의 아들을 믿는 믿음 안에서 사는 것이
라"

여러분!
오직 예수 한 분 내 중심에 모시고 살아가시기 바랍니다.

"나의 사랑하는 자가 자기 동산으로 내려가 향기로운 꽃밭에 이르러서 …"

성도의 심령 밭에는 아름다운 향기가 풍겨나야 합니다. 말씀과 찬양과
기도가 향기처럼 풍겨나야 합니다.

계 8:3-4 "또 다른 천사가 와서 제단 곁에 서서 금향로를 가지고 많은 향을 받았으니 이는
모든 성도의 기도들과 합하여 보좌 앞 금단에 드리고자 함이라 향연이 성도의 기

향기로운 꽃밭은 영적으로 간절한 기도, 전심으로 하는 기도의 장소입니다.

계 5:8 "책을 취하시매 네 생물과 이십사 장로들이 어린양 앞에 엎드려 각각 거문고와 향이 가득한 금 대접을 가졌으니 이 향은 성도의 기도들이라"

어린양 되신 예수님 앞에 엎드려 거문고와 향이 가득한 금 대접을 가졌습니다. 거문고는 말씀이며, 향은 성도들의 기도입니다. 기도하는 교회는 기쁨의 향기가 가득합니다. 기도하는 교회는 믿음의 향기가 가득합니다. 기도하는 교회는 소망의 향기가 가득합니다. 기도하는 교회는 사랑의 향기가 가득합니다. 기도하는 교회는 성령 충만한 향기가 가득합니다. 우리 모두는 교회에서 기도함으로 향기가 가득하게 하십시다! 동산 가운데는 예수님의 보좌가 있는 곳이며, 언제나 중심이 되는 곳이며, 예수님이 우주 만물을 다스리는 곳입니다. 거기에는 보좌가 있는 곳이요, 은혜의 강이 흐르는 생명의 원천입니다.

"… 동산 가운데서 양 떼를 먹이며 …"

예수님은 우리의 목자이시며, 우리는 그의 기르시는 양입니다.

요 10:10-11 "… 내가 온 것은 양으로 생명을 얻게 하고 더 풍성히 얻게 하려는 것이라 나는 선한 목자라 선한 목자는 양들을 위하여 목숨을 버리거니와"

예수님은 양떼에게 생명을 풍성히 주시는 분입니다. 목자는 양들을 위해 말씀의 풀을 풍성히 먹이는 자입니다.

2절 하반 절에 "… 백합화를 꺾는구나." '꺾다'는 언어적으로는 '줍다', '따다', '모으다'의 뜻입니다. 솔로몬의 백합화를 따서 모아 술람미 여인을 기쁘게 하며, 즐거움을 갖는 모습입니다. 예수님은 팔을 벌려 성도의 믿음과 기도의 향취를 즐거이 받으시는 모습입니다. 우리는 믿음의 아름다운 모습을 날마다 보여드려야 합니다.

예수님은 백합화 같은 향기 나는 성도를 귀히 여기고 함께 하십니다. 주님의 동산에는 신령한 꼴이 있고, 즉 신령한 말씀이 있고, 안식이 있습니다. 주님을 만나려면 아름다운 동산, 백합화 향기 가득한 은혜로운 교회로 가야 합니다. 그러한 곳에서 은혜 넘치는 신앙생활을 하시기를 주의 이름으로 축원합니다.

3. 사랑하는 자에게 속함

3절 "나는 나의 사랑하는 자에게 속하였고 나의 사랑하는 자는 내게 속하였다 그가 백합화 가운데서 그 양 떼를 먹이는구나"

술람미 여인은 솔로몬 왕에게 속하였고 그리고 솔로몬이 자기에게 속함을 말합니다. 술람미 여인은 처음에는 자기중심적인 사랑에서 점차 상대를 위한 헌신적이고, 희생적인 사랑으로 발전되어 갑니다. 서로간 신뢰가 구축되고 연합되어 완숙되어 갑니다.

속하였고 : 어느 한 곳에 소유됨을 뜻합니다. 일치되어 하나 됨을 의미합니다.

그가 : 솔로몬입니다. 예수님입니다.

그 양 떼 : 그에 속한 양 무리입니다.

성도는 예수님 안에서 말씀으로 성숙되어 감을 뜻합니다.

여러분!
술람미 여인이 솔로몬에게 속하였다고 하는 것은 예수님과 성도가 하나 되어 연합을 이룬 것입니다. 사실 예수님과 우리가 하나 되어 연합되었다는 것은 엄청난 일입니다. 하나님이신 그분이 질그릇과 같은 인간에 속하신 것은 하나님의 크신 은혜가 아니고는 불가능한 것입니다.

요 14:20 "그날에 내가 아버지 안에 너희가 내 안에 내가 너희 안에 있는 것을 너희가 알리라"

예수님이 하나님 안에, 우리가 예수님 안에, 예수님이 우리 안에 계신 것입니다. 우리 모두는 주님 안에 연합되어 있는 것입니다.
바울은 예수님과 성도와의 관계를 신비한 연합으로 말합니다.

엡 5:32 "이 비밀이 크도다 내가 그리스도와 교회에 대하여 말하노라"

그는 예수님과 성도의 관계를 비밀이 크다고 말합니다.

요일 4:13 "그의 성령을 우리에게 주시므로 우리가 그 안에 거하고 그가 우리 안에 거하시는 줄을 아느니라"

성도는 예수님 안에 신비한 연합관계가 되어야 합니다. 본문은 "나는 사랑하는 자에게 속하였고, 나의 사랑하는 내게 속하였다." 술람미 여인은 솔로몬과 온전히 하나가 되었음을 고백하는 것입니다.

본문은, 솔로몬과 술람미 여인과의 관계회복은 그녀가 먼저 자기 자신의 잘못을 주저하지 않고 고백했습니다. 사랑의 관계를 파국으로 몰고 간 자신의 게으름과 나태함(5:2-4)을 깨닫고 솔로몬을 찾기 시작했던 것입니다. 우리와 예수님과의 관계에 있어서도 죄와 허물은 즉시 회개하고 주께 나아가야 합니다.

계 2:4 "그러나 너를 책망할 것이 있나니 너의 처음 사랑을 버렸느니라"

처음 사랑을 잃어버리면 안 됩니다. 처음 열심을 소홀히 하면 안 됩니다. 처음 충성을 등한시하면 안 됩니다. 끝까지 사랑해야 합니다.

요 15:9 "아버지께서 나를 사랑하신 것 같이 나도 너희를 사랑하였으니 나의 사랑 안에 거하라"

우리 모두는 예수님 사랑 안에 거해야 합니다.

복음송 '주님의 사랑'

주님이 주시는 파도 같은 사랑은 내 작은 가슴에 흘러 흘러 넘쳐요.
생각하면 할수록, 기도하면 할수록 두 눈가엔 눈물이 터질 것만 같아요.
주님의 사랑은 한없이 크셔라. 우리의 영혼에 한줄기 빛이어라.

예루살렘을 떠나 엠마오로 가던 주님의 두 제자가 체험했던 것처럼 우리도 주님의 사랑을 체험하며 살아야 될 줄 믿습니다. 먼저 "나는 나의 사랑하는 자에게 속하였고"라고 하였던 술람미 여인의 고백이 곧 우리의 고백이 되기를 바랍니다.

교회는 성령과 진리로 예배를 드리는 곳입니다. 주님과 온전한 연합된 예배가 되어야 될 줄 믿습니다. 말씀이 살아 역동하고, 기도소리가 끊어지지 않으며, 찬양이 넘쳐나는 교회가 되어야 될 줄 믿습니다.

여러분!

주님을 뜨겁게 사랑하는 성도가 많을수록 생명력 넘치는 교회가 될 것입니다. 술람미 여인은 솔로몬을 참으로 사랑하였습니다. 우리도 주님을 사랑하며 몸 된 교회를 섬겨야 될 줄 믿습니다. 첫사랑을 잃어버린 성도가 다시금 신앙의 소중함을 알고 돌아올 때 주님은 온전히 그 크신 사랑으로 품어주십니다. 본문에서 "나는 나의 사랑하는 자에게 속하였고, 나의 사랑하는 자는 내게 속하였구나"라는 고백을 하였습니다. 성도는 주님과 연합되어 있어야 합니다. 그리하여 말씀과 기도로 성령 충만 신앙으로 나아가시기를 주의 이름으로 축원합니다.

엄위한 신부

아가서 6:4-10

내 사랑아 너의 어여쁨이 디르사 같고 너의 고움이 예루살렘 같고 엄위함이 기치를 벌인 군대 같구나 네 눈이 나를 놀래니 돌이켜 나를 보지 말라 네 머리털은 길르앗 산 기슭에 누운 염소 떼 같고 네 이는 목욕장에서 나온 암양 떼 곧 새끼 없는 것은 하나도 없이 각각 쌍태를 낳은 양 같고 너울 속의 너의 뺨은 석류 한 쪽 같구나 왕후가 육십이요 비빈이 팔십이요 시녀가 무수하되 나의 비둘기, 나의 완전한 자는 하나뿐이로구나 그는 그 어미의 외딸이요 그 낳은 자의 귀중히 여기는 자로구나 여자들이 그를 보고 복된 자라 하고 왕후와 비빈들도 그를 칭찬하는구나 아침 빛같이 뚜렷하고 달같이 아름답고 해같이 맑고 기치를 벌인 군대같이 엄위한 여자가 누구인가

술람미 여인은 사랑하는 이에게 나태와 방심이 잠시 있었지만, 다시 찾아 사랑을 고백할 때 신랑은 용서와 사랑으로 또 신뢰하며 보증합니다. 솔로몬 왕은 술람미의 모습이 북왕국 수도였던 디르사만큼 어여쁘고, 동시에 '아름다움의 완전함'이라고 불리었던 예루살렘처럼 아름답다고 합니다. 또한 기치(旗幟)를 벌린 군대처럼 위용과 기품을 갖추고 있어서 왕 자신이 완전히 압도당한다고도 합니다. 신랑은 신부에 대한 사랑은 보다 더 열정을 더해가고 솔로몬 궁정에는 수많은 왕후, 비빈, 시녀 등이 있었지만 술람미 여인만이 엄위한 자태임을 고백함으로 그녀에 대한 완벽한 사랑을 나타냅니다.

1. 신부의 빼어난 모습

4-7절 "내 사랑아 너의 어여쁨이 디르사 같고 너의 고움이 예루살렘 같고 엄위함이 기치를 벌인 군대 같구나 네 눈이 나를 놀래니 돌이켜 나를 보지 말라 네 머리털은 길르앗 산 기슭에 누운 염소 떼 같고 네 이는 목욕장에서 나온 암양 떼 곧 새끼 없는 것은 하나 도 없이 각각 쌍태를 낳은 양 같고 너울 속의 너의 뺨은 석류 한 쪽 같구나"

신부의 모습이 디르사처럼 어여쁘고, 예루살렘처럼 곱다고 합니다. 디르사는 북 왕국의 수도로 주변 경관이 매우 아름다운 곳입니다. 예루살렘은 '평화의 기초'라는 의미를 지닙니다. 예루살렘은 이스라엘의 중심입니다. 영적으로 새 예루살렘은 하늘 도성으로 칭하기도 합니다. 신부의 비둘기 같은 눈, 검은 머리털, 하이얀 이, 석류 한 쪽 같은 홍조 띤 뺨의 아름다움이 그러하다는 것입니다.

디르사 : '기쁘게 한다', '즐거움', '아름다움' 등의 뜻을 가진 북 왕국 성읍입니다. 사마리아에서 동쪽 약 14Km, 세겜에서 동북쪽 약 11Km 지점에 위치합니다. 교회의 그림자(이상은)라고 합니다.

예루살렘 : '평화의 기초'라는 뜻입니다. 유대의 수도로 성전이 있는 곳이며, 아름다움의 안전한 곳으로 거룩한 성을 뜻합니다. 교회를 예표한다고 하였습니다(이상은).

고움 : 미의 쾌감을 뜻합니다. 세밀한 아름다움입니다.

엄위 : 권세와 능력과 권능과 권력을 말합니다(시 62:11, 대상 29:12).

기치를 벌인 : 기치는 군대에서 쓰는 깃발입니다. 영적으로 영광을 상징합니다.

군대 같구나 : 원문의 뜻은 사로잡다, 굴복시키다, 압도하다, 꼼짝도

못하게 하다의 어원으로 술람미 여인의 고상함과 위엄
있는 당당한 모습을 뜻합니다.

머리털 : 여인의 순결과 아름다움을 상징합니다.

이 : 음식을 씹는 치아입니다. 말씀을 사모함을 의미합니다(이상근).

뺨 : 부끄러움을 나타내는 부위입니다(박윤선). 복음적으로 순결을 의
미합니다(이상근, 박윤선).

성도가 순결한 삶을 살아서 주님으로부터 인정받는 것을 의미합니다.

여러분!

솔로몬 왕은 술람미의 어여쁘고, 고운 모습을 디르사와 예루살렘의 성
읍에 비유하고 있습니다. 디르사는 기쁨과 즐거움의 뜻을 지닌 북 이스
라엘의 성읍입니다. 주변 경관이 수려하여 자주 왕궁이 세워졌던 곳입니
다. 예루살렘 이름의 의미는 '평화의 기초'라는 뜻입니다. 또 "아름다움
의 완전함"이라 불리웠습니다. 디르사처럼, 예루살렘처럼 아름다운 성
읍을 술람미 여인으로 의인화하였습니다. 우리의 신앙도 이와 같이 아름
다워서 주님의 사랑을 받을 수 있어야 합니다. 이스라엘 백성들이 거룩
한 도성을 향했듯이, 우리의 신앙의 중심도 교회를 향해 있어야 합니다.
너의 어여쁨이 디르사 같다는 것은 미(美)의 완전성을 말한 것입니다. 최
고로 아름다운 신앙의 모습임을 말합니다. 너의 고움이 예루살렘 같다는
것은 신앙의 거룩한 모습입니다. 술람미 여인은 풍겨나는 외모뿐만 아니
라 내면의 아름다움을 지닌 여인입니다.

"엄위함이 기치를 벌인 군대 같구나."

엄위함은 위엄이 있는 모습입니다. 당당함을 나타냅니다. 기치는 군대
의 깃발로 대형을 갖출 때 사용합니다. 신부의 아름다운 모습과 기품이
있음을 뜻합니다.

그리스도의 신부된 성도들이 아름답고 기품이 있어야 합니다. 그리고 언제나 당당히 사단의 세력과 싸워 이기는 주의 용사가 되어야 합니다.

교회는 천성을 향해, 천성 문만 바라고 전진하는 곳입니다. 저 천성을 향해가는 성도들은 앞길의 장애를 두려워말아야 합니다.

5절(상) "네 눈이 나를 놀래니 돌이켜 나를 보지 말라 …"

'놀래니' : 압도하다, 이기다의 뜻입니다. 돌이켜 보지 말라는 것은 눈 길을 외면하는 것이 아니라 신부의 순결하고 사랑의 열정 이 가득 찬 눈이 상대를 압도하고, 사로잡음을 뜻합니다. 성도는 십자가 푯대만 바라보고 나아가는 자들입니다. 굳 세게 나아가야 합니다.

빌3:13-14 "형제들아 나는 아직 내가 잡은 줄로 여기지 아니하고 오직 한 일 즉 뒤에 있는 것은 잊어버리고 앞에 있는 것을 잡으려고 푯대를 향하여 그리스도 예수 안에서 하나님이 위에서 부르신 부름의 상을 위하여 좇아가노라"

사도 바울은 푯대를 향하여 나아감은 상을 위해 좇아갔습니다. 성도는 십자가 푯대만 바라보고 나아갈 때 주님이 기뻐하실 것입니다.

5절(하) "… 네 머리털은 길르앗 산기슭에 누운 염소 떼 같고"

술람미 연인의 머리털은 숱이 많고 검은 윤기가 흐르는 것을 말합니다. 길르앗산은 요단강 동편의 넓은 산지로 땅이 비옥하고, 물이 많고, 초목이 무성합니다. 여자의 긴 머리털은 자기에게 영광이 된다고 하였습니다.

고전 11:15 "만일 여자가 긴 머리가 있으면 자기에게 영광이 되나니 …"

눅 7:44-47에서 막달라 마리아는 자기 머리털로 예수님의 발을 씻겼을 때 그녀의 머리털은 정말 아름다운 모습입니다. 본문에 머리털을 누운 염소 떼 같다고 한 것은 부드럽고, 윤기 있고, 쭉 늘어뜨린 머릿결을 말합니다. 머리털은 복음적으로 헌신과 희생과 봉사와 순종을 의미합니다.

6절 "네 이는 목욕장에서 나온 암양 떼 곧 새끼 없는 것은 하나도 없이 각각 쌍태를 낳은 양 같고"

치아는 가지런하고 희어야 합니다. 또 이는 음식물을 씹어 먹습니다. 성도는 생명의 양식을 잘 먹고 신령한 영양을 섭취하는 것입니다. 진리의 말씀을 잘 받아먹고, 새김질하여야 합니다. 쌍태를 낳은 양 같다는 것은 윗니와 아랫니가 고르다는 것입니다. 하나님 말씀을 잘 씹어 먹는 그 이는 목욕장에서 나온 쌍태를 낳은 양 같다고 하였습니다.

7절 "너울 속의 너의 뺨은 석류 한 쪽 같구나"

너울 속에 있다는 것은 가림막으로 겸손과 순결을 의미합니다. 석류는 붉은 색으로 소망을 상징하는 열매입니다. 석류와 같다는 것은 홍조 띤 건강미 넘침을 나타내줍니다. 성도가 순결한 신앙과 소망 찬 신앙이어야 함을 나타냅니다. 예수님의 보혈로 정한 순결과 소망으로 가득한 모습이어야 합니다. 석류열매는 붉고 내부 흰 껍질이 조화를 이루고 있듯이 겸손과 순종의 신앙이 되기를 바랍니다.

순결한 눈과 검은 머리털, 하얀 이, 홍조 띤 뺨은 술람미 여인의 얼굴 모습의 아름다움을 표현한 것이지만 성도의 신앙도 이같이 아름다워야 함을 뜻합니다. 이러한 신앙을 소유하시기를 주의 이름으로 축원합니다.

2. 신부의 독보적인 모습

6:8-9 "왕후가 육십이요 비빈이 팔십이요 시녀가 무수하되 나의 비둘기, 나의 완전한 자는 하나뿐이로구나 그는 그 어미의 외딸이요 그 낳은 자의 귀중히 여기는 자로구나 여자들이 그를 보고 복된 자라 하고 왕후와 비빈들도 그를 칭찬하는구나"

본문에서 솔로몬이 그의 사랑하는 신부의 아름다움을 언급하는 과정에서 갑자기 궁궐 안에 많은 여인들이 있음을 언급한 것은 술람미 여인이 그들 가운데서도 단연 돋보이는 존재임을 나타내기 위함입니다. 외딸은 단순히 하나밖에 없는 외동딸의 의미보다 그녀의 어머니로부터 특별히 사랑받고 귀중히 여김을 받는 것을 의미합니다.

왕후 : 왕의 아내(왕비), 영적으로 가장 신령한 성도(교회), 지성소에 들어가는 성도의 상징입니다.

비빈 : 첩, 일반적으로 거듭난 성도(교회), 성소에서 일하는 성도입니다.

시녀 : 궁녀, 종교적으로 믿는 허다한 성도(교회), 성전 뜰에 있는 성도라 볼 수 있습니다.

외딸 : 하나뿐인 독녀, 총애를 받는 자를 의미입니다.

귀중히 여기는 자 : 흠 없는 자, 선택된 자를 뜻합니다.

수많은 사람들 중에 가장 선택되고, 사랑받는 성도를 의미합니다.

여러분!

솔로몬 왕의 마음에는 술람미 여인만이 독보적 존재입니다. 수많은 여인 중에 가장 소중한 여인입니다. 술람미 여인은 성도를 상징합니다. 가장 신령한 성도는 독보적인 존재입니다. 독보적인 성도는 예수님 안에 완전히 연합된 자입니다. 독보적인 성도는 성령님과 인격적인 교제를 합니다. 독보적인 성도는 기도에 힘쓰는 자입니다. 독보적인 성도는 말씀을 깊이 묵상하는 자입니다.

비빈 같은 성도는 외형만 화려합니다.

눅 10:38-42에 마르다와 마리아가 나옵니다. 언니는 마르다요, 동생이 마리아입니다. 예수님이 방문했을 때 마리아는 예수님의 발아래 앉아 그의 말씀을 듣고 마르다는 준비하는 일이 많아 마음이 분주합니다. 예수께 나아가서 동생 마리아를 나의 일을 돕게 해달라고 합니다. 주께서는 마리아가 좋은 편을 택했다고 합니다.

비빈 같은 성도는 교회 일은 열심이나, 말씀에 서지 못한 자입니다. 이러한 자들은 인간적인 친교나 사람의 눈치에 민감하고, 종교생활을 하는 자입니다.

시녀 같은 성도는 주연도, 조연도 아닌 들러리요, 엑스트라 같은 자들입니다. 이들은 숫적으로 많고, 신앙의 햇수만 자랑하지만, 의무적으로 교회 가는 자들입니다. 이런 자는 마지못해 억지로 교회에 나가고, 주일날 예배시간에만 겨우 참석하는 자들입니다. 기도나 말씀에 별 관심 없이 교회 다니는 자들이라 할 수 있습니다.

시녀 같은 성도도 찬송을 합니다. 감사헌금도 합니다. 주기도문도 외웁니다. 사도신경도 외웁니다. 십계명도 알고 있습니다. 그러나 기도생활을 하지 않습니다. 더더욱 말씀을 읽고, 듣고, 보기도 잘 안합니다. 이들은 교회의 문지방만 밟고 다닙니다. 여러분! 왕후 같은 신령한 성도가 되시기 바랍니다. 주님을 더 깊이 사랑하고 헌신하며, 열심 있고 충성하는 신자들이 되기를 바랍니다.

9절(상) "나의 비둘기, 나의 완전한 자는 하나뿐이로구나 …"

비둘기는 눈이 맑고 순결함을 나타내는 새입니다. 사랑하는 자를 가리킬 때 비유적으로 사용하기도 합니다. 눅 3:21-22에서 비둘기는 성령을 상징합니다. 아 1:15에서 비둘기는 사랑을 상징합니다. 눅 2:24에서 비둘기는 평화를 상징합니다. 마 10:16에서 비둘기는 순결을 상징합니다. 창 8:8-12에서 비둘기는 은혜를 상징합니다. 그러나 그 이면에는 호 7:11에서는 어리석음, 부르짖음으로 표현하기도 합니다.

나의 완전한 자는 '나의 마음을 채워주는 자', '나의 마음에 흡족한 자', '나의 마음에 가득한 자' 등 이러한 자는 오직 술람미 여인뿐이라는 것입니다.

9절(중) "… 그는 그 어미의 외딸이요 그 낳은 자의 귀중히 여기는 자로구나 …"

외딸은 하나뿐인 딸입니다. 영적으로 어머니는 교회를 의미하고, 외딸은 귀중한 성도를 의미합니다. 외딸은 귀염을 독차지합니다. 특별히 아끼고, 소중히 여깁니다. 귀중히 여김은 영적으로, 사랑과 은혜로 풍성한 은총을 받는 것을 뜻합니다.

9절(하) "… 여자들이 그를 보고 복된 자라 하고, 왕후와 비빈들도 그를 칭찬하는구나"

술람미 여인의 아름다움과 순결과 귀중히 여김을 받음으로 여자들이

복된 자라고 하고, 왕후와 비빈까지도 칭찬합니다. 신령한 성도는 교회
에서 인정받는 자요, 귀중히 여김을 받는 자요, 복을 받은 자입니다.

모든 사람들이 술람미 여인을 보고 그 어미의 외딸이요, 복된 자라고
칭송합니다.

여러분!

여자들과 왕후와 비빈들이 술람미 여인을 칭찬한 것은 그녀가 아름다
운 외모와 순결한 성품을 지녔기 때문입니다. 그에다 솔로몬 왕의 절대
적인 사랑을 받고 있기 때문입니다. 우리는 왕 같은 제사장이요, 주의 소
유된 백성입니다(벧 2:9). 술람미 여인과 같이 사랑받는 성도가 되시기
바랍니다. 주의 사랑을 듬뿍 받는 여러분이 다 되시기를 주의 이름으로
축원합니다.

3. 신부의 아름다운 모습

10절 **"아침 빛 같이 뚜렷하고 달같이 아름답고 해같이 맑고 기치를 벌인 군대 같이 엄위한
여자가 누구인가"**

솔로몬 왕은 술람미 여인의 아름다움을 아침 빛, 달, 해에 비유하여 흠
없고, 순결하고, 깨끗하며, 뚜렷하고, 맑고, 영롱하게 빛나는 아름답고,
매력적인 여인으로 표현합니다. 그리고 술람미 여인이 기치를 벌인 군대
같이 위엄과 기품이 있고, 당당한 모습을 나타냅니다.

아침 빛 같이 뚜렷하고 : 아침 빛은 캄캄한 이른 아침에 떠오르는 영롱
한 햇빛입니다. 뚜렷하다의 어원은 '앞으로

굽히다', '솟아오르다' 는 뜻입니다.

달 : 원뜻은 '희다' 는 뜻입니다. 달은 아름다움을 상징합니다(미인을 달덩이로 비유함).

해같이 맑고 : 밝고, 깨끗하고, 맑은 빛을 뜻합니다.

기치를 벌인 군대 : 완전무장하고 기를 높이 들고 출정을 기다리는 도열한 군인의 모습입니다. 성도는 십자가군병들입니다. 잘 무장하고 당당하게 나아가는 것입니다.

엄위 : 위엄이 있다, 권위가 있다는 뜻입니다. 잘 조직된 당당한 모습입니다.

아름다운 신앙의 승리를 의미합니다.

여러분!

아침 빛은 이른 아침에 동편 하늘에서 비쳐오는 불그스레한 '여명' 입니다. 술람미 여인은 어둡고 캄캄한 밤을 지나 아침햇살이 영롱한 새아침처럼 밝고 뚜렷한 모습입니다. 성도는 죄악 가운데서 구원받아 소망 가운데 살아가는 자입니다. 하나님의 자녀 되어 하나님 나라의 백성으로 살아가는 자입니다. 날마다 새로운 빛 가운데 새로운 생명으로 나아가는 것입니다.

달은 햇빛을 받아 반사합니다. 성도가 진리의 빛이신 예수님의 빛을 받아 세상에 비추어 내보낼 때 예수 그리스도의 증인의 삶을 살아가게 되는 것입니다. 이 땅에 확실한 증인으로 살아가며 순교자의 삶을 살아갈 때 예수님은 이 모습을 보시고, 달같이 아름답다고 칭찬해 주실 것입니다.

10절(중) " … 해 같이 맑고 … "

해는 빛나고 밝음을 의미합니다. 해는 진리의 밝은 빛입니다. 그러므로 성도는 세상의 빛 된 삶을 살아야 합니다. 마 7:14에 "너희는 세상의 빛이라"라고 하였습니다. 빛의 사명을 가지고 살아가는 것입니다. 세상 어두움을 비추는 빛의 삶이 되어야 합니다. 햇빛은 삼라만상을 비추며 만물을 성장케 합니다. 모든 에너지의 근원이 됩니다. 성도는 정오의 빛 같이 빛을 발해야 합니다.

시 37:6 "네 의를 빛 같이 나타내시며 네 공의를 정오의 빛같이 하시리로다"

하나님께서는 우리의 의(義)를 빛같이 나타내십니다. 우리의 공의(公義)는 정오의 빛같이 하신다는 것입니다.

사 60:1-3 "일어나라 빛을 발하라 이는 네 빛이 이르렀고 여호와의 영광이 네 위에 임하였음이니라 보라 어두움이 땅을 덮을 것이며 캄캄함이 만민을 가리우려니와 오직 여호와께서 네 위에 임하실 것이며 그 영광이 네 위에 나타나리니 열방은 네 빛으로, 열 왕은 비취는 네 광명으로 나아오리라"

성도는 일어나 빛을 발해야 합니다. 그 빛으로 열방에 비추어야 합니다. 빛의 사명으로 복음을 온 세계에 전파하여야 합니다.

10절(하) "… 기치를 벌인 군대 같이 엄위한 여자가 누구인가"

술람미 여인은 마치 승리한 개선장군과 같이 당당하고 기품 있는 모습입니다. 참된 성도의 모습은 이러해야 합니다. 참된 성도는 십자가군병입니다. 군기를 손에 높이 들고 나아가는 자입니다. 기치는 승리의 깃발입니다. 영광의 깃발입니다.

원수 마귀는 틈만 나면 성도를 공격합니다. 교회를 공격합니다. 그러므로 한시도 방심하지 말고, 정신을 차리고, 마귀권세와 싸워 이겨야 합니다. 용맹스럽게 싸워 승리하여야 합니다.

요 16:33 "너희가 환란을 당하나 담대하라 내가 세상을 이기었노라"

골 2:15 "정사와 권세를 벗어버려 밝히 드러내시고 십자가로 승리하셨느니라"

예수님이 십자가로 승리하셨기 때문에 우리 모두 승리합니다.

교회는 영적 전투장입니다. 선한 싸움 다 싸워서 영적 전쟁에서 이긴 자가 되어야 합니다. 승리의 개가를 불러야 합니다. 언제나 승리하는 신앙을 가지시기를 바랍니다. 아침에도 승리, 저녁에도 승리하시기를 바랍니다. 종말 때 빛의 진리 교회가 되어 어두운 세상에 빛을 비추며, 믿음으로 나아가 승리하기를 주의 이름으로 축원합니다.

술람미 여인은 모든 사람 위에 돋보이는 탁월한 미모를 지녔습니다. 술람미 여인은 외모가 빼어날 뿐 아니라 그 내면적 심성도 고와서 칭찬을 듣습니다. 술람미 여인은 많은 사람들 중에서도 사랑받는 독보적인 모습을 지니고 있습니다. 술람미 여인은 우아하고, 기품이 있고, 당당한 품위를 지니고 있습니다.

술람미 여인 같은 참된 성도는 주님으로부터 오직 하나밖에 없는 신부로 인정받습니다. 솔로몬 궁정에서 그녀를 둘러싼 왕후들의 지위보다 높이 존귀케 되고 왕의 사랑을 독차지합니다. 참된 성도는 모든 사람보다 나은 뛰어난 믿음으로 주님께 인정받는 신앙입니다. 신랑으로부터 변함 없는 사랑을 받고 있는 술람미 여인의 행복한 모습 같이 그리스도의 신부된 교회는 언제나 주님의 사랑을 받는 기쁨과 즐거움이 가득히 넘쳐나기를 주의 이름으로 축원합니다.

은혜의 동산에 있는 신부

아가서 6:11-14

골짜기의 푸른 초목을 보려고 포도나무가 순이 났는가 석류나무가 꽃이 피었는가 알려

고 내가 호도 동산으로 내려갔을 때에 부지중에 내 마음이 나로 내 귀한 백성의 수레

가운데 이르게 하였구나 돌아오고 돌아오라 술람미 여자야 돌아오고 돌아오라 우리로

너를 보게 하라 너희가 어찌하여 마하나임의 춤추는 것을 보는 것처럼 술람미 여자를

보려느냐

6:4-10절에서 솔로몬 왕이 술람미 여인의 아름다움을 자세히 예찬을 합니다. 본문은 이와는 달리 술람미 여인은 골짜기의 푸른 초목을 보려고 포도나무에 순이, 석류나무에 꽃이 피었는가 알고자 호도나무동산으로 내려갑니다. 호도나무동산은 솔로몬 왕의 동산입니다. 술람미 여인은 자신도 모르게 백성의 수레 가운데 이르게 됩니다. 그 과정에서 예루살렘 여자들이 술람미 여인을 돌아오라고 합니다. 마하나임의 춤추는 여자들처럼 그렇게 보아서는 안 된다는 것입니다.

1. 호도나무동산으로 내려감

11절 "골짜기의 푸른 초목을 보려고 포도나무가 순이 났는가 석류나무가 꽃이 피었는가 알려고 내가 호도(胡桃) 동산으로 내려갔을 때에"

골짜기는 주변에 나무들이 자랄 수 있도록 수분을 공급하기에 좋습니다. 이 골짜기는 베들레헴 남쪽 약 2.4Km 지점에 위치하고, 예루살렘 성전으로 물을 공급하는 우물이 있는 '에담'인 것 같습니다. 골짜기에 내려가서 푸른 초목을 살피고 포도나무 순과 석류나무 꽃이 피었는가를 보려고 호도동산(호도나무동산)으로 내려갑니다.

푸른 초목 : 연대인 성경 '새로 돋아난 초목', 현대어성경 '대추야자나무(자라났는가)', KJV '열매들', 공동번역 '대추야자나무(움이 텄는지)' 등으로 번역되어 있습니다. 푸른 초목에 해당하는 (이베) = '녹색식물' 혹은 '과일'을 뜻합니다. 문맥상 새로 돋아난 싱그러운 열매로 보는 것이 타당합니다.

포도나무순 : 현대어성경 '포도나무의 새잎', KJV '포도넝쿨이 무성한지', 공동번역 '포도나무 꽃'으로 번역되어 있습니다. 포도나무 넝쿨마다 봉오리지고 순이 남을 의미합니다.

석류나무 꽃 : KJV '석류나무가 싹이 났는지', 공동번역 '석류나무 꽃송이들(망울졌는지)', 현대인성경 '석류나무 꽃이 피었는지'로 되어 있습니다. 석류나무에 꽃이 망울지고 핀 상태를 나타냅니다.

호도동산 : 현대인성경 '호도나무숲', 현대어성경 '호도나무동산', 공동번역 '호도 밭'으로 번역되어 있습니다. 국어대사전에는 호도(胡桃)는 호도(호두나무의 열매), 호도는 영어로 nuts(너츠), 히브리어는 '에고즈', 아람어는 '자우즈', 딱딱한 과일을 칭합니다. 호도동산은 호도나무가 많은 동산입니다.

신앙 성숙은 진리의 동산으로 가야 함을 의미합니다.

여러분!

물이 있는 골짜기는 푸른 초목이 무성합니다. 낮아진 심령은 은혜가 메마르지 않습니다. 겸손한 성도는 그 믿음이 날마다 자랍니다. 겸손한 자는 남을 자기보다 낮게 여기는 지혜로운 자입니다. 하나님께서는 겸손한 자의 기도를 응답하십니다. 그러한 자에게 함께하시고 복을 주십니다.

골 3:12 "그러므로 너희는 하나님의 택하신 거룩하고 사랑하신 자처럼 긍휼과 자비와 겸손과 온유와 오래 참음을 옷 입고"

골짜기의 푸른 초목 같은 성도는 신앙이 풍성하고 시냇가에 심은 나무 같습니다.

시 1:3 "저는 시냇가에 심은 나무가 시절을 좇아 과실을 맺으며 그 잎사귀가 마르지 아니함 같으니 그 행사가 다 형통하리로다"

시냇가에 심은 나무 같은 성도는 그 잎이 마르지 아니하고 푸르며, 때마다 과실을 맺습니다. 그런 자는 그 하는 일이 다 형통하다고 하였습니다. 골짜기에 푸른 초목과 같은 신앙이 되시기 바랍니다. 어린 나무 같은 신앙은 포도나무가 순이 돋아나 자라고 꽃이 피고 열매를 맺는 첫 과정과 같습니다. 순이 났는가? 봉오리가 맺혔는가? 즉, 싹이 나고 있는가입니다. 순이 가지에서 돋아나듯이 성도의 처음 신앙은 매우 귀중합니다. 새 생명의 태동이 막 시작되었기 때문입니다.

요 15:5 "나는 포도나무요 너희는 가지니 저가 내 안에 내가 저 안에 있으면 이 사람은 과실을 많이 맺나니 나를 떠나서는 너희가 아무것도 할 수 없음이라"

예수님은 포도나무입니다. 성도는 가지입니다. 가지는 포도나무에 꼭 붙어있어야 싹이 나고, 꽃이 피고, 열매를 맺습니다. 그러므로 가지인 성도는 포도나무에 꼭 붙어있어야 합니다.

포도나무의 순은 신앙의 순입니다. 신앙의 봉오리입니다. 신앙의 싹과 같습니다. 이제 그 신앙은 잘 자라서 성장해갑니다.

석류나무가 꽃이 피었는가? 석류나무가 싹이 났는가?(KJV) 석류나무 꽃송이들이 망울졌는지?(공동번역)로 기록되어 있습니다. 석류는 씨가 많아서 고대로부터 풍성한 풍요를 상징합니다. 석류의 풍작과 흉작은 하나님의 축복과 재앙을 상징하였습니다(학 2:19, 욜 1:12). 석류는 풍요와 생명력을 상징하는 의미에서 대제사장의 예복 밑에 방울로 달았습니다. 성전의 두 기둥(보아스, 야긴)의 장식으로 사용하였습니다. 석류는 신부의 아름다운 뺨(아 4:3, 6:7)으로 묘사하기도 했습니다.

석류나무의 꽃은 성도의 신앙의 아름다움을 나타냅니다. 포도나무 싹이 초보 신앙이라면 석류나무 꽃은 장성하는 신앙입니다. 석류같이 내적 신앙의 풍성함을 지녔음을 뜻합니다. 이제 꽃들이 피어남은 성령 충만한 단계에 나아갑니다.

11절(하) "… 내가 호도 동산으로 내려갔을 때에"

호도나무는 주로 습한 골짜기나 언덕에서 잘 자라고, 팔레스틴 지방에서 많이 자생합니다. 술람미 여인은 능동적으로 호도나무가 많이 있는 동산으로 내려갔습니다. 호도는 껍질이 단단합니다. 호도 껍질을 벗기면 연한 껍질에 쌓인 살은 연하고 고소합니다. 딱딱한 껍질에 싸인 살은 자양분이 풍부하고 맛이 좋습니다. 호도 열매는 가을에 생산됩니다. 마치 추수 때 신앙과도 같습니다. 지금은 영적 추수기입니다. 단단한 호도 껍질 속 진리의 말씀을 먹는 것과 같습니다. 하나님 말씀은 단단한 껍질 속에 감춰진 것과 같습니다. 그러나 호도의 단단한 껍질을 깨뜨리고 호도 열매를 먹듯이 단단한 말씀의 진리를 먹으면 그 맛은 호도 열매의 맛과 같습니다.

> **엡 4:13-14** "우리가 다 하나님의 아들을 믿는 것과 아는 일에 하나가 되어 온전한 사람을 이루어 그리스도의 장성한 분량이 충만한 데까지 이르리니 이는 우리가 이제부터 어린아이가 되지 아니하여 사람의 궤술과 간사한 유혹에 빠져 모든 교훈의 풍조에 밀려 요동치 않게 하려함이라"

성도는 예수님을 믿는 것과 아는 일에 애써야 합니다. 성도는 그리스도의 장성한 분량까지 자라가야 합니다. 깊고 비밀 된 진리를 깨우쳐 알아야 합니다.

> **히 5:13** "대저 젖을 먹는 자마다 어린아이니 의의 말씀을 경험하지 못할 자요"

술람미 여인이 호도동산으로 내려간 것처럼, 우리도 겸손한 마음으로 호도동산으로 내려가서 깊은 진리의 말씀을 먹을 수 있어야 될 줄 믿습니다. 깊은 진리는 호도 열매처럼 딱딱하나 그 속 맛은 정녕 맛이 있습니다. 동산은 교회를 상징합니다. 호도동산 같은 교회는 깊은 진리의 말씀이 살아 역동하는 교회입니다. 계시된, 비밀 된, 복음을 깨달아 아는 여러분이 되시기를 주의 이름으로 축원합니다.

2. 귀한 백성의 수레 가운데 이름

> **12절** "부지중(不知中)에 내 마음이 나로 내 귀한 백성의 수레 가운데 이르게 하였구나"

술람미 여인은 골짜기에 내려가서 푸른 초목을 잘 살피고, 포도나무 순과 석류나무 꽃을 관찰하고 호도동산으로 내려갔습니다. 그런데 자신도 모르게 마음이 이끌리어 귀한 백성의 수레 가운데 이르게 됩니다.

부지중(不知中) : '나도 모르는 가운데', '내가 알지 못하는 가운데' 의 뜻입니다.

내 마음이 : '내 영혼이' 의 뜻입니다.

내 귀한 백성의 수레 : 하나님 백성의 수레로, 하나님의 운행하실 때 모습입니다. 시 104:3 "… 구름으로 자기 수레를 삼으시고…." 솔로몬의 수레는 곧 예수님의 수레의 예표성입니다.

성도는 그 영혼이 자기도 모르게 은혜의 보좌 앞으로 나아감을 뜻합니다.

여러분!

술람미 여인은 호도동산으로 내려갔습니다. 그때 자기도 모르게 그 영혼이 귀한 백성의 수레 가운데 이르게 됩니다. 성도가 하나님의 깊은 진리의 말씀 가운데, 깊은 영적 가운데 예수님의 은혜의 품에 안기게 됨을 의미합니다.

수레에 해당하는 히브리어 '마르케보트(מרכביה)' 는 '수레들' 을 의미합니다. 이는 여러 말과 군병들이 끄는 것입니다. 한 나라의 왕이나 높은 고관들이 행차할 때 수행되는 수레입니다.

삼상 8:11 "가로되 너희를 다스릴 왕의 제도가 이러하니라 그가 너희 아들들을 취하여 병거와 말을 어거케 하리니 그들이 그 병거 앞에서 달릴 것이며"

이 절은 술람미 여인이 솔로몬 왕의 귀한 신부로서 솔로몬 왕의 수레들 가운데로 이르게 되었다는 것으로 깊은 의미가 있습니다.

왕하 2:12 "엘리사가 보고 소리지르되 내 아버지여 내 아버지여 이스라엘의 병거와 마병이여 …"

엘리사가 보고 소리 지를때 엘리야는 불 수레를 타고 승천하였습니다.

왕하 13:14 "엘리사가 죽을병이 들매 이스라엘 왕 요아스가 저에게로 내려가서 그 얼굴에 눈물을 흘리며 가로되 내 아버지여 내 아버지여 이스라엘의 병거와 마병이여 하매"

이스라엘 왕 요하스가 엘리사가 죽을병이 들매 눈물을 흘리며 엘리사 선지자를 병거와 마병으로 칭하고 있습니다.

이는 왕하 2:12에서 엘리사가 엘리야에게 말하던 것과 동일합니다.

술람미 여인은 부지중에 신랑을 사모하는 마음이 간절하여 왕의 수레 가운데 이르게 되었습니다. 하나님을 간절히 찾고, 구하고, 두드리는 자에게 응답해 주시고 사모하는 자에게 임하십니다.

"내 귀한 백성의 수레 가운데"

성도가 주님을 내 중심에 모셔드리고 사모하며 그 보좌의 은혜 가운데 들어감을 의미합니다. 주님이 다시 오실 때는 영광스러운 모습으로 천군 천사와 같이 오실 것입니다.

'수레'를 현대어성경에는 '병거'로, KJV에는 '암미나딥의 병거들'로, 공동번역에는 '병거'로 기록되고 있습니다. [참고로 암미는 '내 백성',

'이스라엘' 임]

성경에서 등장하는 수레(병거)는 이러합니다.

시 104:3 "물에 자기 누각의 들보를 얹으시며 구름으로 자기 수레를 삼으시고 바람 날개로 다니시며"

시 68:17 "하나님의 병거가 천천이요 만만이라 주께서 그 중에 계심이 시내산 성소에 계심 같도다"

사 66:15 "보라 여호와께서 불에 옹위되어 강림하시리니 그 수레들은 회리바람 같으리로 다 …"

하나님의 수레는 그 운행하실 때 모습을 보여주고 계시는 것입니다. 많은 성경구절에서 하나님의 운행하심을 병거로도 나타내십니다. 하나님의 영광스러운 운행하심을 이렇게밖에 달리 표현할 길이 없었을 것입니다. 주님이 다시 오실 때 구름타고 오십니다. 수레를 타고 오시는 모습의 연상입니다. 예수님은 천군 천사와 함께 영광스러운 모습으로 다시 오십니다.

에스겔 1:1-28에서 하늘이 열리며 하나님의 이상을 봅니다.

네 천사의 모습과 움직임과 하나님 보좌와 그 영광의 모양을 보고 죽은 자같이 되었습니다. 여기서는 특별히 바퀴가 나옵니다. 이 바퀴는 수레 또는 병거로 볼 수 있습니다.

술람미는 지금 자신도 모르게 그의 마음이 귀한 백성의 수레 가운데 이르게 되었습니다. 성도는 주님의 영광스러운 모습으로 오심을 바라보며 소망하시기를 주의 이름으로 축원합니다.

3. 신부의 은혜로운 모습을 보고 싶어 함

13-14절 "돌아오고 돌아오라 술람미 여자야 돌아오고 돌아오라 우리로 너를 보게 하라 너희가 어찌하여 마하나임의 춤추는 것을 보는 것처럼 술람미 여자를 보려느냐"

솔로몬 왕을 찾아 나선 술람미 여인은, 그분은 많은 사람 가운데 탁월한 분이며, 오직 하나뿐인 분임을 말합니다. 그녀는 외모뿐 아니라 내면의 성숙한 성품을 보고 왕후와 후비와 시녀들도 칭찬을 합니다. 이후 술람미 여인은 호도나무동산으로 내려갑니다. 그곳에 있는 귀한 백성의 수레 가운데 이르게 됩니다. 새롭게 변화된 술람미를 보고 예루살렘 여자들이 돌아오라고 반복하면서 "너를 보게 하라"고 합니다. 또 마하나임의 춤추는 것을 보는 것처럼 술람미 여인을 그렇게 보지 말라는 것입니다.

돌아오고 돌아오라 : 속히 보고자 하는 애절함을 강조한 것입니다.

마하나임 : '두 군대', '두 무리의 천사' 라는 뜻입니다. 야곱이 라반을 떠나 귀향하던 중 하나님의 사자들을 만나 야곱이 하나님의 군대라 하고 그 땅 이름을 칭한 곳입니다(창 32:1-2). 이를 기념하여 벌이는 연례무도회로, 이 춤은 군대가 두 무리로 나뉘어서 어울려 추는 춤입니다. 이 춤은 승리의 기쁨과 환희의 성격을 띠고 있습니다.

성도는 영적 깊은 은혜 가운데 있을 때 승리의 기쁨을 얻는다는 의미입니다.

여러분!

예루살렘 여자들은 술람미 여인을 향해 돌아오고 돌아오라고 반복해 부릅니다. 술람미 여인을 보고자 하는 간절함이 담겨져 있습니다.

계시의 비밀한 것을 모르는 자는 예수님을 믿어도 육적으로 믿지, 영적으로 믿지 않습니다. 영교의 뜻을 모르는 자는 종교적으로 예수님을 믿어도 영적으로 믿지 않습니다. 영교의 맛을 모르는 자는 정서적으로 예수님을 믿어도 영적으로 믿지 않습니다.

예수님을 똑같이 믿어도 믿음에 따라 많은 차이가 납니다. 신령하게 믿는 변화산상의 제자가 있습니다. 적당히 믿는 성도가 있습니다. 영에 속한 자가 있습니다. 육신에 속한 자가 있습니다. 허리까지 은혜 받는 자가 있습니다. 무릎까지 은혜 받는 자가 있습니다. 발목까지 은혜 받는 자가 있습니다. 지성소의 성도가 있습니다. 성소의 성도가 있습니다. 성전 뜰의 성도가 있습니다. 신앙의 정도는 크게 이 세 가지로 구분해 볼 수 있는 것입니다. 사도 바울은 장성한 분량까지, 그리스도의 분량까지 성장하라고 합니다.

믿음의 척도에 따라 깨닫는 진리가 다르고, 영적 세계가 다르고, 받은 은혜가 다릅니다.

주님이 다시 오시면 모든 것이 확연히 알게 됩니다. 지금은 희미하나

그때는 온전히 알게 됩니다.

예루살렘 여자들이 술람미 여인을 돌아오라고 외치는 것은 신령한 성
도가 단단한 말씀을 먹으며, 영적 깊은 세계로 들어가서 예수님과 교통
하며, 동행하는 것을 보고 육에 속한 성도, 예루살렘 여자들이 자기들에
게 돌아오라는 것입니다.

13절에 '마하나임의 춤' 이 나옵니다. 마하나임은 '두 군대', '두 무리
의 천사' 의 뜻입니다. 성경에서 '하나님의 군대' 라고 이름 합니다. 야곱
이 20년 동안 외삼촌 라반의 집에 있다가 고향으로 돌아오던 중에 이곳
에서 천사들을 만났고, 그 땅 이름을 '마하나임' 이라 하였습니다.

마하나임의 춤은 야곱의 귀환을 축하하기 위하여 이스라엘 여자들이
모여 벌이는 연례무도회입니다. 본문은 마하나임 원주민들의 춤을 구경
하는 것처럼 술람미 여인을 그렇게 바라보아서는 안 된다는 것입니다.
술람미 여인은 이제 솔로몬 왕의 신부로 존귀한 자가 되었습니다.

구원받은 성도는 주님의 신부로 존귀한 자입니다. 주님과 영교하는 참
된 성도는 더더욱 존귀한 자입니다. 세상이 부른다고 다시 세상으로 돌
아갈 수 없는 것 아니겠습니까? 진리의 말씀이 선포되는 곳을 떠날 수가

없는 것 아니겠습니까? 특별히 마지막 때를 살아가고 있는 우리는 신부 단장을 잘해야 합니다.

우리는 등불을 준비해야 합니다. 기름을 준비해야 합니다. 주를 맞을 준비를 하여야 합니다.

술람미 여인은 솔로몬 왕의 사랑을 받고 총애를 받습니다. 술람미 여인은 영육간의 온전함으로 신랑에게 나아갑니다. 술람미 여인처럼 참된 신앙의 성도가 되어 주님과 영교하며, 신앙생활을 충실히 하시기를 바랍니다.

여러분!

미흡한 신앙도 진리의 동산으로 들어가면 알곡 성도가 됩니다. 겸손히 진리의 동산으로 가서 생명수 같은 깊은 진리의 말씀을 먹고 마시기를 바랍니다. 그리하여 선한 싸움 다 싸우고 반드시 승리의 기쁨을 얻으시기 바랍니다. 진리의 말씀이 넘쳐나는 은혜의 동산에서 풍성한 신앙생활을 하시기를 주의 이름으로 축원합니다.

<기도>

사랑의 하나님!
존귀와 영광을 받으시기 바랍니다.

이제부터 새롭게 되기를 원합니다.

생명수 진리 말씀을 사모하여 날마다 주님 앞으로 나아가기를 원합니다.

은혜의 풍성한 말씀으로 채워주시옵소서!

제7장 사랑의 성숙

귀한 자의 딸아 신을 신은 네 발이 어찌 그리 아름다운가 네 넓적다리는 둥글어서 공교한 장색의 만든 구슬 꿰미 같구나

배꼽은 섞은 포도주를 가득히 부은 둥근 잔 같고 허리는 백합화로 두른 밀단 같구나

두 유방은 암사슴의 쌍태 새끼 같고 목은 상아 망대 같구나 눈은 헤스본 바드랍빔 문 곁의 못 같고 코는 다메섹을 향한 레바논 망대 같구나

머리는 갈멜 산 같고 드리운 머리털은 자주 빛이 있으니 왕이 그 머리카락에 매이었구나

사랑아 네가 어찌 그리 아름다운지, 어찌 그리 화창한지 쾌락하게 하는구나

네 키는 종려나무 같고 네 유방은 그 열매송이 같구나

내가 말하기를 종려나무에 올라가서 그 가지를 잡으리라 하였나니 네 유방은 포도송이 같고 네 콧김은 사과 냄새 같고 네 입은 좋은 포도주 같을 것이니라 이 포도주는 나의 사랑하는 자를 위하여 미끄럽게 흘러 내려서 자는 자의 입으로 움직이게 하느니라

나는 나의 사랑하는 자에게 속하였구나 그가 나를 사모하는구나

나의 사랑하는 자야 우리가 함께 들로 가서 동네에서 유숙하자

우리가 일찌기 일어나서 포도원으로 가서 포도 움이 돋았는지, 꽃술이 퍼졌는지, 석류꽃이 피었는지 보자 거기서 내가 나의 사랑을 네게 주리라

합환채가 향기를 토하고 우리의 문 앞에는 각양 귀한 실과가 새 것, 묵은 것이 구비하였구나 내가 나의 사랑하는 자 너를 위하여 쌓아둔 것이로구나

귀한 신부의 모습

아가서 7:1-9

귀한 자의 딸아 신을 신은 네 발이 어찌 그리 아름다운가 네 넓적다리는 둥글어서 공교한 장색의 만든 구슬 꿰미 같구나 배꼽은 섞은 포도주를 가득히 부은 둥근 잔 같고 허리는 백합화로 두른 밀단 같구나 두 유방은 암사슴의 쌍태 새끼 같고 목은 상아 망대 같구나 눈은 헤스본 바드랍빔 문 곁의 못 같고 코는 다메섹을 향한 레바논 망대 같구나 머리는 갈멜 산 같고 드리운 머리털은 자주 빛이 있으니 왕이 그 머리카락에 매이었구나 사랑아 네가 어찌 그리 아름다운지, 어찌 그리 화창한지 쾌락하게 하는구나 네 키는 종려나무 같고 네 유방은 그 열매송이 같구나 내가 말하기를 종려나무에 올라가서 그 가지를 잡으리라 하였나니 네 유방은 포도송이 같고 네 콧김은 사과 냄새 같고 네 입은 좋은 포도주 같을 것이니라 이 포도주는 나의 사랑하는 자를 위하여 미끄럽게 흘러 내려서 자는 자의 입으로 움직이게 하느니라

솔로몬이 술람미 여인의 모습을 신을 신은 발과 넓적다리(1절), 배꼽과 허리(2절), 유방(3절), 목, 눈, 코(4절), 머리(5절)를 찬미합니다. 아래에서 위로 표현하는 것은 히브리인들의 관습입니다(삼하 14:25, 사 1:6). 이러한 표현들을 통하여 여인의 아름답고, 생동감 넘치는 모습을 묘사한 것입니다. 신부의 지체를 통하여 술람미 여인의 아름다움을 표현하고, 신부인 교회(성도)는 하나의 공동체로서 모습을 상징으로 표현해 보임으로, 영적 의미를 부여합니다.

교회는 한 지체로서의 연합되어 성장되어갈 때 아름다운 것입니다. 천상의 승리적 교회뿐만 아니라 지상의 전투적 교회의 귀중성이 있는 것입니다. 하나님 나라의 모형인 교회는 내외적으로 그 사명을 다할 때, 주님은 기뻐하시며 은혜를 베푸시는 것입니다. 참된 교회의 모습과 참된 성도가 하나님의 영광을 나타낼 때 주님은 한없이 기뻐하실 것입니다.

1. 발에서 가슴까지의 모습

7:1-3 "귀한 자의 딸아 신을 신은 네 발이 어찌 그리 아름다운가 네 넓적다리는 둥글어서 공교한 장색의 만든 구슬꿰미 같구나 배꼽은 섞은 포도주를 가득히 부은 둥근 잔 같고 허리는 백합화로 두른 밀단 같구나 두 유방은 암사슴의 쌍태 새끼 같고"

술람미 여인의 발과 다리는 구슬꾸러미처럼 아름답고, 배꼽은 그윽한 포도주가 담긴 잔 같고, 허리는 백합꽃으로 밀단을 두른 것 같으며, 암사슴의 쌍둥이 새끼같이 균형 있고 아름다운 젖가슴이라 하였습니다.

> **귀한 자의 딸** : '귀한 자에' 해당하는 히브리어 '나디브(נדיב).' 출신 또는 직분이 높은 자를 뜻합니다. 귀한 자의 딸은 솔로몬 왕과 결혼함으로써 고귀한 신분 상태에 이르렀음을 암시합니다. 참고로, 현대인성경은 '(남자) 귀한 집안의 딸', 현대어성경은 '어찌 그리도 귀여운가요 아가씨! 귀한 집 따님!', KJV는 '오! 통치자의 딸아', 공동번역은 (합창단) '지체 높은 댁 규수라.'
>
> **신을 신은** : 영적으로 복음의 신을 의미합니다. 발의 신은 복음을 상징합니다(이상근).
>
> **넓적다리** : 무릎과 허리 사이 부위로 힘을 상징합니다(호크마), 단결을

의미합니다(박윤선), 둥글다는 것은 둥근, 곡선의 뜻으로
원만함을 의미합니다.

구슬꿰미 : 할라임(הלאים)보석들로 꾸민 '장식들'을 의미합니다(잠
25:12, 호 2:13).

배꼽 : 몸의 중심부이며 탯줄을 자른 곳입니다. 생명선입니다. 마음을
상징합니다(이상근).

섞은 포도주 : 포도주를 묽게 하기 위해 향료나 물을 탄 포도주를 말합
니다. 맛 좋은 포도주를 말하며, 기쁨을 줌을 의미합니다.

허리 : '베텐(בטן)'은 배(잠 13:25), 또는 몸(삿 3:21-22), 또는 자궁
(창 25:23-24, 호 12:3)〈호크마 주석〉, 풍성한 생산력을 의미합
니다.

백합화 : 여기서는 하나님의 은혜를 나타냅니다(박윤선).

밀단 : '아레마트(עדמת)'는 추수 후 타작마당에 쌓아놓은 곡식단을 의
미합니다. 곡식을 쌓아둔 더미로 풍요를 나타냅니다.

유방 : 가슴, 젖의 어원으로 아기의 젖줄을 의미합니다. 복음적(벧전
2:2)으로는 신령한 젖, 곧 말씀을 의미합니다.

귀한 하나님의 자녀는 복음을 들고 나아갈 때 보석처럼 빛나고, 폭 넓
은 전도로 새 생명들이 태동될 때 그 곡식단처럼 아름답고 하나님의 은
혜로운, 말씀으로 양육되어 성장할 때 그 풍성함을 의미합니다.

여러분!

술람미 여인을 '귀한 자의 딸아'라고 호칭한 것은 예수님이 성도를 존
귀하게 보시는 것과 같습니다. '신을 신은 네 발이 어찌 그리 아름다운
가'는 복음을 전하는 발걸음이 아름답다는 의미입니다.

롬 10:15 "아름답도다 좋은 소식을 전하는 자의 발이여"

엡 6:15 "화평한 복음의 예비한 것으로 신을 신고"

사 52:7 "좋은 소식을 가져오며 평화를 공포하며 복된 좋은 소식을 가져오며 구원을 공포하
며 '시온을 향하여 이르기를 네 하나님이 통치하신다 하는 자의 산을 넘는 발이 어
찌 그리 아름다운고"

좋은 소식은 복된 소식입니다. 복된 좋은 소식을 가지고 주의 일을 하
는 자의 발길은 아름다운 것입니다. 생명의 복음의 소식을 전하는 발걸
음은 참으로 아름다운 것입니다.

"… 넓적다리는 둥글어서 공교한 장색의 만든 구슬꿰미 같구나"

현대인성경에서 "그대의 다리는 예술가의 작품처럼 우아하고", KJV
에서 "네 넓적다리의 마디(관절), 기술자의 손으로 만든 보석들 같구나",
넓적다리는 힘의 지체입니다. 두 넓적다리는 우리의 몸을 지탱하는 기둥
과 같습니다. 성도는 주의 일을 하려면 두 넓적다리 같이 믿음에 굳게 서
야 합니다. 두 다리는 서로 연합되어 튼튼함을 뜻합니다.

시 133:1-3 "형제가 서로 연합하여 동거함이 어찌 그리 선하고 아름다운고"

둥글다는 것은 원만하다는 것입니다. 성도가 모든 면에서 화목하고 원
만해야 교회가 덕을 세웁니다.

본문은 신부의 다리가 전문세공기술자가 만든 둥근 구슬꿰미 같다고
합니다. 이것은 하나하나 조밀하게 연결되어 있는 둥근 구슬꿰미처럼 아
름다움을 표현하고 있습니다.

배꼽은 모태에서 배꼽 줄을 통해서 태아에게 공급됩니다. 배꼽은 몸의 중심부이며 생명선입니다.

섞은 포도주는 향료나 물을 타서 맛을 더 좋게 하기 위함입니다.

가득히 붓는다는 것은 풍족함을 뜻합니다. 동근잔은 풍만함을 나타냅니다. 성도의 마음은 항상 기뻐해야 합니다. 적은 것에도 만족해야 합니다. 범사에 감사해야 합니다(살전 5:16). 성도의 마음 중심이 성령의 은사들로 충만할 때, 항상 기뻐할 수 있는 것입니다.

당시는 보리를 수확하여 타작마당에 쌓아둡니다(룻 3:7). 가축 등이 가까이 못하도록 수확한 단의 주위를 가시로 둘렀습니다(호 2:6). 본문에서는 가시 대신 백합화를 둘렀습니다. 술람미 여인의 허리가 백합화를 두른 밀단 같다고 표현한 것입니다. 여인의 아름다운 허리는 생명선과 같습니다.

허리는 자녀 생산의 의미가 있습니다. 히 7:5 "… 아브라함의 허리에서 난 자라도…." 아브라함은 육적으로 남자입니다. 그 허리에서 난 자라는 것은 후손을 뜻합니다. 본문을 여성의 출산에만 포인트를 맞추면 허리를 배, 몸, 자궁으로 해석되어집니다. 자녀 생산의 의미입니다. 밀단처럼 수확된 곡식처럼 성도는 결실이 있어야 합니다. 풍성한 수확을 해야 함을 의미합니다.

아라비아 풍습

보리나 밀을 추수하여 타작마당에서 곡식단을 묶고 백합화를 밀단 허리에 둘러놓아 감

사하며, 기쁜 마음으로 춤추고 노래하는 풍습이 있었다고 합니다. 이것은 수확의 기쁨과 풍요를 기원하는 것입니다.

성도의 신앙에 밀단과 같은 풍성한 열매와 믿음의 풍요가 있어야 할 줄 믿습니다.

3절 "두 유방은 암사슴 쌍태 새끼 같고"

이것은 젖가슴의 균형 잡힌 모습입니다. 젖은 양육을 나타냅니다. 말씀으로 잘 양육하는 쌍태 새끼 같은 모습입니다. 신령한 말씀으로 잘 양육하는 모습을 빗댄 것입니다. 말씀으로 잘 양육되길 바랍니다.

2. 목에서 머리털까지의 모습

4-5절 "목은 상아 망대 같구나 눈은 헤스본 바드랍빔 문 곁의 못 같고 코는 다메섹을 향한 레바논 망대 같구나 머리는 갈멜산 같고 드리운 머리털은 자주 빛이 있으니 왕이 그 머리카락에 매이었구나"

목은 상아 망대로, 눈은 헤스본 바드랍빔 문 곁의 못으로, 코는 다메섹을 향한 레바논 망대로 비유합니다. 이는 성도의 기품성, 순결성, 성숙성 등 여러 아름다움을 나타냅니다. 머리는 지혜, 꾀, 모략을 상징합니다. 델리취는 '두로 땅의 자주는 흘러내리는 핏빛으로 최고의 찬사를 받는다. 그것은 앞에서 보면 흑색이고 옆에서 보면 홍색이다"라고 표현합니다. 머리털이 자줏빛을 띠는 것은 술람미 여인의 성숙한 사랑과 순종은 더욱 존귀히 여김을 받음을 의미합니다.

목은 상아 망대 같구나 : 공동번역, 현대인성경에 '목은 상아탑 같으며', 현대어성경에 '목덜미는 상아로 만든 망대라', KJV에는 '네 목은 상아 망대 같고', 목은 머리를 연결시키는 지체이며, 망대는 적의 동태를 살펴보는 높은 대입니다(망루).

눈은 헤스본 바드랍빔 문 곁의 못 : 헤스본 어원은 '요새' 또는 '현명하다'의 뜻입니다. 요단강 동쪽 약 24Km 얍목강과 아르논강 사이의 성읍입니다. 고대 아모리 왕 시혼의 도성이었습니다(민 21:25). 이곳은 유명한 양어 연못이 있는 곳입니다. 바드랍빔은 '큰 무리 가운데 한 여인'이라는 뜻입니다. 헤스본 성읍의 한 성문으로 추측됩니다. 경치가 수려한 곳입니다.

코는 다메섹을 향한 레바논 망대 같구나 : 다메섹은 예루살렘 북방 260Km 지점에 있는 고대 아람(시리아)왕국의 수도였습니다. 갈대아 지방에서 팔레스틴과 애굽에 이르는 교통요충지입니다. 레바논 망대는 팔레스틴 북쪽에 솟아있는 '흰 산'의 비유입니다. 그 망대는 헤르몬산 동편 고지에 세워진 군사 감시용이며 또한 다메섹의 경관을 조망하는 전망대이기도 합니다.

머리는 갈멜산 같고 : 현대인성경, 현대어성경에서는 '그대의 머리', KJV에는 '네 위에 있는 머리'로 되어 있습니다. 머리는 지혜의 저장소이며 몸의 통제소와 같은 것입니다. 갈멜산은 높이가 레바논산 다음가는 높은 산입니다. 경치가 아름답고 산림이 울창합니다. 일반적으로 풍요를 일컫는 산입니다.

드리운 머리털 : 현대어성경에는 '땋아 내린 머리칼', KJV에는 '머리
의 머리카락', 공동번역에서는 '머리채' 로 되어 있습
니다. '드리운 머리털'은 깨끗하게 빗겨진 긴 머릿결
입니다.

자주 빛이 있으니 : 짙은 검붉은 색에서 보라색에 이르기까지 색상을
포함한 색입니다. 자주색은 왕이나, 귀족의 의복에
사용됩니다. 술람미 여인의 고상하고 고귀한 품성
을 의미입니다.

매이었다 : '이끌렸다', '매료되었다' 의 의미입니다.

성도의 목과 눈이 주를 향하고 순종하는 머리에 매료됨을 의미합니다.

여러분!
목의 아름다움을 어떻게 표현하고 있습니까?

아 1:10 "… 네 목은 구슬꿰미로 아름답구나"
아 4:4 "네 목은 군기를 두려고 건축한 다윗의 망대 …"

본문은 '목은 상아 망대 같다' 고 합니다.
　상아는 코끼리 상(象), 어금니 아(牙)로 코끼리의 긴 어금니입니다. 아
주 귀한 것입니다. 솔로몬은 상아로 왕좌를 만들었고(왕상 10:18), 두로
의 배는 상아로 갑판을 꾸몄으며(겔 27:6), 아합도 상아로 궁전을 장식
했다고 합니다.
　술람미 여인의 희고, 매끈한 목이 마치 상아로 만든 하얗고 아름다운
망대 같다고 표현하고 있습니다.

목은 교회와 예수님을 연결시키는 믿음을 의미한다고 했습니다(박윤선). 목이 상아 망대 같음은 성도가 아름다운 믿음을 굳건히 지키고 앙망하는 신앙을 의미합니다. 성도가 주를 소망하는 목이 길 때 상아 망대처럼 아름다운 것입니다.

민족의 위기 앞에 죽으면 죽으리라는 에스더의 신앙과 같이, 신상에 절하지 않고 죽으면 죽으리라는 다니엘의 3 친구 신앙과 같이, 또 사자 굴 속에 던져져 죽음에까지 직면한 다니엘의 신앙처럼 어떠한 환경과 처지에서도 순교적 신앙은 아름답습니다. 오직 의인은 믿음으로 산다고 하였습니다. 이러한 신앙이 되기를 바랍니다.

"… 눈은 헤스본 바드랍빔 문 곁의 못 같고 …"

헤스본은 '요새', '현명하다'의 뜻으로 고대 아모리 도성입니다. 바드랍빔 문 곁의 못은 아주 맑고 깨끗합니다. 술람미 여인의 눈을 이와 같이 맑고 깨끗하다는 것입니다. 예수님을 바라보고 신령한 세계를 바라보는 성도의 신령한 눈은 이러한 맑은 못과 같이 아름다운 것입니다.

눈은 몸의 등불, 마음의 창입니다. 성도들의 눈은 곧 마음입니다. 눈이 호수 같이 맑고 깨끗함으로 하나님을 볼 수 있어야 합니다.

마 5:8 "마음이 청결한 자는 복이 있나니 저희가 하나님을 볼 것임이요"

맑고 깨끗한 눈, 청결한 마음을 갖기를 바랍니다.

"… 코는 다메섹을 향한 레바논 망대 같구나"

코는 냄새를 맡고 호흡하는 기관입니다. 영적으로 호흡은 기도를 의미합니다. 성도는 항상 깨어 기도하고 근신하여야 합니다. 신앙생활에 있어 기도를 쉬면 영적으로 죽습니다.

다메섹은 고대 아람(시리아)왕국의 수도입니다. 헤르몬산이 위치한 안티 레바논의 동쪽에 자리 잡고 있습니다. 다메섹은 사도 바울이 회심한 곳으로 유명합니다. 레바논은 팔레스틴 북방에 솟아있고, 사시사철 흰 눈이 덮여 있어 흰 산이라고도 합니다. 망대는 높은 대를 말합니다. 멀리까지 바라볼 수 있는 망루입니다. 술람미 여인의 코를 이렇게 비유한 것은 용모의 빼어남과 순결한 기품을 표현한 것입니다. 성도는 회개한 깨끗한 심령으로 영적 높은 곳을 향해 바라보고 나아감을 뜻합니다. 기도는 영적인 요새입니다. 기도는 영적인 망대입니다. 벧전 5:5 "근신하라. 깨어라. 너희 대적 마귀가 우는 사자같이 두루 삼킬 자를 찾나니." 지금은 깨어 근신할 때입니다.

5절 "머리는 갈멜산 같고 드리운 머리털은 자주 빛이 있으니 왕이 그 머리카락에 매이었구나"

갈멜산은 지중해 연안에 돌출하여 있는 산악지대로 이스라엘 북쪽 해변에 위치하고 있습니다. 숲이 아름답게 우거져있고, 비옥하고, 큰 산입니다. 아름답고 풍요를 나타내는 산입니다(사 35:2, 렘 50:19). 장엄하고 숭고한 이미지를 빌어 표현하고 있습니다.

성도의 신앙은 숭고해야 합니다. 말씀으로 무장하여 높고 존귀한 신앙을 가지시기를 바랍니다. 갈멜산처럼 우뚝 선 믿음으로 나아가시기 바랍니다.

"… 드리운 머리털은 자주 빛이 있으니 …"

드리운 머리털은 깨끗하게 빗겨진 긴 머릿결입니다. 솔로몬은 술람미 여인의 아름답고 출렁이는 머리털을 칭찬하면서 그 빛이 자주빛을 띤다는 것입니다. 자주색은 주로 왕들이 입는 옷의 색입니다(삿 8:26). 주로 귀족들이 입는 옷의 색입니다. 머리털이 자줏빛이 띤다는 것은 술람미 여인의 기품 있는 머리 모습이 더욱더 존귀하게 보임을 의미합니다.

솔로몬 왕이 매료될 정도로 머리털이 탐스럽고 아름다웠습니다. 머리털은 헌신과 순종을 나타냅니다(고전 11:6). 순종은 신앙의 아름다움입니다(벧전 3:4).

예수님의 관심은 순종하고 헌신하는 자에게 이끌리시고 반할 정도로 존귀히 여기십니다. 오직 예수님께 순종하며 헌신하시기를 주의 이름으로 축원합니다.

3. 전체적으로 바라본 모습

6-9절 "사랑아 네가 어찌 그리 아름다운지, 어찌 그리 화창한지 쾌락하게 하는구나 네 키는 종려나무 같고 네 유방은 그 열매송이 같구나 내가 말하기를 종려나무에 올라서 그 가지를 잡으리라 하였나니 네 유방은 포도송이 같고 네 콧김은 사과 냄새 같고 네 입은 좋은 포도주 같을 것이니라 이 포도주는 나의 사랑하는 자를 위하여 미끄럽게 흘러내려서 자는 자의 입으로 움직이게 하느니라"

솔로몬은 넘치는 사랑의 감정으로 술람미 여인을 향해 '내 사랑아' 라고 부릅니다. 어찌 그리 아름다운지, 어찌 그리 화창한지라고 합니다.

아가서는 정확한 언어 번역과 철저한 본문의 검토가 없이는 풀이가 안 되는 영적 메시지입니다. 히브리어 '야다(ירע)'는 그저 아는 것이 아니라 '성적으로 상대방을 아는 것'이라는 뜻입니다. 그렇다고 공동번역처럼 지나친 성적 해석은 문제를 초래합니다. 성경에서 종려나무는 번영(시 92:12), 승리(계 7:9), 기쁨(레 23:40)을 상징합니다. 박윤선 박사 주석에는 '유방은 지도자인 교역자를 말한다'고 했습니다. 사과 냄새는 참 일꾼에게서만 나는 것으로 영적인 기쁨을 주는 것입니다.

화창한지 : '즐겁게 하다', '즐겁게 하는' 뜻입니다. 영어성경 NEB에는 '황홀케 하는', JB에는 '매력적인'으로 번역되어 있습니다.

종려나무 : '타마르'는 "늘씬하게 또 기둥같이 솟아올랐다"의 의미입니다. 열대지방에서 많이 번식하는 키가 크고 우아한 모습의 상록수로서 종려 과에 속한 나무입니다. 일반적으로 대추야자나무로 알려져 있습니다. 키는 3~7m 정도 자라며 곁가지가 없고 원통형 줄기는 30~40cm나 되고, 가지는 거대한 침엽 잎사귀를 길게 뻗칩니다. 그 잎은 승리의 표상물입니다(요 12:13). 유대인의 초막절 절기에 장막을 짓는 데 사용되었으며, 건축자재로도 쓰입니다. 열매는 맛이 달고 진액이 풍성하며, 노목도 결실을 잘합니다(시 92:14).

콧김 : 퓨뉴마(창 2:7)의 의미는 생기, 숨, 호흡, 생령입니다(영적 호흡 곧 기도).

사과 냄새 같고 : 어원 '카타푸힘'은 '향기를 내어뿜는다'는 의미입니다. 달콤하고 시원한 냄새입니다.

네 입 : 여기서는 기도를 의미합니다(이상근).

자는 자의 입으로 움직이게 하다 : 영적으로 잠자는 상태에 있을 때 생

명의 말씀으로 다시 살아나는 것입
니다.

성도는 영적 일꾼으로 성장하며, 말씀으로 풍성하고 영적 호흡인 기도
생활을 하며, 은혜로운 말씀을 증거하며, 예수 그리스도 향기를 날리는
모습입니다.

여러분!

솔로몬은 신부 술람미의 아름다움을 칭송합니다. 6절 "사랑아, 네가
어찌 그리 아름다운지, 어찌 그리 화창한지 쾌락하게 하는구나"라고 합
니다. '어찌 그리', '어찌 그리'를 반복합니다. 어찌 그리 아름다운지,
어찌 그리 화창한지 최상의 아름다움을 나타냅니다. 술람미의 아름다
움에 취했고, 매력에 넋이 빠졌고, 감탄하고 탄성을 지르는 모습입니
다. 솔로몬이 "사랑아!"라고 부르는 것은 모든 것이 함축되어 있는 부
름입니다.

현대인성경에서는 "어쩌면 그대는 그처럼 예쁘고 아름다운가요! 내 사
랑이여, 그대의 매력이 대단하구려", 현대어성경에서는 "(신랑) 아름다
워라. 그대 아름다워라. 그대 사랑, 어찌 그리도 가슴 벅찬지", KJV에서
는 "오 사랑아, 너는 어찌 그리 어여쁘고 아름다워 즐겁게 하는가!", 공
동번역에서는 "(신랑) 너무나 아리땁고 귀여운 그대, 내 사랑, 내 즐거움
이여"라고 번역되어 있습니다.

남녀간의 숭고한 사랑은 아름답습니다. 그러나 그리스도의 사랑은 더
욱이 아름답습니다. 제일은 사랑이라 하였습니다(고전 13:13).

사 62:4-5 "다시는 너를 버리운 자라 칭하지 아니하며 다시는 네 땅을 황무지라 칭하지 아
니하고 오직 너를 헵시바라 하며 네 땅을 쁄라라 하리니 이는 여호와께서 너를 기

뻐하실 것이며, 네 땅이 결혼한 바 될 것임이라 마치 청년이 처녀와 결혼함같이
네 아들들이 너를 취하겠고 신랑이 신부를 기뻐함같이 네 하나님이 너를 기뻐하
시리라"

헵시바는 나의 소원과 기쁨이 너에게 있다는 뜻이고, 쁠라는 결혼한
아내 주인이 되었다는 뜻입니다.

7절 "네 키는 종려나무 같고 네 유방은 그 열매송이 같구나"

종려나무는 키가 크고 아름답습니다. 술람미 여인은 키가 쭉 뻗어 보
기에 좋았던 것 같습니다. '네 유방은'을 '가슴', '젖가슴'으로 번역합
니다. 박윤선 박사는 지도자, 교역자로 표현합니다. "그 열매송이 같구
나"는 종려나무 열매송이로 열리고, 맛이 달며 진액이 많습니다. 여인의
앞가슴은 종려나무 열매처럼 풍성함을 의미합니다.
종려나무처럼 키가 크다는 것은 성도가 예수 그리스도의 장성한 분량
에 이르러가고, 열매송이는 믿음의 풍성입니다. 젖가슴은 곧 말씀의 공
급처입니다.

8절 "내가 말하기를 종려나무에 올라가서 그 가지를 잡으리라 하였으나 …"

종려나무는 야자대추나무입니다. 이 야자대추는 꼭대기에 달려있기
때문에 나무에 올라가서 가지 사이를 헤집어야 딸 수 있습니다. 주님의
말씀으로 장성한 분량까지 나아감을 뜻하고 신앙의 승리를 의미합니다.

8절 "… 네 유방은 포도송이 같고 네 콧김은 사과 냄새 같고"

나무는 그 열매를 보아 알 수 있습니다. 성도는 그의 신앙의 열매를 보아 알 수 있습니다. 종려나무 열매 같은 믿음의 열매, 풍성한 열매를 소유한 자를 주님은 기뻐하시는 것입니다. 성도는 신앙이 잘 자라서 다른 사람에게도 나누어줄 수 있는 포도송이 같이 풍성함이 있어야 합니다.

본문의 콧김은 숨결의 향기로 영적 호흡입니다. 기도생활을 하는 성도는 주님과 호흡하는 것입니다. "사과 냄새 같고"는 히브리어 언어의 의미를 '향기를 내어뿜는다' 입니다. 성도는 영교 가운데 거해야 열매를 많이 맺습니다. 그러한 성도는 예수 그리스도의 향기를 항상 내어뿜습니다.

고후 2:14-15 "항상 우리를 그리스도 안에서 이기게 하시고 우리로 말미암아 각처에서 그리스도를 아는 냄새를 나타내시는 하나님께 감사하노라 우리의 구원 얻은 자들에게나 망하는 자들에게나 하나님 앞에서 그리스도의 향기니"

9절 "네 입은 좋은 포도주 같을 것이니라 이 포도주는 나의 사랑하는 자를 위하여 미끄럽게 흘러내려서 …"

술람미 여인의 입에서 나오는 말이 포도주 같이 감미롭고, 포도즙 같이 흘러내립니다. 성도의 입은 은혜로운 말씀을 증거하는 입이요, 기도하는 입이 되어야 합니다.

9절(하) "… 자는 자의 입으로 움직이게 하느니라"

성도의 입은 지혜로워야 합니다. 아름다운 언어, 긍정적인 언어, 살리는 언어가 되어야 합니다. 그리하여 영적 잠을 자는 자에게 살리는 생명의 입이 되기를 바랍니다.

엡 5:4 "누추함과 어리석은 말이나 희롱하는 말이 마땅치 아니하니 돌이켜 감사하는 말을

하라"

우리 모두 덕스러운 입을 가진 아름다운 신앙의 입이 되어야겠습니다.
언제나 감사가 넘치는 말을 하기 바랍니다.

여러분!
예수 그리스도께서 믿음이 장성하고 성숙하고 신령한 성도를 아름다
운 신부로 여기십니다. 성도는 신령한 말씀으로 믿음이 부요하고, 말과
행실이 예수 그리스도의 향기를 풍기는 모습이어야 합니다.
성도는 참된 신앙으로 영적 호흡인 기도생활을 하며, 신령한 양식을 풍
족히 먹고, 다른 사람에게 나누어줄 때 종려나무 열매 같이, 포도송이 같
은 풍성함으로 하시기 바랍니다. 신앙의 풍성한 열매를 많이 맺어 선행
하며 주님이 기뻐하는 신앙 생활을 하시기를 주의 이름으로 축원합니다.

완숙한 사랑의 결실

나는 나의 사랑하는 자에게 속하였구나 그가 나를 사모하는구나 나의 사랑하는 자야 우리가 함께 들로 가서 동네에서 유숙하자 우리가 일찌기 일어나서 포도원으로 가서 포도 움이 돋았는지, 꽃술이 퍼졌는지, 석류꽃이 피었는지 보자 거기서 내가 나의 사랑을 네게 주리라 합환채가 향기를 토하고 우리의 문 앞에는 각양 귀한 실과가 새 것, 묵은 것이 구비하였구나 내가 나의 사랑하는 자 너를 위하여 쌓아둔 것이로구나

솔로몬과 술람미 여인의 사랑은 더욱 완숙한 경지로 나아갑니다. 10절에서 진전된 사랑의 고백, 11-12절에는 은밀한 교제를 나타냅니다. 그리고 13절에 합일(合一)된 사랑으로 진행됩니다. 더 나아가 온갖 귀한 것들을 구비하고 사랑하는 이에게 드리기를 원하는 헌신된 모습입니다. 13절에 각양 귀한 실과의 새 것과 묵은 것을 구비한 그런 모습입니다.

성도는 주께 날마다 믿음의 열매, 신앙의 열매를 드리는 것입니다. 열심히 주의 일을 위해 헌신하며, 사랑하며, 봉사할 때 좋은 결실을 얻는 것입니다. '완숙한 사랑의 결실'에 대해 살펴보고 은혜를 나누고자 합니다.

1. 사랑은 서로에게 속함

10-11절 "나는 나의 사랑하는 자에게 속하였구나 그가 나를 사모하는구나 나의 사랑하는 자

야 우리가 함께 들로 가서 동네에서 유숙하자”

술람미 여인은 고백을 합니다. 어떻게 합니까?

“나는 나의 사랑하는 자에게 속하였구나”

아 6:3에서는 서로가 서로에게 속하였다고 합니다. 술람미 여인은 “그가 나를 사모하는구나.” 연모의 정을 나타냅니다. 조용한 전원으로 가서 그곳 마을에서 둘만의 시간을 갖기를 원합니다. 이것은 둘만의 은밀한 교제를 나누기를 원하는 것입니다.

사모 : 그리워함, 우러러 받듦(국어사전), ‘… 불망(不忘)’ 의 뜻도 있습니다.

들 : 평평하고 넓은 땅(평야)을 의미합니다.

동네 : 작은 마을, 촌락, 혹은 성벽이 없는 마을들로 번역됩니다. 또 ‘고벨화’ 를 뜻하기도 합니다(RSV, NEB, Carr, Delitzsch). 호크마 주석

유숙 : 묵고 잠자는 곳(나무 숲 속에서 밤을 보내는 것 : 아가페 큰글성경 P.963 하단 낱말풀이) 표준새 번역 ‘… 나무 숲 속에서 함께 밤을 보내요.’

성도는 아무 방해받지 않는 장소에서 주님과 은밀한 교제를 원함을 의미합니다.

여러분!

사모한다는 것은 애타게 사랑하기 때문에 보고 싶고, 죽도록 그리워하

는 심정입니다. 술람미 여인은 솔로몬 왕이 자기에게 속했다고 합니다.
그 다음에는 자신이 그분의 것이라고 합니다. 즉, 서로가 서로에게 속한
것이라는 것입니다. 성도는 예수님께 속해있고, 예수님은 성도에게 속해
있습니다. 예수님은 우리를 지극히 사랑하고 계십니다. 예수 사랑 내 사
랑이요, 예수 생명 내 생명입니다. 예수 은혜 내 은혜요, 예수 소망 내
소망입니다. 예수님은 나의 기쁨이요, 소망이요, 사랑이십니다. 하나님
의 사랑은 한이 없고 끝이 없습니다.

"그가 나를 사모하는구나"

솔로몬은 술람미를 사모합미다. 그토록 사랑합니다.
사도 바울은 빌립보 교우들을 사모합니다. 예수 그리스도의 심장으로
사모합니다.

빌 1:8 "내가 예수 그리스도의 심장으로 너희 무리를 어떻게 사모하는지 하나님이 내 증인
이시니라"

바울은 빌립보 교우들을 어떻게 사모하는지 하나님이 자기의 증인이라
는 것입니다.

11절 "나의 사랑하는 자야 우리가 함께 들로 가서 동네에서 유숙하자"

술람미 여인은 한적한 곳에서 솔로몬 왕과 교제하자고 권유합니다. 들
이나 나무 숲이 있는 곳은 한적한 곳입니다.
그러한 곳에서 밤을 보내기를 원하고 있습니다. 둘만이 있기를 원합니다.

신앙생활에도 아무 방해를 받지 않는 조용한 장소를 택하여 주님과 은밀한 만남을 갖는 것이 좋습니다.

성도는 예수님과 동행의 삶을 살아가야 합니다. 복잡한 세상의 삶에서 잠시 벗어나 주님과 나만의 깊은 영적 교제를 가지는 것이 대단히 중요합니다.

한적한 곳에서 기도와 말씀으로 신령한 영적 세계를 발견하고 보다 더 주님과 깊은 영교의 시간을 가질 수 있기를 바랍니다.

마 28:20 "… 내가 세상 끝 날까지 너희와 항상 함께 있으리라 하시니라"

여러분!

우리는 어느 곳이든 주님이 함께하시므로 행복한 것입니다.

에녹이 하나님과 300년 동안 동행한 것처럼 우리도 날마다 주님과 함께 동행하시기를 주의 이름으로 축원합니다.

2. 사랑은 아낌없이 주는 것임

12절 "우리가 일찍이 일어나서 포도원으로 가서 포도 움이 돋았는지, 꽃술이 퍼졌는지, 석류꽃이 피었는지 보자 거기서 내가 나의 사랑을 네게 주리라"

술람미 여인은 아침 일찍 새벽녘에 일어나서 포도 움이 돋았는지, 꽃술이 퍼졌는지, 석류꽃이 피었는지 가보고 거기서 사랑을 나누고 싶다는 심경을 토로합니다. 포도원은 이스라엘, 또는 교회를 상징하기도 합니다. 움이 돋고, 꽃망울(꽃술)이 퍼졌고, 석류꽃이 망울졌는지 등 새로운 생명의 태동과 환희를 나타내주고 있습니다.

일찍이 일어나서 : 이른 아침에 일어나 하루의 시작을 뜻합니다.

포도원 : 포도나무 과목을 가꾸는 밭(마 20:1)입니다. 술람미 여인의
고향집 포도원을 말하는 것 같다(Lange). 상징적으로 사
5:1-7에서는 포도원을 이스라엘 그 백성으로, 또 마 20:1-16
에서 포도원은 하나님 나라(천국)를 비유합니다. 포도원은 교

회를 상징하기도 합니다.

성도는 언제나 교회와 하나님 나라를 사모함을 의미합니다.

여러분!
하루 생활의 시작인 아침은 어느 때보다 귀한 시간입니다. 아침 첫 시
간을 하나님께 드리는 것이 중요합니다.

막 1:35 "새벽 오히려 미명에 예수께서 일어나 나가 한적한 곳으로 가사 거기서 기도하시더
니"

미명(未明)은 해가 돋기 이전 어두움이 남아있는 시간대입니다. 한적
한 곳은 사람의 발길이 없는 곳입니다. 주님은 아주 조용한 곳 이른 새벽
녘에 기도하신 것입니다.

시 5:3 "여호와여 아침에 주께서 나의 소리를 들으시리니 아침에 내가 주께 기도하고 바라
리이다"

시 88:13 "여호와여 오직 주께 내가 부르짖었사오니 아침에 나의 기도가 주의 앞에 달하리
이다"

다윗은 아침에 기도할 때 하나님 앞에 달한다고 합니다.

스펄전의 시(詩)

아침 공기의 향기 속에 기도하고, 찬양하라.
맑은 세상이 연기로 흐리어지기 전에 너희 영혼이 기도하기를 서두르라.
어여쁜 꽃들이 이슬에 젖어있는 동안 너희 죄악을 눈물로 통회하여라.

무엇보다도 우리의 신앙생활은 새벽에 일어나서 기도하고 말씀을 묵상하는 시간을 가져야 될 줄 믿습니다. 우리가 더욱 기억해야 할 것은 모든 이적은 새벽에 일어났습니다. 홍해와 새벽, 여리고성과 새벽, 아브라함, 야곱, 이삭의 새벽, 만나와 새벽 등. 이와 같이 이적은 새벽과 관련이 있습니다.

일찍이 일어난다는 것은 곧 부지런함을 뜻합니다. 신앙생활은 부지런해야 합니다. 나태하고 게으르면 안 됩니다.

롬 12:11 "부지런하여 게으르지 말고 열심을 품고 주를 섬겨라"

엡 5:16 "세월을 아끼라 때가 악하니라"

세월을 아끼면서 부지런하고 열심이 주를 섬겨야겠습니다.

12절 "… 포도원으로 가서 포도 움이 돋았는지, 꽃술이 퍼졌는지, 석류꽃이 피었는지 보자 …"

술람미 여인은 아침 일찍이 새벽에 '포도 움이 돋았는지', '꽃술이 퍼졌는지', '석류꽃이 피었는지' 가보고 거기서 사랑을 나누겠다는 것입니다.

포도원은 영적으로 교회를 상징합니다. 기도는 교회에서 하는 것이 가장 좋습니다. 왜냐하면 교회는 만민이 기도하는 집이기 때문입니다. 교회 중심의 신앙생활을 하시기 바랍니다.

12절(하) "… 거기서 내가 나의 사랑을 네게 주리라"

주님의 사랑을 포도원 같은 교회에서 주십니다. 우리는 몸과 마음과 정성과 뜻과 성품을 하나님께 드리는 것입니다. 예배가 그러합니다. 기도가 그러합니다. 찬양도 그러합니다.

오로지 주님을 향한 마음이어야 합니다. 오로지 주님께만 마음을 집중하는 것입니다. 가장 귀한 것을 주님께 온전히 드림으로 복을 받기를 주의 이름으로 축원합니다.

3. 사랑은 결실되어지는 것임

13절 "합환채(合歡菜)가 향기를 토하고 우리의 문 앞에는 각양 귀한 실과가 새 것, 묵은 것이 구비하였구나 내가 나의 사랑하는 자 너를 위하여 쌓아둔 것이로구나"

합환채는 창 30:14-17에서 레아가 그의 남편 야곱을 차지하기 위해 이것을 라헬에게 준 일이 있습니다. 신부가 신랑과의 사랑할 분위기를 조성해 주는 것임을 암시합니다. 각양 귀한 실과를 준비하며 사랑하는 자를 위하여 보관해둡니다. 자기에게 있는 모든 것을 아낌없이 내어주려고 하는 연인의 모습입니다.

합환채(合歡菜) : 한문으로는 합할 합(合), 기쁠 환(歡), 나물 채(菜)입
니다. 히브리어 '두다이(דּוּדָי)'는 '끓이다'의 뜻입
니다. 히브리어 동사 '뚜드(דּוּד)'는 '사랑하다', '뒤
흔들리다', '흩뜨리다'의 뜻입니다. '뚜디(דּוּד)'는
사랑의 꽃을 뜻하는 만다라화를 가리킵니다. '뚜다임
(דּוּדָאִים)'은 사랑 꽃을 뜻합니다. 현대인성경에서는
'만다라화'로 번역되어 있고, 현대어·KJV·공동번
역에서는 '자귀나무'로 번역되어 있습니다. 지중해
연안의 다년생 식물로서 3-4월경에 녹백색의 꽃이
됩니다. 5월경에 오렌지색(붉그스름)의 열매(자두형)
를 맺습니다. 시금치 모양의 잎사귀는 낮에는 벌어졌
다가 밤에는 합해진다고 합니다. 뿌리는 고대 근동지
방에서 정욕 촉진제 또는 수태력 증진제로 쓰였습니
다. 영어권에서는 '멘드레크(Mandrake)'를 가리키
는 '사랑의 사과(Love apple)'라고 합니다. 일반적
으로 '사랑초'로 칭합니다.
각양 귀한 실과 : 여러 종류의 열매를 의미합니다. 아름다운 하늘의 선
물과 자연의 소산물을 모두 가리키는 것이다(김회
보).
너를 위하여 쌓아둔 것 : 히브리어 '차파네티(צָפַנְתִּי)'는 '숨기다',
'저장하다'에서 유래된 것으로 어떤 목적을
가지고 숨기다는 의미입니다.

성도는 주님의 사랑으로 각종 귀한 열매를 맺음을 의미합니다.

여러분!

합환채는 일종의 마취제 식물로 열매와 뿌리가 사랑의 감정을 돋우는 흥분제 역할을 한다고 합니다. 고대 근동지방에서는 남녀가 잠자리에 들기 전에 사용한다고 합니다.

한편, 합환채가 향기를 토한다는 것은 애정의 표시를 나타냅니다.

신부가 신랑과의 사랑할 분위기가 무르익었음을 암시하고 있습니다.

13절 '우리의 문 앞'이라고 한 것은, 문은 문자적으로 출입문을 뜻하지만 영적으로는 구원의 문, 천국 문을 상징합니다. '앞에'라고 번역되어 있지만 히브리어에는 '위에'로 표현합니다. 문 위는 올려다 봄을 의미하기도 합니다.

13절(중) "… 각양 귀한 실과가 새 것, 묵은 것이 구비하였구나 …"

술람미 여인에게는 여러 가지 실과가 갖추어져 있습니다. 그중에는 오래된 것과 새 것이 다 구비하였다고 합니다. 혹자는 구약의 말씀, 신약의 말씀을 잘 준비함으로 보기도 합니다. 성도는 초보 신자가 있고, 오래된 신자도 있습니다. 이제 새로운 은사를 받은 자도 있고, 이미 각종 은사를 받은 자도 있습니다.

믿음의 열매를 다양한 관점에 바라보는 것입니다.

갈 5:22-23 "오직 성령의 열매는 사랑과 희락과 화평과 오래 참음과 자비와 양선과 충성과 온유와 절제니 이 같은 것을 금지할 법이 없느니라"

엡 5:9 "빛의 열매는 모든 착함과 의로움과 진실(참)함에 있느니라"

약 3:17-18 "오직 위로부터 난 지혜는 첫째 성결하고 다음에 화평하고 관용하고 양순하며 긍휼과 선한 열매가 가득하고 편벽과 거짓이 없나니 화평케 하는 자들은 화평으로 심어 의의 열매를 거두느니라"

이와 같이 열매는 성령의 9가지 열매, 빛의 열매, 선한 열매, 의의 열매 등 많은 열매가 있습니다. 이러한 열매들이 있는 성도는 주님을 기쁘게 하며 영화롭게 합니다.

참된 성도는 예수님의 사랑을 받고 아름다운 열매를 많이 맺습니다. 믿음의 열매, 선한 열매, 의의 열매, 신령한 열매를 많이 맺습니다. 전에 맺힌 옛 열매, 새로 맺힌 새 열매가 주렁주렁 열린 상태입니다. 그러므로 믿음생활에 풍성함이 있습니다. 술람미 여인이 신랑에게 주기 위해 온갖 귀한 것들을 구비한 것 같이 우리도 주님을 기쁘시게 하는 믿음의 열매들을 많이 맺혀야겠습니다.

13절(하) "… 내가 나의 사랑하는 자 녀를 위하여 쌓아둔 것이로구나"

이전에 술람미 여인은 받기만 한 사람이었습니다. 이제는 신랑을 사모하고, 적극적으로 사랑합니다. 진정한 사랑은 모든 것을 주는 것입니다. 본문에서 우리는 술람미 여인의 성숙되어가는 인격과 성품을 볼 수 있습니다. 술람미 여인은 고이 간직해 놓은 것들을 주고 싶어 하는 마음입니다. 이렇게 신랑을 위하여 온갖 귀한 것들을 주고 싶어 하는 헌신입니다. 성도는 믿음으로 모든 것을 예수님께 드릴 수 있는 헌신이 있어야 합니다.

거미와 누에(뤼더화)

영롱한 햇빛이 숲 속에 가득 퍼지는 이른 아침이었습니다.

커다란 거미 한 마리가 늙은 뽕나무 위에 줄을 치고 있었습니다. 솔솔 부는 바람에 한들거리며 이 가지에서 저 가지로 옮아 다니면서 곱고도 아주 튼튼한 거미줄을 치고 있었습니다.

작업이 끝나자 거미는 한껏 기지개를 펴고 나서 거미줄 그물 위에 척 드러누웠습니다.

그런데 어디서 갑자기 사각사각하는 소리가 들려왔습니다. 거미가 뒤를 돌아다보니 누

주께서는 자신의 목숨을 십자가에서 피 흘려 죽기까지 우리를 위해 내어주셨습니다. 이것이 하나님의 아낌없는 사랑입니다.

성숙한 사랑은 상호관계성에서 끊임없는 자기희생과 봉사, 그리고 헌신입니다. 성도는 열심과 순수한 열정으로 헌신하며 주의 일을 하는 자들입니다. 주님께 내 모든 것을 드릴 수 있기를 바랍니다.

여러분!

우리는 하나님 나라의 백성입니다. 하나님의 자녀입니다. 그러므로 자녀의 삶을 살아야 합니다. 언제나 함께 동행하는 삶을 살아야 합니다. 포도원 같은 교회에서 신앙이 움이 나고, 자라고, 꽃피고, 열매 맺기 바랍니다. 언제나 헌신의 자리에서 준비하며, 열심과 충성을 다하기를 바랍니다. 그리하여 주님을 영화롭게 하시기를 주의 이름으로 축원합니다.

제8장 사랑의 완성

네가 내 어미의 젖을 먹은 오라비 같았었더면
내가 밖에서 너를 만날 때에 입을 맞추어도 나
를 업신여길 자가 없었을 것이라
내가 너를 이끌어 내 어미 집에 들이고 네게서
교훈을 받았으리라 나는 향기로운 술 곧 석류
즙으로 네게 마시웠겠고 너는 왼손으론 내 머
리에 베개하고 오른손으론 나를 안았었으리라
예루살렘 여자들아 내가 너희에게 부탁한다
나의 사랑하는 자가 원하기 전에는 흔들지 말
며 깨우지 말지니라

그 사랑하는 자를 의지하고 거친 들에서 올라
오는 여자가 누구인고 너를 인하여 네 어미가
신고한, 너를 낳은 자가 애쓴 그곳 사과나무
아래서 내가 너를 깨웠노라
너는 나를 인같이 마음에 품고 도장같이 팔에
두라 사랑은 죽음같이 강하고 투기는 음부같
이 잔혹하며 불같이 일어나니 그 기세가 여호
와의 불과 같으니라
이 사랑은 많은 물이 꺼치지 못하겠고 홍수라
도 엄몰하지 못하나니 사람이 그 온 가산을 다
주고 사랑과 바꾸려 할지라도 오히려 멸시를

받으리라

우리에게 있는 작은 누이는 아직도 유방이 없
구나 그가 청혼함을 받는 날에는 우리가 그를
위하여 무엇을 할고
그가 성벽일진대 우리는 은망대를 그 위에 세
울 것이요 그가 문일진대 우리는 백향목 판자
로 두르리라
나는 성벽이요 나의 유방은 망대 같으니 그러
므로 나는 그의 보기에 화평을 얻은 자 같구나

솔로몬이 바알하몬에 포도원이 있어 지키는
자들에게 맡겨 두고 그들로 각기 그 실과를 인
하여서 은 일천을 바치게 하였구나
솔로몬 너는 일천을 얻겠고 실과 지키는 자도
이백을 얻으려니와 내게 속한 내 포도원은 내
앞에 있구나
너 동산에 거한 자야 동무들이 네 소리에 귀를
기울이니 나로 듣게 하려무나
나의 사랑하는 자야 너는 빨리 달리라 향기로
운 산들에서 노루와도 같고 어린 사슴과도 같
아여라

사랑의 염원

네가 내 어미의 젖을 먹은 오라비 같았었더면 내가 밖에서 너를 만날 때에 입을 맞추어도 나를 업신여길 자가 없었을 것이라 내가 너를 이끌어 내 어미 집에 들이고 네게서 교훈을 받았으리라 나는 향기로운 술 곧 석류즙으로 네게 마시웠겠고 너는 왼손으론 내 머리에 베개하고 오른손으론 나를 안았었으리라 예루살렘 여자들아 내가 너희에게 부탁한다 나의 사랑하는 자가 원하기 전에는 흔들지 말며 깨우지 말지니라

고대 근동지방에서는 남녀간의 공공연한 애정표현은 지탄의 대상이 되었습니다. 그래서 사랑하는 연인을 오누이관계처럼 보아주면 안 되겠느냐고 합니다. 그러면 밖에서 입맞춤을 하여도 자기를 업신여길 자가 없었을 것이라는 것입니다. 술람미는 제약받는 궁궐을 떠나 자신의 고향 집과 같은 아늑한 곳에서 함께 사랑의 교제를 나누기를 원합니다. 그리고 좀 더 사랑의 단계로 나아갈 때 어떤 방해도 받고 싶지 않음을 토로합니다.

1. 흉허물없는 사랑을 토로함

1절 "네가 내 어미의 젖을 먹은 오라비 같았더라면 내가 밖에서 너를 만날 때에 입을 맞추어도 나를 업신여길 자가 없었을 것이라"

술람미 여인은 궁중격식과 왕과 자신과의 신분 차이로 애정표현이 어려워 차라리 자기와 같은 처지의 환경에 있는 오라비였다면 밖에서 만나서 자연스럽게 입을 맞추어도 흉허물이 없어 나를 업신여길 자가 없었을 것이라는 독백입니다.

네가 : 현대인성경은 '만일 당신이', 현대어성경은 '그대 내 사랑이', KJV는 '오, 당신이', 공동번역은 '아, 임이여'라고 번역합니다. 그러므로 당신의 호칭이 좋을 듯합니다.

오라비 : 여자의 같은 항렬의 남자를 뜻합니다. 오라버니는 손위의 사내입니다(국어사전). 메튜헨리는 '형제 관계를 의미한다'고 하였습니다. 현대인성경은 '오빠', 현대어성경은 '오라버니', KJV는 '내 형제', 공동번역에서는 '오누이'로 번역되어 있습니다.

성도는 예수님과의 사랑의 관계가 어떠한 처지에서도 함께하기를 원함의 뜻입니다.

여러분!

술람미 여인은 솔로몬과 늘상 같이하기를 원합니다. 술람미 여인은 솔로몬과 격이 없이 사랑하기를 원합니다. 술람미 여인은 솔로몬과 혈연관계처럼 가장 가까이하기를 원합니다. 술람미 여인은 격식을 떠나, 얽매임을 떠나 사랑하는 사람과 함께 사랑을 나누기를 원합니다. 언제나 함께하고 자연스런 사랑을 표현하고 싶었습니다. 그리고 떳떳하고 당당하게 사랑하고 싶었습니다.

우리가 어떠한 처지와 형편에든지 주님을 사랑하기를 원합니다. 가정에서도, 직장에서도, 삶의 어떤 터전에서도 사랑하기를 원합니다. 어떠한 환경에서든지 사랑하기를 원합니다.

본문에서 '네가', '당신이' 로, 솔로몬 왕을 칭하듯이 성도는 주님의 이름을 다정히 불러봅니다.

복음송 '고백'

어느 날 다가온 주님의 이름을 부를 수 없었어요.
뜨거운 사랑을 느꼈지만 부를 수 없었어요.
어느 날 다가온 주님의 모습을 쳐다볼 수 없었어요.
비우지 못한 작은 가슴 주님의 사랑은 너무 커요.
부서지고 낮아져도 주님 앞에 설 수 없었어요.
오늘도 찾아온 주님의 이름을 불러봅니다.
부를수록 다정한 주님 모습 가만히 안아봅니다.

예수님은 성경의 예언대로 하늘의 영광을 버리시고 이 땅에 오셨습니다. 예수님은 우리와 같은 육신을 입으시고 이 땅에 오셨습니다.

예수님은 말씀이 육신이 되어 이 땅에 오셔서 우리를 구원하시고 십자가에 피 흘려 죽기까지 사랑하셨습니다.

‘내 육신의 어머니가 나와 오라비를 낳으신 것처럼, 주님도 인간의 모태에서 태어나 오라비처럼 젖을 먹은 분이었으면…’ 하는 뜻이 내포되어 있습니다.

갈 4:4 "때가 차매 하나님이 그 아들을 보내사 여자에게 나게 하시고 …"

예수님은 이처럼 인간으로 오셨습니다. 그리고 우리를 십자가에서 죽기까지 사랑하셨습니다. 아가서에서 솔로몬 왕은 술람미 여인을 ‘나의 누이’, ‘나의 신부’, ‘나의 사랑’ 으로 거듭 표현합니다. 본문은 술람미는 솔로몬이 나의 오라비가 되기를 원합니다.

오라비 관계는 혈연관계입니다. 피는 물보다 진한 혈통관계입니다. 주님과 우리의 관계는 십자가에서 피 흘려 죽으심의 사랑관계입니다. 성도와 예수님과 관계는 끊을래야 끊을 수 없는 사랑관계입니다.

찬송가 465장 ‘구주와 함께 나 죽었으니’ 1절
구주와 함께 나 죽었으니 구주와 함께 살았도다.
영광의 기약이 이르도록 언제나 주만 바라봅니다.
언제나 주는 날 사랑하사 언제나 새 생명 주시나니.
영광의 기약이 이르도록 언제나 주만 바라봅니다.

우리는 세상 끝 날까지 살아도 주를 위해 살고, 죽어도 주를 위해 죽습니다. 사나 죽으나 주님의 것임으로 주만 바라보고 나아가야 합니다.

롬 8:35 "누가 우리를 그리스도의 사랑에서 끊으리요 환란이나 곤고나 핍박이나 기근이나 적신이나 위험이나 칼이랴"

어느 누구도 우리를 그리스도의 사랑에서 끊을 자가 없습니다. 그것이 환한, 곤고, 핍박, 기근이나, 벌거벗은 몸이나, 어떤 위험과 칼이라 할지라도 끊을 수 없습니다. 이 관계를 끊을 수 없습니다.

1절(하) "… 내가 밖에서 너를 만날 때에 …"

밖에서는 공중 앞에서 공개적인 의미입니다. 성도는 어떠한 상황에서도 예수님만을 사랑해야 합니다. 예수님 때문에 멸시천대를 받아도 예수님만을 사랑해야 합니다. 교회 안에서든지, 교회 밖에서든지, 어느 곳이든지 누가 비방하고 무시해도 예수님만을 사랑하시기를 바랍니다. 술람미 여인이 흉허물없는 소원이 여러분의 소원이 되시기를 주의 이름으로 축원합니다.

2. 교훈을 받고 보답하는 사랑

2절 "내가 너를 이끌어 내 어미 집에 들이고, 네게서 교훈을 받았으리라 나는 향기로운 술 곧 석류 즙으로 네게 마셨겠고"

술람미 여인은 솔로몬 왕을 자신의 집으로 모셔 지혜의 말씀을 듣고 자신의 좋은 것으로 대접합니다. 석류 즙은 석류에서 짜낸 발효되지 않는 음료입니다. 석류는 풍요와 번영을 상징합니다.

어미 집 : 교회를 의미(박윤선)
교훈을 받다 : 말씀의 가르침을 받는 것을 의미(박윤선)

성도가 교회에서 말씀의 가르침을 받는 것을 의미합니다.

여러분!

술람미는 솔로몬을 이끌어 자기를 낳은 어머니 집에 함께 가고자 합니다. 어미 집은 마 3:4에서 자기를 잉태한 자의 방이기도 합니다. 어미 집은 그러므로 가장 은밀한 내실입니다. 어미 집은 우리 영이 거듭난 집이요, 진리와 영감이 태동되는 집입니다. 그러므로 내 어미의 집은 태어난 곳 곧 교회를 의미합니다. 나를 신자(信者)로 태어나게 하고, 거듭나게 하고, 믿음으로 자라게 하는 곳이 교회입니다.
갈 4:26에서는 "오직 위에 있는 예루살렘은 자유자니 곧 우리 어미니"라고 하였습니다.

2절(중) "… 네게서 교훈을 받았으리라 …"

솔로몬은 하나님께 지혜를 받아 지혜의 왕이라 부릅니다. 그 지혜의 말은 듣는 많은 사람들이 이치를 깨닫습니다. 수많은 사람들이 그의 지혜를 듣기를 원했습니다.

왕상 4:29 "하나님이 솔로몬에게 지혜와 총명을 심히 많이 주시고 또 넓은 마음을 주시되 바닷가의 모래같이 하시니"

술람미 여인은 그 지혜의 말씀을 듣고 싶었습니다.

우리는 주의 말씀을 사모하여야 합니다. 교회는 나의 어머니와 같이 사랑이 있고 가르침이 있는 곳입니다. 교회를 통하여 하나님 말씀을 공급받고 하나님 나라에 들어가는 것입니다. 디모데는 어려서부터 말씀을 배웠습니다(딤후 3:15). 고넬료는 베드로 사도를 청하여 주의 말씀을 들었습니다(행 10:33).

롬 10:17 "믿음은 들음에서 나며 들음은 그리스도의 말씀으로 말미암느니라"

주의 말씀은 들을 때 믿음이 생깁니다. 그리고 신앙이 성장합니다.

왕하 22:11 "왕이 율법책의 말을 듣자 곧 그 옷을 찢으니라"

이때의 왕은 유다 왕 요시야입니다. 그는 하나님의 말씀을 듣고 옷을 찢고 회개하였습니다.

느 8:9 "백성이 율법의 말씀을 듣고 다 우는지라 …"

학사 겸 제사장인 에스라가 율법책을 낭독하고, 그 뜻을 해석 할 때, 백성들이 듣고 다 울었습니다.

본문의 술람미 여인은 솔로몬으로부터 교훈을 받겠다는 것입니다. 성도는 예수님의 말씀을 받아 말씀의 깊은 세계, 영적 세계로 들어가 그 말씀 안에 거하는 자가 되어야 합니다.

골 2:7 "그 안에 뿌리를 박으며 세움을 입어 교훈을 받은 대로 믿음에 굳게 서서 감사함을 넘치게 하라"

예수 그리스도의 말씀에 뿌리를 내리고 흔들림이 없이 계속 자라가서 성숙한 믿음이 되시기를 바랍니다.

행 6:7 "하나님의 말씀이 점점 왕성하여 예루살렘에 있는 제자의 수가 더 심히 많아지고, 허

성도는 반석 같은 주의 말씀에 튼튼한 믿음을 지켜 승리하여야 합니다.

2절(하) "… 나는 향기로운 술 곧 석류 즙으로 네게 마시웠겠고"

근동지방 사람들은 과즙으로 술을 많이 빚습니다. 그중에서도 석류 즙으로 만든 것은 최고로 취급합니다. 석류 즙은 석류에서 짜낸 발효되지 않는 음료입니다. 술람미 여인은 향기로운 석류 즙을 마시게 하여 솔로몬의 마음을 기쁘게 해드리고 싶었습니다.

석류 즙에 대해서 멘튜헨리는 '은총에 대한 감사'로, 박윤선은 '예수님을 기쁘시게 함'을, 이상근은 '천국에서 성도와 예수님의 거룩한 즐거움의 그림자'라고 봅니다. 석류 즙을 드려 마시게 함은 영적으로 은혜에 풍성함과 감사의 표시입니다. 그러므로 성도는 값없이 받은 영적인 은혜에 감사하며, 주께 헌신하는 삶을 살아야 합니다.

주께서 베풀어주신 사랑과 은혜에 보답함에 있어 기도로, 찬양으로, 감사로, 마음을 다해 뜻을 다해 섬기며, 열심 있고, 충성된 믿음으로 승리하며 살아가기 바랍니다. 그러한 신앙을 소유하시기를 주의 이름으로 축원합니다.

3. 사랑의 깊은 잠을 깨우지 말 것을 요청

3-4절 "너는 왼손으론 내 머리에 베개하고 오른손으론 나를 안았었으리라 예루살렘 여자들아 내가 너희에게 부탁한다 나의 사랑하는 자가 원하기 전에는 흔들지 말며 깨우지 말지니라"

성경에서는 왼손은 섭리의 손이요, 오른손은 능력의 손으로 표현합니다.

잠 3:16 "그 우편 손에는 장수가 있고, 그 좌편 손에는 부귀가 있나니"

하나님의 권능의 팔 아래 있으면 안전하고 평강이 있습니다. 하나님의 능한 팔에 안위하여 있을 때 그 어떤 것에도 방해받지 않습니다.

왼손 : 위로와 안식을 주는 손이요.
오른손 : 능력과 보호의 손입니다.
안았었으리라 : '포옹하다', '끌어안다', '포개다'의 뜻으로 애정의 표현입니다.

예수님의 품은 사랑과 평강과 안식이 있음을 의미합니다.

여러분!

술람미 여인은 일시적인 사랑의 갈등을 극복하고 다시 상호간의 사랑을 회복한 후 자신의 친정집으로 인도한 솔로몬 왕에게 더 친밀한 애정 표현으로 다가가는 모습입니다. 술람미 여인은 보다 더 적극적인 사랑을 열망하고 있습니다. 솔로몬의 왼손으로 베개하고, 오른손으로 안아주기를 원합니다.

성도는 예수님 품안에 참 안식, 참 평안을 누릴 수 있어야 합니다. 예수님 품안이 참 안식처요, 참 평강입니다.

솔로몬의 품에 안겨서 영원토록 그를 사랑하고 싶은 술람미처럼 우리도 주님의 품에 안겨서 영원토록 주님만을 사랑하기를 원합니다.

마 11:28-29 "수고하고 무거운 짐 진 자들아 다 내게로 오라 내가 너희를 쉬게 하리라 나는

마음이 온유하고 겸손하니 나의 멍에를 메고 내게 배우라 그러면 너희 마음이
쉼을 얻으리니"

우리의 무거운 짐들은 주님께 내려놓고 그 안에서 쉼을 얻어야 될 줄
믿습니다.
　다윗은 자기 영혼이 주를 가까이 따르니 주의 오른손이 붙들어 주신다
고 하였습니다(시 63:8).

시 121:5 "여호와는 너를 지키시는 자라 여호와께서 네 우편에서 네 그늘이 되시나니"

하나님은 우리를 지키시며 우리의 우편에서 그늘이 되신다고 합니다.

시 23:2 "그가 나를 푸른 초장에 누이시며 쉴만한 물가로 인도하시는도다"

하나님이 우리를 푸른 초장에 누이시며, 쉴만한 물가로 인도하십니다.
그러므로 우리는 평강과 안식을 누립니다.
　사도 요한은 항상 예수님을 의지하며 지냈습니다. 실제로 예수님 품에
안기기도 했습니다. 예수님 품 가운데 안식을 원하면 그분 안에 거(居)하
는 삶이어야 합니다. 예수님 품 안에서 안식을 원하면 주님과 동행하는
삶을 살아야 합니다. 예수님 품 안에서 안식을 원하면 믿음으로 살아가
야 합니다.

요 14:27 "평안을 너희에게 끼치노니 곧 나의 평안을 너희에게 주노라 …"

참 안식과 참 평안과 참 평강을 얻으려면 예수님 품에 거해야 합니다.

4절 "예루살렘 여자들아 내가 너희에게 부탁한다 나의 사랑하는 자가 원하기 전에는 흔들지 말며 깨우지 말지니라"

예루살렘 여자들은 의미상 육적인 성도, 육적인 신부, 육적인 교회를 나타냅니다. 술람미 여인은 신령한 성도, 신령한 신부, 신령한 교회를 예표합니다.

술람미 여인은 부탁하기를, 사랑하는 솔로몬 왕이 잠을 자고 있으니 예루살렘 여자들에게 깨우지 말 것을 부탁합니다. 술람미와 솔로몬의 사랑관계를, 지금 방해 말라는 것입니다.

성도와 예수님과의 관계를 방해하지 말라는 것입니다. 성도와 예수님과의 깊은 기도를 방해하지 말라는 것입니다. 성도와 예수님과의 찬양과 말씀을 방해하지 말라는 것입니다.

롬 8:38-39 "내가 확신하노니 사망이나 생명이나 천사들이나 권세자들이나 현재 일이나 장래 일이나 능력이나 높음이나 깊음이나 다른 아무 피조물이라도 우리를 우리 주 그리스도 예수 안에 있는 하나님의 사랑에서 끊을 수 없으리라"

세상에 그 어떤 것으로도, 사탄의 세력도, 예수님과의 사랑의 관계를 방해하지 말라는 것입니다. 믿음 충만, 성령 충만으로 방해 세력을 이기며 신앙하기를 주의 이름으로 축원합니다.

여러분!

술람미 여인은 어떤 환경에도 제약받지 않고 솔로몬 왕과 항상 자유롭게 사랑을 나누기를 원합니다. 성도는 항상 예수님을 사랑하기를 원합니다. 술람미 여인은 어미 집과 같은 은밀한 곳에서 교훈을 받기를 원합니다. 성도는 교회에서 주의 말씀을 듣고 믿음에 굳게 서가는 것입니다.

찬송가 209장 1절에 "주의 말씀 받은 그날 참 기쁘고 복되도다," 3절에 "이 복된 말 전함으로 내 할 본분 삼았도다"로 찬송합니다.

신랑과 신부가 하나 된 사랑으로 나아가듯, 성도는 예수님과 온전한 사랑의 관계로 나아가야 합니다. 주님 다시 오실 때까지 영원히 변치 않는 사랑으로 나아가기를 주의 이름으로 축원합니다.

끊을 수 없는 사랑

아가서 8:5-7

그 사랑하는 자를 의지하고 거친 들에서 올라오는 여자가 누구인고 너를 인하여 네 어미가 신고한, 너를 낳은 자가 애쓴 그 곳 사과나무 아래서 내가 너를 깨웠노라 너는 나를 인같이 마음에 품고 도장같이 팔에 두라 사랑은 죽음같이 강하고 투기는 음부같이 잔혹하며 불같이 일어나니 그 기세가 여호와의 불과 같으니라 이 사랑은 많은 물이 꺼치지 못하겠고 홍수라도 엄몰하지 못하나니 사람이 그 온 가산을 다 주고 사랑과 바꾸려 할지라도 오히려 멸시를 받으리라

지난날 술람미 여인은 거친 들을 지나 예루살렘 도성을 향하여 결혼 행진을 한 적이 있습니다(3:6). 오늘 본문은 남편의 팔에 의지하여 예루살렘으로부터 거친 들을 지나 고향으로 돌아오는 모습입니다. 두 사람의 사랑은 그동안 모든 난관을 극복하고, 이겨낸 그런 사랑입니다. 신부는 신랑에게 자신을 인같이 마음에 두고 도장같이 팔에 두라고 합니다. 확실한 사랑의 확증을 보증함입니다. 사랑은 때로는 투기를 일으킵니다. 투기는 음부같이 잔혹하며 불같이 일어난다고 하였습니다. 사랑의 강도를 반의어적 표현입니다. 성숙한 사랑은 어떠한 환란과 고통 속에서도 변하지 않습니다. 술람미 여인은 "천하를 다 준다 해도 이 사랑과는 절대로 바꿀 수 없다"고 합니다. 이와 같이 예수 그리스도와 성도와 교회의 사랑은 영원불변합니다. '끊을 수 없는 사랑'은 어떠한 사랑인가를 살펴보며 은혜를 나누고자 합니다.

1. 사랑하는 사람을 의지함

5절 "그 사랑하는 자를 의지하고 거친 들에서 올라오는 여자가 누구인고 너를 인하여 네 어
미가 신고한, 너를 낳은 자가 애쓴 그 곳 사과나무 아래서 내가 너를 깨웠노라"

신부가 신랑과 함께 고향집으로 돌아올 때 그녀의 고향 동네사람들이
감탄조의 말을 합니다. "왕의 사랑을 입어 혼인까지의 시련과 혼란의 과
정을 극복하고 오는 여자는 누구인가?"라고 묻습니다. 술람미의 엄마가
고통하며 애쓴 낳은 곳, 솔로몬 왕이 그곳 산골 사과나무 밑에서 자고 있
던 술람미를 깨웠다는 것입니다.

거친 들 : '이 세상', '육신 살이', '험한 인생', Lxx역에는 '희게 입
고(Clothed in white)', 현대인성경에는 '사막' 으로, 현대
어성경과 KJV에서는 '광야' 로 번역합니다.

신고(辛苦) : 몹시 고통하며 애쓰는 것입니다.

사과나무 : 아 2:3에 '사랑하는 남자의 모습' 으로 묘사됩니다. 성경학
자 중에는 사과를 아몬드로 주장하기도 합니다. 잠 25:11에
서는 '금사과' 라고 표현했습니다. 구브로에서 지금도 황금
사과로 불리어집니다.

성도는 예수님만 의지하고 광야 같은 교회에서 깨어 애쓰는 신앙함을
의미합니다.

여러분!

술람미 여인은 솔로몬을 의지하고 거친 들에서 올라옵니다. 우리는 거
친 들과 같은 죄악 된 세상에서 예수님만 의지하고 나아갑니다. 성도는

믿음으로 예수님만 의지하고 나아갑니다.

거친 들은 이 세상이요, 광야요, 애굽이요, 바벨론이요, 소돔이요, 들 사람들이 있는 곳이요, 짐승과 뱀이 있는 곳입니다. 그러므로 거친 들에서 벗어나 성도는 오직 하나님께만 피난처로 삼아야 합니다.

시 18:1-2 "나의 힘이 되신 여호와여 내가 주를 사랑하나이다 여호와는 나의 반석이시요 나의 요새시요 나를 건지시는 자시요 나의 하나님이시요 나의 피할 바위시요 나의 방패시요 나의 구원의 뿔이시요 나의 산성이시로다"

오직 하나님만 의지하며 살아가시기 바랍니다.

시 84:12에서 "만군의 여호와여, 주께 의지하는 자는 복이 있나이다"라고 하였습니다.

"… 거친 들에서 올라오는 …."

시련과 연단을 통과하여 나온 신앙은 아름답습니다. 죄악 된 세상에서 벗어나 주께 나아가는 신앙은 아름답습니다.

성도는 영적인 신앙, 신본주의 신앙, 신령한 신앙이 되어야 합니다.

성경에는 신령한 산과 관련된 곳이 있습니다.

노아는 아라랏산, 아브라함은 모리아산, 모세는 시내산, 기드온은 길르앗산, 엘리야는 갈멜산, 그리고 예수님은 변화산에서 천상의 모습을 나타내셨습니다.

사 2:3 "많은 백성이 가며 이르기를 오라 우리가 여호와의 산에 오르며 야곱의 하나님의 전에 이르자 그가 그 도(道)로 우리에게 가르치실 것이라 우리가 그 길로 행하리라 하리니 이는 율법이 시온에서부터 나올 것이요 여호와의 말씀이 예루살렘에서부터 나

5절(중) "… 너를 인하여 네 어미가 신고한, 너를 낳은 자가 애쓴 그 곳 …"

술람미 여인을 신고하여 애쓰며 낳은 그곳에 이릅니다. 사람은 육으로 난 사람이 있고, 영으로 난 사람이 있습니다. 영으로 난 자는 신고하여 낳습니다. 사라가 이삭을 낳을 때 신고하여 낳았습니다. 리브가가 야곱을 낳을 때 신고하여 낳았습니다. 라헬이 요셉과 베냐민을 신고하여 낳았습니다. 한나는 사무엘을, 엘리사벳이 요한을 신고하여 애쓰며 낳았습니다.

대상 4:9 "야베스는 그 형제보다 존귀한 자라 그 어미가 이름하여 야베스라 하였으니 이는 내가 수고로이 낳았다 함이었더라"

야베스는 수고로이 낳았습니다. 그리하여 야베스에게 복에 복을 더하였고, 지경을 넓혀주셨고, 주의 손으로 도와주셨고, 환란을 벗어나 근심이 없게 하셨습니다.

갈 4:23 "계집종에게서는 육체를 따라났고, 자유 하는 여자에게서는 약속으로 말미암았느니라"

지상에 있는 교회도 육적 교회가 있고 영적 교회가 있습니다. 낳은 자가 애쓴다는 것은 복음으로 해산하는 수고를 의미합니다. 영적 거듭남을 뜻합니다.

5절(하) "… 그곳 사과나무 아래서 내가 너를 깨웠노라"

솔로몬 왕은 술람미 여인을 처음 만난 곳을 회상하면서 너를 낳느라 네 어미가 애쓴 그곳 사과나무 아래서 자고 있던 술람미를 깨웠던 것을 고백합니다. 그곳은 사랑의 움이 돋은 곳입니다.

사과나무 아래서 깨웠다는 것은 성도의 영적 깨어남입니다. 심령이 잠자는 성도, 세상에 빠져있는 성도를 주님은 깨우십니다. 그러므로 성도는 깨어 신앙해야 합니다. 주님은 성도가 깨어 기도하기를, 찬양하기를, 말씀 안에 있기를 원하십니다.

시 34:4 "내가 여호와께 구하매 그가 내게 응답하셨도다"

언제나 깨어 기도하시기 바랍니다. 그리하여 응답받기를 바랍니다. 사과는 맛이 있고 영양이 풍부합니다. 그리고 사과의 열매는 붉습니다. 믿음의 열매입니다. 성도는 믿음의 풍성한 열매가 맺어야 합니다. 사과나무 아래서 깨어나는 신앙이 되기를 바랍니다.

계 16:15 "… 누구든지 깨어 자기 옷을 지켜 벌거벗고 다니지 아니하며 자기의 부끄러움을 보이지 아니하는 자가 복이 있도다"

이 시대는 깨어 자기 옷을 지켜야 합니다. 의의 옷을 입고 날마다 깨어 근신하며, 기도하며, 믿음으로 승리하시기를 주의 이름으로 축원합니다.

2. 사랑은 죽음같이 강함

6절 "너는 나를 인(印)같이 마음에 품고 도장같이 팔에 두라 사랑은 죽음같이 강하고 투기는 음부같이 잔혹하며 불같이 일어나니 그 기세가 여호와의 불과 같으니라"

인과 도장은 반지 형식으로 만들어 손가락에 끼고 다니거나(창 41:42, 렘 22:24), 돌이나 금속에 새겨 목에 달고 다니거나(창 38:18) 혹은 팔목에 묶고 다니기도 했습니다. 구약에서는 재산의 소유권이나 권세를 나타내는 표시로서 아주 애지중지하며 가지고 다녔던 귀중한 것이었습니다. 술람미 여인은 남편의 가슴에 인같이 새기고, 도장처럼 귀중히 여기는 사랑이 되기를 바랍니다. 그 사랑은 죽음과 같이 강한 반면, 투기 또한 그 기세가 음부같이 잔혹하며 불길과 같다는 것입니다.

인같이 : 히브리어 '호탐(□ח'ה)'으로 인장, 도장을 의미합니다. 현대어, 현대인성경에는 '인장반지'로 번역됩니다.

도장같이 팔에 두라 : 도장처럼 팔목에 묶고 다니라는 의미입니다.

죽음같이 강하다 : 어떠한 요소로부터 방해나 제지받지 않는 강한 것임을 나타냅니다.

그 기세가 여호와의 불과 같다 : 그 일어남이 아주 맹렬한 불꽃같음을 의미합니다.

성도는 예수님의 사랑 안에 변치 않는 믿음으로 나아가야 함을 의미합니다.

여러분!

술람미 여인은 그녀 자신이 남편의 가슴에 인처럼 새겨지기를 원합니다. 그녀의 사랑이 도장처럼 소중히 여기기를 바랍니다.

학 2:23 "… 그날에 내가 너를 취하고 너로 인을 삼으리니 이는 내가 너를 택하였음이니라"

하나님의 인(印)은 보증을 의미합니다. 내 것이라는 소유를 의미합니다.

그리하여 하나님은 우리를 선택하여 주셨고 자녀라 인정하여 주신 것입니다.

요 6:27 "썩는 양식을 위하여 일하지 말고 영생하도록 있는 양식을 위하여하라 이 양식은 인자가 너희에게 주리니 인자는 아버지 하나님의 인치신자니라"

엡 1:13 "그 안에서 너희도 진리의 말씀 곧 너희의 구원의 복음을 듣고 그 안에서 또한 믿어 약속의 성령으로 인치심을 받았으니"

혼인서약에 도장을 찍으면 상대방을 책임져야 합니다. 일반적으로 인(印)을 침에는 세 가지 책임이 따릅니다. 보호할 책임, 사랑할 책임, 기억할 책임이 있는 것입니다. 인은 소유권의 확증과 보증의 표시입니다.

고후 1:22 "저가 또한 우리에게 인치시고 보증으로 성령을 우리 마음에 주셨느니라"

참 성도는 자기 이름이 예수님 마음속에 새겨진 도장처럼 간직해 있기를 원합니다. 참 성도는 인(印)같이 예수님 품에 있기를 원합니다.
우리에게 인치시고 보증으로 성령을 우리 마음에 주셨습니다.

6절(상) "너는 나를 인같이 마음에 품고 도장같이 팔에 두라"

성도는 하나님 말씀을 인같이 마음에 품어야 합니다. 도장 같이 팔에 묶어 다니라는 것입니다. 이는 늘 가까이 하라는 것입니다.
'사랑은 죽음같이 강하고.' 이는 '당신과 나는 뗄레야 뗄 수 없고', '끊을래야 끊을 수 없고', '지울래야 지울 수 없고', '막을래야 막을 수 없는' 사이로 '죽음도 어떻게 할 수 없는 사이' 라는 것입니다.
술람미 여인은 죽음을 각오한 사랑이었습니다. 언제나 그 사랑을 지키겠다는 의미입니다. 구원받은 성도는 이처럼 주님을 사랑해야 합니다. 죽음으로 믿음을 지키겠다는 각오를 해야 합니다. 순교적 신앙으로 나아가야 합니다.

예수님의 십자가 사랑은 죽기까지 사랑한 사랑입니다. 우리도 죽도록 주님을 사랑해야 합니다. 초대 교회 교인들은 믿음을 지키기 위해 카타콤에서 죽음의 삶을 살았습니다. 잡히게 되면 장엄하게 순교하였습니다.

로마 네로 황제는 초대 교인들을 역청에 말아서 산 채로 불을 붙여 태우며 정원을 밝혔습니다. 굶주린 사자에 찢어 먹히게 했습니다. 쇳물을 부어 녹여 죽였습니다. 고통을 오래하기 위해 손과 발을 태우며 서서히 온 몸을 태워죽이기도 하였습니다.

바클레이는 "이런 것들은 생각조차 하기 무서운 것이지만, 예수님을 믿기로 작정하게 되면, 이런 것들을 각오하고 있어야 한다"고 했습니다.

예수님의 12제자들은 모두 순교당했습니다. 오늘을 사는 우리도 순교의 신앙으로 살아가야 될 줄 믿습니다.

6절(하) "… 투기는 음부같이 잔혹하며 불같이 일어나니 그 기세가 여호와의 불과 같으니라"

투기는 불같은 사랑이라 하였습니다(이상근), 뜨거운 사랑이라 하였습니다(박윤선). 불같이 일어남은 도저히 끌 수 없는 불가항력의 불길입니다.

성도가 우상을 섬기거나 하나님보다 더 사랑하는 것이 있으면 투기하시어 징계하시고, 그 우상들을 살라버리십니다.

출 20:5 "그것들에게 절하지 말며 그것들을 섬기지 말라 나 여호와 너희 하나님은 질투하는 하나님인즉 …"

사랑하는 것만큼, 투기도 강합니다. 구약의 비느하스의 투기는 의로운 투기였습니다. 불같이 일어난 의(義)였습니다. 솔로몬을 향한 술람미 여인의 결코 빼앗길 수 없는 사랑의 열정처럼 우리 모두도 주님을 이처럼 사랑할 수 있기를 바랍니다.

3. 사랑은 어떠한 것으로도 끊을 수 없음

7절 "이 사랑은 많은 물이 꺼치지 못하겠고 홍수라도 엄몰하지 못하나니 사람이 그 온 가산을 다 주고 사랑과 바꾸려 할지라도 오히려 멸시를 받으리라"

사랑의 힘은 어느 누구도 막을 수 없고 어떠한 것으로도 끊을 수 없습니다. 많은 물로도 꺼치지 못하고 홍수라도 엄몰하지 못합니다. 세상의 어떠한 것으로도 변하게 할 수 없다는 것입니다. 사랑은 생명만큼이나 귀하므로 그것을 바꾸려는 자는 어리석은 자라는 것입니다. 술람미 여인의 숭고하고 지순한 사랑의 극치입니다.

많은 물 : 직역으로는 '강들' 입니다.

꺼치지 못하겠고 : 항상 불을 끄는 행위와 관련되어 진정한 사랑을 방해하지 못함을 의미합니다.

엄몰하지 못하나니 : 넘쳐흐르는 급류를 가리킵니다.

온 가산(家産) : 자기의 가진 모든 것, 온 세상의 것을 의미합니다.

성도는 주님과의 사랑을 이 세상의 어떤 것으로도 바꿀 수도, 변할 수도 없는 사랑임을 의미합니다.

여러분!

술람미 여인의 사랑은 죽기까지의 사랑입니다. 그녀의 사랑은 천하를 다 준다 해도 변할 수 없는 그런 사랑입니다. 성도는 예수님에 대한 사랑도 이와 같아야 합니다.

이 절에 대해 현대어성경에는 이렇게 설명하고 있습니다. "이 맹렬한 사랑의 불을 그 어떤 물로 끌 수 있을까요? 홍수라 해서 그 사랑을 쓸어갈 수 있을까요? 가지고 있는 온 재산 다 팔아 이 사랑 사겠다 나선다 해도 어느 누가 이 사랑 얻을 수 있을까요? 오히려 부끄러움만 살 뿐 멍청이란 소리밖에 더 들을까요?"

공동번역에서는 "바닷물로도 끌 수 없고 굽이치는 물살도 쓸어갈 수 없는 것, 있는 재산 다 준다고 사랑을 바치리오? 그러다간 웃음만 사고 말겠지."

술람미 여인의 사랑의 불은 강하여 강물로도 끄지 못하며, 홍수라 해도 엄몰하지 못한다고 합니다. 너무 뜨겁고 강렬해서, 물까지 태워버릴 지경입니다. 소방차 물 뿌리는 정도로는 어림도 없다는 것입니다. 우리가 주님과의 사랑에서도 이렇게 미치게 사랑하여야 합니다.

요1 5:6-7 "이는 물과 피로 임하신 자니 곧 예수 그리스도시라 물로만 아니요 물과 피로 임하셨고 증거하는 이는 성령이시니 성령은 진리니라"

7절(상) "이 사람은 많은 물이 꺼치지 못하겠고 홍수라도 엄몰하지 못하나니 …"

영국 왕 에드워드 8세 사랑이야기

영국 왕 에드워드 8세는 미국인으로 이혼녀인 심프슨 여인을 사랑했습니다. 심프슨 여인은 미 해군장교였던 스펜서와 10년간의 결혼생활 후 이혼한 여자입니다. 이 여인의 두 번째 결혼은 1922년에 런던에서 영국인과 재혼합니다. 1930년에 영국 황태자와 만나 술람미 여인의 사랑은 이것 이상입니다. 우리도 예수 그리스도를 이렇게 사랑해야 합니다.

예수 그리스도는 십자가에 피 흘려 죽기까지 우리를 사랑해 주셨습니다. 죄로 인해 죽을 수밖에 없는 영혼을 구원해 주셨고, 영원한 생명과 천국을 주십니다. 어떠한 강력한 물결과 홍수라도 예수 그리스도의 사랑을 끊을 수 없는 것입니다.

롬 8:35-39 "누가 능히 우리를 그리스도 사랑에서 끊으리요, 환란이나 곤고나 핍박이나 기근이나 적신이나 위험이나 칼이랴… 우리 주 예수 그리스도 안에 있는 하나님의 사랑에서 능히 끊지 못하리라"

성도는 어떤 환란이나, 곤고나, 핍박이나, 기근이나, 적신이나, 위험이 닥쳐도 의연해야 합니다.

마 27:28-30 "그의 옷을 벗기고 홍포를 입히며 가시면류관을 엮어 그 머리에 씌우고 갈대를 그 오른손에 들리고 그 앞에서 무릎을 꿇고 희롱하여 가로되 유대인의 왕이여 평안할지어다 하며 그에게 침 뱉고 갈대를 빼앗아 그의 머리를 치더라"

예수님은 인류를 구원하시기 위해 이런 멸시와 천대와 조롱을 당하셨습니다.

주님의 사랑은 세상의 왕의 자리와도 바꿀 수 없고, 어떠한 것으로도 끊을 수 없는 사랑입니다.

복음송 '주님의 사랑'

주님이 주시는 파도 같은 사랑은 내 작은 가슴에 흘러 흘러 넘쳐요.

생각하면 할수록, 기도하면 할수록 두 눈가엔 눈물이 터질 것만 같아요.

주님의 사랑은 한없이 크셔라.

우리의 영혼에 한줄기 빛이어라.

여러분!

성도는 거친 들과 같은 이 죄악 세상에서 예수님만 의지하고 그분에게만 나아가야 합니다. 예수님의 십자가의 사랑은 죽음보다 강한 사랑이며, 한없는 사랑입니다. 인같이, 도장같이 새겨진 사랑은 죽음을 이깁니다. 주를 사랑하는 마음을 어찌 막을 수 있겠습니까? 천하에 모든 것을 다 준다 해도 그 사랑과 바꿀 수 없는 것입니다. 주를 사랑하는 마음 금보다 귀하고, 생명처럼 소중합니다. 술람미 여인의 사랑처럼 죽으면 죽으리라는 신앙으로 나아가기를 주의 이름으로 축원합니다.

성숙함과 화평

아가서 8:8-10

우리에게 있는 작은 누이는 아직도 유방이 없구나 그가 청혼함을 받는 날에는 우리가
그를 위하여 무엇을 할고 그가 성벽일진대 우리는 은망대를 그 위에 세울 것이요 그가
문일진대 우리는 백향목 판자로 두르리라 나는 성벽이요 나의 유방은 망대 같으니 그
러므로 나는 그의 보기에 화평을 얻은 자 같구나

잠시 술람미 여인의 어린 시절을 회상합니다. 오라버니들이 자기가 청
혼함을 받게 되면 아직 어리기 때문에 어쩌나 이런저런 생각을 하게 됩
니다. 어느덧 오라버니들이 보니 어른스럽게 성장한 술람미를 보고 각별
한 보호막이 되어주기로 합니다. 이제 성숙된 술람미 처녀는 자신을 지
킬만한 육신과 인격이 갖추어져 갑니다. 솔로몬이 연모하게 되고, 청혼
하고, 결혼을 하기에 이릅니다.

1. 청혼함을 받는 날에는 어찌할꼬

8절 "우리에게 있는 작은 누이는 아직도 유방이 없구나 그가 청혼함을 받는 날에는 우리가
그를 위하여 무엇을 할고"

'작은 누이' 에 대해 두 견해가 있습니다. 하나는 술람미의 여동생이라

는 것이고, 또 다른 하나는 술람미가 어렸을 때를 회상하는 것이라는 견해입니다. 아 6:9에서 "그는 그 어미의 외딸이요"라고 기록되어 있습니다. 그러므로 본 절은 술람미가 어렸을 때에 그녀의 오라비들이 한 말을 기억하고, 회상한 말로 이해하는 것이 타당합니다. 아직도 어리게 보이는 그녀가 청혼함을 받는 날이면, 오라버니들은 많은 염려가 되어 '무엇을 할꼬' 하며 고민하는 모습을 나타냅니다.

작은 누이 : 어린 누이동생, 영적으로 어린 신자(성숙되지 못한 신자를 칭함)

유방이 없다 : 육적 성장이 아직 어린소녀를 말합니다(미성숙한 성도를 뜻함).

청혼함을 받는 날 : 결혼을 청함을 받는 날입니다(영적으로 혼인기약이 이름).

무엇을 할꼬 : 돌봄을 어떻게 할까 하는 의미입니다.

신앙이 어린 초신자는 연약함으로 성숙할 때까지 돌보아야 함을 의미합니다.

여러분!

어느 교회의 전도 용어 중에 '밖에 나가서 데리고는 못 올망정 자기 발로 온 사람 못 잡으면 병신'이라고 말합니다. 아무리 '한 영혼이 천하보다 귀하다'고 외친다 해도, 골방에 엎드려 기도한다고 해도, 직접 나가서 전도한다고 해도, 새 신자가 와서 정착하지 못하면 허사라는 것입니다.

유럽의 교회들을 보면 옛날에 화려했던 모습만 남아있을 뿐 교회는 텅 비어있다고 합니다. 교회의 겉모습은 웅장하고 화려해도 실제로 교회 안에 들어가 보면, 노인들 몇 분만이 앉아서 촛불 켜고 예배를 드린다는 것입니다.

　한국 교회도 지금 서서히 신자들이 줄고 있는 실정입니다. 그러므로 기성 교회든 개척 교회든 전도와 새 신자 양육에 지대한 관심을 갖게 됩니다. 성도 서로간 마음의 문을 열고 그들이 신앙에 잘 적응할 수 있도록 특별한 관심과 배려로 그들을 돌보아야 한다는 것입니다.

※ 새 신자에게 있어 유의해야 할 것 몇 가지를 살펴봅니다.

- 새 신자의 눈높이에 맞추려는 자세가 필요합니다(안내, 주보, 성경 찾기, 찬송가 찾기, 설교노트 등).
- 새 신자는 적응토록 잘 인도하여야 합니다.
- 새 신자는 가까이 친교할 수 있도록 분위기 조성이 중요합니다(교회마다 '개집사'가 있는데, 개집사란 마치 개가 낯선 사람만 오면 짖어대는 것처럼, 상처주고 쫓아내는 사람입니다).
- 새 신자에게는 실수를 인정해 주고 가르치려고 하기보다 본을 보여야 한다는 것입니다.
- 새 신자가 잘 정착할 수 있도록 교육프로그램 등을 통한 모임에 참석할 수 있도록 권면 인도해야 한다는 것입니다.

　본문에 "우리에게 있는 작은 누이는 아직도 유방이 없구나…"라고 합니다. 작은 누이는 아직 영적으로 어린 신자를 의미합니다. 다시 말해서 초신자들이나 아직도 신앙이 성숙되지 못한 믿음의 형제자매들입니다. 그러므로 작은 누이는 영적으로 심령이 어린 성도를 가리킵니다. 영이 자라나지 못한 어린 성도는 아직도 연약합니다. "유방이 없구나." 유방은 젖과 관련되므로 곧 말씀을 받아드릴 준비가 약한 것입니다.

히 5:13 "대저 젖을 먹는 자마다 어린아이니 의의 말씀을 경험하지 못한 자요"

갓난아이는 젖(우유)을 먹습니다. 그러다 커지면 밥을 먹습니다. 이와 같이 신앙도 점점 자라가는 것입니다. 술람미 처녀도 어릴 때 육체적으로 인격적으로 성숙되지 못했습니다. 이때는 관심과 보호가 필요할 때입니다. "… 그가 청혼함을 받는 날에는…." 결혼 전에 누구나 청혼을 받게 됩니다. 그러면 이런저런 염려가 되겠지요?

처녀 술람미가 솔로몬으로부터 청혼을 받고 많은 염려를 했을 것입니다. 상대는 누구입니까? 솔로몬 왕입니다. 성도는 만왕의 왕이신 주님으로부터의 청혼 받는 날이 오면 성숙한 신앙으로 혼인잔치에 임해야 합니다.

계 19:7-9 "우리가 즐거워하고 크게 기뻐하여 그에게 영광을 돌리세 어린양의 혼인기약이 이르렀고 그 아내가 예비하였으니… 천사가 내게 말하기를 기록하라 어린양의 혼인잔치에 청함을 입은 자들이 복이 있도다 …"

어린양의 혼인잔치는 주께서 베푸시는 결혼잔치입니다. 그러므로 청함을 받은 자는 복이 있습니다. 지금은 모든 정황으로 보아서 분명히 어린양의 혼인잔치가 가까이 온 때입니다. 그러므로 신앙으로 잘 준비되고, 말씀으로 무장되어 있어야 합니다. 술람미 오라비들이 "아직도 유방이 없으니 저가 청혼을 받는 날에는 어떡하나?" 하고 걱정을 한 것처럼 어린 신앙에 머물러 있으면 안 되는 것입니다.

8절(하) "… 우리가 그를 위하여 무엇을 할고"

성숙한 신자는 어린 신자를 위해서 무엇을 해야 좋을지를 살펴 도와줄 방법을 찾아야 합니다. 신앙이 점점 자라서 성숙하게 하고 무엇보다도 신랑 되신 예수님을 맞을 준비를 하도록 하는 것입니다. 우리 모두 신부 단장 잘하여 혼인잔치에 들어가 주님을 맞이할 수 있기를 주의 이름으로 축원합니다.

2. 인도와 보호 속에서 순결을 지킴

9절 "그가 성벽일진대 우리는 은 망대를 그 위에 세울 것이요 그가 문일진대 우리는 백향목 판자로 두르리라"

　술람미 여인이 결혼할 시기가 될 때까지 그녀가 함부로 방임하지 않도록 보호하며 안전하게 지낼 수 있도록 돕겠다는 것입니다. 은 망대를 세우고 백향목 판자를 두르리라는 것은 오빠들의 강력한 보호를 의미합니다. 장차 신부로서 손색이 없도록 육체적, 정신적 성숙과 순결을 지키게 하겠다는 의지입니다.

　성벽 : 방어와 수비의 목적으로 둘러싼 벽입니다. 아름다운 신앙의 자세와 순결을 의미합니다.

　은 망대 : 은으로 만든 높은 대로서 고귀한 보물, 진기한 보물 수준을 의미합니다. 술람미 여인의 순결과 아름다운 성품에 대한 찬사이며, 특별한 보호와 안전한 곳을 뜻합니다.

　문 : 히브리어 어원 뜻은 문, 문짝입니다. 본문에서는 집, 성전에 사용된 문을 가리키며 술람미 여인의 순결과 현숙함을 표현한 것입니다.

　백향목 : 소나무과에 속하는 상록수로, 힘, 번영, 아름다움을 상징합니다(시 92:12, 사 2:13, 겔 17:23). 탁월함을 나타내기도 합니다(겔 31:3).

　판자로 두르리라 : 두르리라는 '나추르(נצוֹר)' 로 '지켜보다', '경계하다' 의 어원입니다. 백향목 판자로 두르리라는 것

은 특별한 보호를 의미합니다.

술람미 여인의 순결성애 특별한 보호와 헌신적인 사랑과 봉사를 함을 의미합니다.

여러분!

술람미가 성벽이라면 오빠들은 은 망대를 세울 것이고, 술람미가 문이라면 오빠들은 백향목 판자로 두른다는 것입니다. 술람미의 순결성을 보살피고 지켜주겠다는 것입니다. 성벽은 방어와 수비를 목적으로 한 튼튼히 세운 보호벽입니다. 은 망대를 그 위에 세운다는 것에서 은은 순결, 거룩성을 나타냅니다. 망대는 높이 세우는 것임으로, 여자로서의 순결과 정조를 지킴에 특별한 보호를 하는 것을 의미합니다.

결혼에 있어서 순결은 매우 중요합니다. 순결한 남녀의 결합은 행복한 가정을 약속해 주는 기반입니다. 술람미 여인의 가족들은 그녀의 순결 보호를 위해 특별히 노력을 기울이고 있음을 볼 수 있습니다. 이같은 보호와 노력으로 그녀의 순결은 지킬 수 있었던 것입니다. 가정은 자녀의 순결에 대해 보호하고 교육할 책임이 있습니다. 오늘날과 같이 혼전순결의 의식이 희박해져가고 있는 성의 타락에 대해 가정과 사회와 교회가 순결을 더욱 지키도록 해야 할 책임이 있습니다. 자녀가 결혼하여 한 가정을 원만히 꾸려나갈 성숙한 인격적 교육이 절실히 요청되는 때입니다. 신앙에도 주님을 향한 순결이 필요합니다. 경건함이 필요합니다.

본문은 술람미의 순결을 위해 가족의 헌신적인 성실과 열성을 볼 수 있습니다.

고후 11:2 "내가 하나님의 열심으로 너희를 위하여 열심 내노니 내가 너희를 정결한 처녀로

한 남편인 그리스도께 드리려고 중매함이로다"

문은 출입하는 곳입니다. 성벽은 견고하고 방어적이지만, 문은 출입을 하는 것입니다. 성경에서 문은 주로 주님의 은혜 안으로 이르는 통로입니다. 성막에는 유일한 동쪽 문이 있습니다. 예수님은 양의 문입니다. 곧 천국 문이 되십니다. 어린 신자가 하나님의 성소에 들어가게 되는 문이라면, 그 문은 은혜의 문이요, 축복의 문입니다.

백향목은 힘, 번영, 아름다움을 상징하며 탁월함을 나타내기도 합니다. 그 판자로 두르리라는 것은 성도의 굳건한 믿음으로 정절을 지킨다는 것입니다.

본문에서 백향목 판자로 문을 두른다는 것은 특별한 보호성을 나타냅니다. 술람미 여인을 위한 오라버니들의 헌신적인 사랑과 봉사를 암시합니다.

신앙이 어린 성도가 문이라면 백향목과 같은 고귀하고 튼튼한 판자로 막아주어 그가 신앙생활을 잘할 수 있도록 튼튼한 보호막이 되어주는 것입니다.

그러므로 어린 신자는 거절하거나, 무시하거나 반항하지 말고 겸손히 순종하는 것이 중요합니다. 성도는 은 망대를 세워주고 백향목 판자로 둘러주어 신앙이 성숙되도록 서로간의 협력하는 것입니다. 주님을 더 깊이 사랑하기 위해서는 어린 신앙에 그대로 머물러 있어서는 안 됩니다. 주님의 은총을 받을 수 있도록 영적으로 성장해 가야 합니다. 말씀으로 잘 양육 받고, 아름다운 신앙 인격과 성장을 하지 않고는, 왕 되신 주님의 신부가 될 수 없는 것입니다. 믿음이 성벽 같으며, 그 위에 은 망대를 세우고, 주님을 향한 문이라면 귀한 백향목으로 판자를 둘러 그 가는 길에 인도함을 받을 것입니다.

복음 송에 "문들아, 머리 들어라. 문들아, 머리 들어라. 들릴지어다, 영원한 문들아…”가 있습니다.

성도가 믿음의 문으로 나아갈 때 주의 축복이 있음을 믿으시기 바랍니다.

3. 신랑이 인정하는 화평을 얻음

10절 “나는 성벽이요 나의 유방은 망대 같으니 그러므로 나는 그의 보기에 화평을 얻은 자 같구나”

술람미 여인이 자신을 소개하는 내용으로 자신은 오빠들이 아는 어린 이가 아니라 누구나 감히 접근할 수 없는 성벽이요, 높은 망대와 같이 인격이 성장되었으며, 이제 모든 것이 성숙함을 나타냅니다. 그리하여 솔로몬 왕의 황후가 된 자신의 당당함을 나타냅니다.

나는 : 술람미 자신입니다. 성도입니다.

성벽 : 외부의 적으로부터 보호하는 성읍을 둘러싼 벽입니다. 힘(렘 15:20), 보호(슥 2:5), 구원(사 26:1)의 의미가 있습니다.

망대 : 탑, 망루를 뜻합니다. 성장하다, 크다, 위대하다의 어원에서 나온 것입니다.

유방은 망대 같으니 : 술람미 자신의 젖가슴은 오똑해서 성숙하다는 것입니다. 신앙이 자라면 성숙해야 함을 함축하고 있습니다.

화평 : 히브리어 ‘샬롬(שׁלום)’ 입니다. 평화를 의미합니다. 샬롬은 솔로몬이요, 영적으로 평화의 주님, 예수 그리스도이십니다.

성도는 성숙된 신앙으로 존귀한 존재임을 의미합니다.

여러분!

술람미 여인은 솔로몬 왕의 신부로 이제 당당합니다. 그래서 그녀는 '나는' 이라고 자신 있게 자기를 호칭하고 있습니다.

10절(상) "나는 성벽이요 …"

구약 때는 성읍을 지키기 위해 외곽으로 굳건한 성을 쌓습니다. 적으로부터 방어하고 성읍을 보호하기 위함입니다.

첫째 성벽은 강력한 힘이 됩니다.

렘 15:20 "내가 너로 이 백성 앞에 견고한 놋 성벽이 되게 하리니 그들이 너를 칠지라도 이기지 못할 것은 내가 너와 함께하며 너를 구하여 건짐이니라 여호와의 말이니라"

둘째 성벽은 보호가 됩니다.

슥 2:5 "여호와의 말씀에 내가 그 사면에서 불성곽이 되며 그 가운데서 영광이 되리라"

셋째 성벽은 구원으로 성곽을 삼습니다.

사 26:1-2 "… 우리에게 견고한 성읍이 있음이여 여호와께서 구원으로 성과 곽을 삼으시리로다 너희는 문들을 열고 신을 지키는 의로운 나라로 들어오게 할지어다"

성벽은 방어와 수비의 목적으로 세운 것입니다. 적을 방어할 수 있는 성벽이 술람미 여인에게 있다는 것입니다. 그것은 여인의 순결, 즉 신앙의 정조를 굳건히 지킨다는 것입니다. 성도는 신앙을 지켜야 합니다. 믿음을 지켜야 합니다. 진리 가운데 든든히 서 가야 합니다.

10절 "… 나의 유방은 망대 같으니 …"

말씀과 믿음과 기도의 높은 수준을 나타냅니다. 나의 유방은 내 속에 있는 신령한 말씀을 나타냅니다. 신령한 젖이 풍성해져서 많은 사람에게 그 말씀의 젖을 나누어 먹여줄 수 있게 된 것입니다. 망대는 한문으로 바랄 망(望), 집 대(臺)입니다. 적의 동태를 살펴보는 높은 대(臺), 즉 망루를 의미합니다. 망대는 높은 수준의 믿음입니다. 망대는 높고 견고한 신앙입니다. 망대는 높은 수준의 기도를 뜻하기도 합니다. 기도하면 마귀의 간교를 알 수 있습니다(창 3:1). 기도하면 마귀의 궤계를 알 수 있습니다(고후 2:11). 기도하면 마귀의 미혹을 알 수 있습니다(계 12:7-9). 우리 모두는 말씀으로 무장하여 믿음에 굳게 서고, 기도로 이기고 승리하기 바랍니다.

10절(하) "… 그러므로 나는 그의 보기에 화평을 얻은 자 같구나"

'그러므로'는 '그렇기 때문'의 의미입니다. 자신이 솔로몬 왕이 보기에 화평을 얻은 자 같다는 것입니다. 화평은 분쟁이 없는 상태와 은혜와 복을 완전히 받는 충족된 상태를 가리킵니다.

화평은 히브리어로 샬롬입니다. 이 샬롬은 이스라엘이 추구하는 영원한 행복이요, 모든 인류가 지향하는 것입니다.

성벽 같은 믿음 위의 말씀에 굳게 서고, 성령의 인도함을 받기를 바랍니다. 술람미 여인의 순결과 성숙된 인격이 결국 화평을 얻는 자가 되었습니다. 성도도 일편단심 주님 한분만 바라보며 굳건히 믿음을 지키고 말씀으로, 성령으로 주의 화평을 얻기를 바랍니다.

믿음 위에 자기를 건축하십시오, 성령으로 기도하십시오, 주님의 사랑 안에 거하십시오, 이러한 믿음으로 마음의 안식과 기쁨과 평강을 얻으시기를 바랍니다.

여러분!
신앙이 아직 어린 신자에게 특별한 관심과 돌봄이 있어야 합니다. 신앙이 성숙되어 가면, 성벽 같은 믿음 위에 우리는 은 망대를 그 위에 세워주고, 주께 나아가는 문이라면 백향목과 같은 고귀한 판벽문이 되게 하십니다.

우리 앞에 열린 문이 있습니다. 우리는 그 문으로 나아가야 합니다.
성벽 같은 믿음, 높은 수준의 말씀, 망대 같은 기도를 드리며 주 안에 나아갑니다. 평화의 왕이신 주님 안에 거하여 안식과 기쁨과 평강을 누리시기를 주의 이름으로 축원합니다.

향산의 노루와 어린 사슴

아가서 8:11-14

솔로몬이 바알하몬에 포도원이 있어 지키는 자들에게 맡겨 두고 그들로 각기 그 실과
를 인하여서 은 일천을 바치게 하였구나 솔로몬 너는 일천을 얻겠고 실과 지키는 자도
이백을 얻으려니와 내게 속한 내 포도원은 내 앞에 있구나 너 동산에 거한 자야 동무
들이 네 소리에 귀를 기울이니 나로 듣게 하려무나 나의 사랑하는 자야 너는 빨리 달
리라 향기로운 산들에서 노루와도 같고 어린 사슴과도 같아여라

아가서 전체의 흐름은 연애단계, 구혼단계에서 결혼과정으로, 사랑의
권태기를 거쳐 성숙한 사랑의 단계로 나아가는 내용을 담고 있습니다.
점진적으로 발전되어 깊은 사랑의 단계에까지 이르게 됩니다. 11-12절
은 포도원을 지키는 자들에게 실과(열매)로 인한 수확의 대가를 얻게 하
고 그에 합당한 보상을 줍니다. 13절은 솔로몬이 술람미의 말을 듣기를
원합니다. 14절은 술람미 여인이 응답합니다. 사랑하는 자가 빨리 오기
를 기다린다는 것입니다. 솔로몬과 술람미의 사랑의 관계는 참으로 아름
다운 모습입니다.

1. 사랑의 결실과 얻음

11-12절 "솔로몬이 바알하몬에 포도원이 있어 지키는 자들에게 맡겨 두고 그들로 각기 그

바알하몬에 솔로몬의 포도원이 있습니다. 그것을 지키는 자들을 두고
맡깁니다. 실과의 수확으로 자기에게는 일천 개를 바치게 하고, 실과 지
키는 자에게 이백을 줍니다. 그런데 술람미는 자기에게 속한 포도원이
자기 앞에 있다고 합니다.

바알하몬 : '무리 가운데 주인' 이란 뜻입니다. '바알' 은 가나안 및 수
리아에서 섬겼던 남성 신으로 '주(lord)' 혹은 '소유자' 의
의미입니다. 하몬은 '많은 무리', '풍부하고 부유함' 의 뜻
으로 '세상 혹은 많은 거민들' 로 해석합니다. 많은 무리가
거주하는 곳을 뜻합니다. 술람미 여인의 고향 수넴 지방의
근처 지명이라고도 합니다.

포도원 : 교회, 성도의 심령, 또는 하나님 나라를 상징합니다.

지키는 자 : 소작인입니다. 교역자 또는 주의 종을 의미합니다.

은 일천 개 : 은은 구약에서 물물교환의 매체(창 23:16)로, 중량을 다
는 무게 단위로 사용됩니다(삼하 24:24). 천은 가장 큰 기
본단위로 쓰였으며, 많은 수를 상징합니다. 천은 영적인
수로 많은 수의 의미로 쓰여집니다($10 \times 10 \times 10$).

이백을 얻음 : 수고의 대가입니다. 상급을 의미합니다($2 \times 10 \times 10$).

세상에 속한 교회를 사역자들에게 맡겨 일한 보상을 받음을 의미합니다.

여러분!
사람이 많이 사는 곳에는 농원이 있듯이 포도원이 있습니다. 바알하몬

은 술람미 여인의 고향 수넴 지방 근처에 있는 곳을 칭하기도 합니다. 거기에 솔로몬의 포도원이 있는 것입니다. 영적으로 포도원은 교회를 가리키고 바알하몬은 세상을 가리킵니다. 지키는 자들은 일꾼들, 목자들, 교역자들, 주의 종들로 볼 수 있습니다. 세상에서 포도원 같은 교회에서 주의 종들을 통해 실과(열매)를, 곧 말씀을 먹게 됩니다. 나무는 씨를 심어 싹이 나고, 잎이 나고, 꽃이 피고, 실과를 맺습니다. 그 실과는 자라고 성숙되어 익으면 수확합니다. 그 일한 대로 수확을 얻듯이 보상도 이와 같습니다.

요 15:1 "내가 참 포도나무요 내 아버지는 그 농부라"

요 15:8 "너희가 과실을 많이 맺으면 내 아버지께서 영광을 받을 것이요 너희가 내 제자가 되리라"

우리는 성경을 볼 때 영적으로 보는 눈을 길러야 합니다. 묵상하며 깊이 보는 눈을 길러야 합니다. 나에게 주시는 말씀으로 보는 눈을 길러야 합니다. 하나님 말씀을 영적 만나로 먹을 줄 아는 영의 사람이 되어야 합니다. 성경은 그 풍성한 대로 열매를 맺게 합니다. 성경은 예수님에 대한 증거입니다.

요 6:53 "예수께서 이르시되 내가 진실로 진실로 너희에게 이르노니 인자의 살을 먹지 아니하고 인자의 피를 마시지 아니하면 너희 속에 생명이 없느니라"

예수님의 이 말씀을 그 당시 유대인들은 이해를 못했습니다. 제자 중에 많이 물러가고 다시 함께 다니지 아니하였으므로, 예수님은 열 두 제자에게 "너희도 가려느냐"라고 묻습니다.

요 6:63 "살리는 것이 영이니 육은 무익하나라 내가 너회에게 이른 말이 영이요 생명이라"

11절(하) "… 그들로 각기 그 실과를 인하여 은 일천을 바치게 하였구나"

은은 화폐뿐만 아니라 다방면으로 쓰였습니다. 순결함을 뜻합니다. 말씀으로 상징하기도 합니다. 시편기자는 하나님이 성도를 단련하실 때 은을 단련하시듯 한다고 하였습니다(시 66:10).

일천은 숫자로 천을 말합니다. 십의 3배수입니다. 그 수의 많음을 나타냅니다. 수많은 것을 의미합니다(출 20:6, 단 7:10).

"그 실과를 인하여 은 일천을 바치게 하였다"는 것은 하나님의 말씀으로 인하여 맺어진 열매를 드리는 것입니다. 믿음의 예물이기도 합니다.

12절 "솔로몬 너는 일천을 얻겠고 실과 지키는 자도 이백을 얻으려니와 내게 속한 내 포도원은 내 앞에 있구나"

예수님은 교회의 주인이십니다. 주의 종들에게 주의 몸 된 교회를 맡기셨습니다. 그리고 주의 종들을 일하게 하십니다. 사명자들, 곧 주의 종들과 직분자들은 주님의 몸 된 교회를 위하여 충성해야 합니다. 포도원의 일꾼들은 나무들이 잘 지켜 자라게 하고, 수확되면 모든 열매를 주인에게 드려야 합니다.

마 25장의 달란트 비유에서 충성된 일꾼에게 21절 "그 주인이 이르되 잘하였도다. 착하고 충성된 종아, 네가 작은 일에 충성하였으매 내가 많은 것으로 네게 맡기리니 네 주인의 즐거움에 참여할 지어다"라고 하였습니다.

일천은 만수를 의미합니다. 구원받은 성도는 믿음의 열매를 예수님께 드려야 합니다. 우리 모두는 풍성한 믿음의 열매를 맺고 수확하고 드려야 합니다.

12절 "… 이백을 얻으려너와 …"

이백은 히브리어의 일백의 두 배로 이백입니다(2×10×10). 이백은 천의 오분지 일의 양입니다. 이것은 실과를 지킴으로 얻는 삯입니다. 이것은 종들의 상급이요, 보상이요, 열매입니다.

12절(하) "… 내게 속한 내 포도원은 내 앞에 있구나"

술람미 여인은 솔로몬에게 속한 것이 모두 자기에게 속한 것입니다. 그러나 자기에게 속한 포도원이 자기 앞에 있다는 것은 가까이 있음을 의미합니다.

주님의 몸 된 교회는 성도에게 속했고, 성도 앞에 있어 우리가 거할 곳입니다. 그러므로 성도는 포도원 같은 교회에서 거해야 합니다. 각자에게 맡겨진 사명을 다하여, 모든 영광을 하나님께 돌릴 수 있기를 주의 이름으로 축원합니다.

2. 사랑의 음성을 듣기를 원함

13절 "너 동산에 거한 자야 동무들이 네 소리에 귀를 기울이니 나로 듣게 하려무나"

신랑이 신부에게 한 말입니다. 동산은 친근한 산입니다. "동무들이 네 소리에 귀를 기울인다"는 것은 술람미의 음성을 듣기를 원하는 그녀의 친구들이 귀를 기울인다는 것입니다. 술람미 여인의 친구들에게 한 말을 솔로몬도 듣고 싶어 합니다.

동산에 거할 자야 : 현대인성경은 "(남자) 동산에 앉아있는 사랑하는
님이요", 현대어성경은 "(신랑) 동산에 있는 그대
여", KJV애서는 "동산에 거하시는 당신이여", 공
동번역은 "(신랑) 나의 동산에 있는 이여" 등 영적
으로 동산을 교회로 볼 때 교회에 머물러 있는 자
를 뜻합니다.

동무들 : 술람미의 친구들, 영적으로 교회의 성도, 또 다른 관점으로
'천사' 로도 봅니다.

네 소리에 귀를 기울임 : 소리는 성도의 소리입니다(기도, 찬미, 복음
전파).

나로 듣게 하려무나 : "네가 나에게 듣게 하여라"의 뜻입니다. 술람미
의 소리를 솔로몬이 듣고 싶어 하는 것입니다.
성도가 은혜 받은 체험을 간증하는 것으로도 볼
수 있습니다.

예수님은 참된 성도의 음성을 듣고자 함을 의미합니다.

여러분!

솔로몬은 시적인 표현을 빌려 술람미 여인을 부르고 있습니다. "동산
에 거하는 자야." 이것은 솔로몬의 부름이요, 속삭임입니다. 영적으로
동산은 교회를 상징합니다. 교회 안에 거하는 자는 안식이 있습니다. 교
회에는 영적인 소리가 있습니다. 주님은 성도들의 기도소리를 듣고 싶어
하십니다. 주님은 성도들의 말씀을 전하는 소리를 듣고 싶어 하십니다.
주님은 성도들의 찬양소리를 듣고 싶어 하십니다. 솔로몬은 술람미가 동

산에 거한 것을 보고 너무도 사랑하였습니다. 성도는 세상 가운데 살지
만 마음은 언제나 교회에 머물러야 합니다. 예수님은 참된 성도들의 복
음 전파와 기도와 찬양소리를 듣고 기뻐하십니다.

> **벧전 1:12** "이 섬긴 바가 자기를 위한 것이 아니요 너희를 위한 것임이 계시로 알게 되었으
> 니 이것은 하늘로부터 보내신 성령을 힘입어 복음을 전하는 자들로 이제 너희에
> 게 고한 것이요 천사들도 살펴보기를 원하는 것이니라"
>
> **엡 6:18-19** "모든 기도와 간구로 하되 무시로 성령 안에서 기도하고 이를 위하여 깨어 구하
> 기를 항상 힘쓰며 여러 성도를 위하여 구하고 또 나를 위하여 구한 것은 내게 말
> 씀을 주사 나로 입을 벌려 복음의 비밀을 담대히 알리게 하옵소서 한 것이니"

> **13절(중)** "… 동무들이 네 소리에 귀를 기울이니 …"

술람미 여인의 소리에 동무들이 귀를 기울입니다. 그녀는 그만큼 선망
의 대상이 되었음을 나타냅니다. 이는 영적으로 보다 미성숙한 자들이
보다 성숙한 신앙을 통해서 하나님의 은혜와 축복에 동참하게 됨을 나타
내기도 합니다.

신실한 성도는 교회에서 모든 사람들이 귀를 기울일 정도로 믿음이 깊
습니다. 주님의 교회에서 가장 신뢰하는 신실한 믿음의 소유자가 되기를
바랍니다.

> **롬 16:1-4** "내가 겐그레아 교회의 일꾼으로 있는 우리 자매 뵈뵈를 너희에게 천거하노니 너
> 희가 주 안에서 성도들의 합당한 예절로 그를 영접하고 무엇이든지 그에게 소용
> 되는 바를 도와줄 지니 이는 그가 여러 사람과 나의 보호자가 되었음이니라 너희
> 가 그리스도 예수 안에서 나의 동역자들인 브리스가와 아굴라에게 문안하라 저희
> 는 내 목숨을 위하여 자기의 목이라도 내어 놓았나니 나뿐 아니라 이방인의 모든

교회도 저희에게 감사하느니라”

이외에도 본 장에서 인정하는 이름들이 33명이나 나옵니다. 이들은 교회에서 충성한 신실한 믿음의 일꾼들입니다.

13절(하) “… 나로 듣게 하려무나”

‘듣다’, ‘경청하다’, ‘자세히 듣다’, ‘세미한 소리를 듣다’의 동사에 접미어가 붙어 “네가 나에게 듣게 하여라”라는 의미입니다. 술람미 여인의 동무들이 귀 기울이며 듣던 소리를 솔로몬 왕이 듣고 싶어 합니다. 예수님은 하나님의 말씀을 전하는 소리를 듣고 싶어 합니다. 하나님께 찾고, 부르고, 구하는 소리를 듣고 싶어 합니다.

> **욜 2:32** “누구든지 여호와의 이름을 부르는 자는 구원을 얻으리니 이는 나 여호와의 말대로 시온산과 예루살렘에서 피할 자가 있을 것임이요 남은 자 중에 나 여호와를 부름을 받을 자가 있을 것임이니라”
>
> **행 2:21** “누구든지 주의 이름을 부르는 자는 구원을 얻으리라 하였느니라”

누구나 주의 이름을 부르는 자는 구원을 얻습니다.

주님은 지금도 우리의 소리를 듣고 싶어 하십니다. 신령한 말씀을 전하는 음성, 새 노래로 찬양하는 음성, 깨어 근신하며 기도하는 음성을 듣기를 원하십니다. 은밀한 곳에서 기도하는 자, 주님과 교제를 나누는 자를 기뻐하십니다. 주님은 영적 소리를 듣기를 심히 원하십니다. 주님이 기뻐하시는 복된 소리를 내는 자가 되기를 주의 이름으로 축원합니다.

3. 사랑의 성취와 소망

14절 "나의 사랑하는 자야 너는 빨리 달리라 향기로운 산들에서 노루와도 같고 어린 사슴과

　　　도 같아여라"

신부는 신랑과 항상 동행하기를 열망하는 마음을 담고 있습니다. 향기로운 산은 거룩한 성산으로, 하나님의 거룩한 산입니다. 하나님 나라는 하나님의 통치가 있는 거룩한 곳입니다. 술람미 여인과 솔로몬 왕의 사랑은 높은 수준의 사랑입니다. 마치 노루와 같고 어린 사슴과 같은 두 사람의 사랑의 관계를 시적으로 표현하고 있습니다. 예수님의 사랑은 아가페 사랑입니다.

너는 빨리 달리라 : 기뻐 달리라는 것입니다. 주님을 향해 기뻐 달리라는 것입니다.

향기로운 산들 : 하나님의 나라(천국), 새 하늘과 새 땅의 모습입니다 (이상근).

하나님 나라는 우리 모두가 소망을 두고 이 땅에서부터 천성을 향해 가는 곳입니다.

여러분!

신부가 날이 갈수록 깊어지는 사모의 마음으로 신랑을 기다립니다. 성도는 하나님 나라를 소망하며 살아가야 합니다. 그리고 주님의 다시 오심을 소망하며 신앙하여야 합니다.

행 1:11 "가로되 갈릴리 사람들아 어찌하여 서서 하늘을 쳐다보느냐 너희 가운데서 하늘로

주님이 부활 후 승천하실 때 천사가 말합니다. "하늘로 가심을 본 그대로 오시리라"라고 하였습니다.

지금은 우리 주님이 다시 오실 때가 아주 가까운 시대입니다.

마 24:32-33 "무화과나무의 비유를 배우라 그 가지가 연하여지고 잎사귀를 내면 여름이 가까운 줄을 아나니 이와 같이 너희도 이 모든 일을 보거든 인자가 가까이 곧 문 앞에 이른 줄 알라"

예수님은 속히 다시 오십니다. 그때는 알 수 없으나 상황적으로 오고 계심을 믿어야 합니다.

계 22:7 "보라 내가 속히 오리니 이 책의 예언의 말씀을 지키는 자가 복이 있으리라 하더라"

계 22:12 "보라 내가 속히 오리니 내가 줄 상이 내게 있어 각 사람에게 그의 일한 대로 갚아 주리라"

계 22:20 "이것들을 증거하신 이가 가라사대 내가 진실로 속히 오리라 하시거늘 아멘 주 예수여 오시옵소서"

본문에서 술람미 여인이 "나의 사랑하는 자야, 너는 빨리 달려라"라고 합니다. 술람미가 솔로몬이 빨리 오기를 간절히 기다림과 같이 성도는 우리 주님이 속히 오심을 기다림으로 살아가야 합니다.

14절(중) " … 향기로운 산들에서 … "

향기로운 산은 사랑과 기쁨을 마음껏 누릴 수 있는 곳입니다. 향기로운 산은 기화요초가 만발한 곳입니다. 즉, 천국을 상징합니다. 성도는 천국을 사모하는 자들입니다. 이 땅의 삶이 육신적 욕구에 매달려 있다 보니, 이 세상에서 그저 건강하고 오래 살면 그만이라는 삶입니다. 육신이 살면 얼마나 오래 살겠습니까? 아침 안개와 같은 인생입니다.

성도는 저 천성을 향해가는 자들입니다. 천국을 소망하며 사는 자들입니다. 향기로운 산은 시온산이요, 거룩한 성산이요, 거룩한 도성인 천국을 가리킵니다.

히 12:22 "그러나 너희가 이른 곳은 시온산과 살아계신 하나님의 도성인 하늘의 예루살렘과 …"

우리가 이르는 곳은 시온산과 하나님의 도성, 하늘 예루살렘입니다.

벧후 3:12-13 "하나님의 날이 임하기를 바라보고 간절히 사모하라 그날에 하늘이 타서 풀어지고 체질이 뜨거운 불에 녹아지려니와 우리는 그의 약속대로 의의 거하는 바 새 하늘과 새 땅을 바라보도다"

계 21:1 "또 내가 새 하늘과 새 땅을 보니 처음 하늘과 처음 땅이 없어졌고, 바다도 다시 있지 않더라."

구약은 예수님이 이 땅에 오실 것을 계시하였고, 신약은 예수님이 초림으로 오시어 십자가에서 죽어 인류구원을 하시고 부활하셨습니다.

그리고 언약의 성취로 다시 오시어 산 자와 죽은 자를 심판하시고, 새 하늘과 새 땅을 이루십니다.

14절(하) "… 노루와도 같고 어린 사슴과도 같아여라"

"나의 사랑하는 자야, 너는 빨리 달리라."

노루의 뛰어오는 모습 그리고 어린사슴이 뛰어가는 모습은 아름답습니다. 이 두 모습은 기쁨이 충만한 모습입니다.

우리는 주님의 다시 오심을 소망하며, 모든 것을 잘 준비해 놓고 오시기만을 고대하는 것입니다.

계 22:20 "… 내가 진실로 속히 오리라 하시거늘 아멘 주 예수여 오시옵소서"

마라나타 신앙을 가지시기 바랍니다.

14절 "나의 사랑하는 자야 너는 빨리 달리라 향기로운 산들에서 노루와도 같고 어린 사슴과
도 같아여라"

이 구절로 아가서는 끝을 맺습니다. 우리 모두는 이제 곧 오실 주님을 고대하며, 재림의 소망으로 신앙생활하시기를 주의 이름으로 축원합니다.

여러분!

성도는 포도원 같은 교회에서 열심히 신앙생활을 하여 풍성한 열매를 맺고 결실을 거둬 하나님께 영광 돌리는 자들이 되어야 합니다.

주님은 신령한 말씀을 전하는 소리, 새 노래로 부르는 찬양, 깨어 근신하여 간절히 기도하는 소리를 듣기를 원하십니다. 그러므로 주님이 기뻐하시는 몸 된 교회가 되기를 바랍니다. 술람미 여인이 솔로몬 왕이 속히

오길 기다린 것처럼 우리 모두는 주님이 속히 오시기를 고대하며, 소망하며, 신앙하시기를 주의 이름으로 축원합니다.

사랑의 주님

1. 주님 오실 날이 가까운 이때에 주의 말씀으로 무장하고 깨어 있게 하옵소서.

2. 주님 오실 날이 가까운 이때에 거짓 선지자들과 각종 이단의 미혹을 받지 않게 하옵소서.

3. 주님 오실 날이 가까운 이때에 맡겨 주신 사명을 잘 감당하게 하옵시고, 다시 오실 주님을 사모하는 마음으로 기다리게 하옵소서.